U0731843

清初私家修史研究

——以史家群体为研究对象

阚红柳 著

人民出版社

责任编辑:洪　琼

图书在版编目(CIP)数据

清初私家修史研究——以史家群体为研究对象/阚红柳 著.
-北京:人民出版社,2008.4
ISBN 978－7－01－007044－5

Ⅰ.清…　Ⅱ.阚…　Ⅲ.史学史-研究-中国-清前期　Ⅳ.K092.49

中国版本图书馆 CIP 数据核字(2008)第 068807 号

清初私家修史研究
QINGCHU SIJIA XIUSHI YANJIU
——以史家群体为研究对象

阚红柳　著

人民出版社 出版发行
(100706　北京朝阳门内大街166号)

北京市文林印务有限公司印刷　新华书店经销

2008 年 4 月第 1 版　2008 年 4 月北京第 1 次印刷
开本:710 毫米×1000 毫米 1/16　印张:15.5
字数:230 千字　印数:0,001－3,000 册

ISBN 978－7－01－007044－5　定价:38.00 元

邮购地址 100706　北京朝阳门内大街 166 号
人民东方图书销售中心　电话 (010)65250042　65289539

序

黄爱平

　　红柳的这部书稿,是在其博士学位论文的基础上修订而成的。如今即将由人民出版社出版,索序于我,作为导师,义不容辞,遂勉力为之。

　　1999 年,红柳以优异的成绩,考入中国人民大学,跟随我攻读博士学位。根据已有的研究基础,入学不久,她就提出学术设想,准备以清初私家修史作为博士求学期间的研究课题。考虑到清初史家蜂出,史著繁多,我建议她进一步论证研究的可行性。红柳广泛搜集资料,深入调查研究,反复思考斟酌,决定将研究范围集中于史家群体这一领域。由于选题新颖,视角独特,资料扎实,研究深入,红柳的博士学位论文不仅顺利通过答辩,而且得到了专家学者的好评。

　　博士毕业后,红柳留校工作。在承担繁重的教学任务的同时,她一如既往,潜心于清初史学的研究,陆续发表了多篇相关论文,在学术界产生了一定影响。特别是 2006 年,红柳利用在美国哈佛大学访学的机会,对书稿作了进一步修订,补充新的史料,融入新的学识,使书稿的整体水平又提高了一个层次,已是较为成熟的学术专著。概而言之,本书具有如下特色:

　　其一,选题新颖,视角独特。明末清初是中国学术史上继先秦之后又一个百家争鸣的黄金时代,私家修史也在这一时期再次出现高潮,成为传统史学发展进程中一个极为重要的史学现象。但学术界对此问题的专门研究尚不多见,尤其是把清初八十年的私家修史问题与明末分离开来专门进行研究者尚付阙如。有鉴于此,本书作者选择清初私家修史作为研究课题,着重以史家群体作为研究对象,系统、全面地探讨了清初私家修史的诸多问题。其选题颇有创新意义,其视角也独具学术眼光,弥补了学术界相关研究的薄弱环节。

　　其二,结构合理,逻辑严密。本书重点关注清初私家修史这一史学现象中占据主导地位、发挥重要作用的史家群体,把这一群体置于清初特殊的历史背景和社会环境之下,从当时士人阶层的分化与史家群体的划分入手,逐一论述了各类史家群体的人员构成、修史动机以及史书特征,并进而探讨了清初史家的地域分布及其产生原因,梳理了清初私家修史的发展脉络,总结了清初私家修史的学术成就。全书结构合理,思路清晰,逻辑严密,达到了较高的学术水平。

其三,论述全面,颇有创见。本书不仅比较全面地论述了清初私家修史,特别是史家群体所涉及的诸多内容,而且在一些具体问题的研究中颇有自己的创见和独到之处。诸如从清初特殊的历史背景和社会环境出发,着眼于当时士人的政治选择、时代特点和文化归宿来划分史家群体,并对各类史家群体的人员构成、修史动机和史书特征等问题作了相当深入的论述。再如,对清初史家的地域分布及其产生原因的分析,也颇具说服力。这些研究,不仅对揭示清初史家群体的整体面貌及其性质特色具有重要作用,而且为进一步深入探讨清初私家修史的有关问题提供了思路和空间。

其四,功底扎实,资料丰富。作者在研究中,大量爬梳原始资料,同时注重利用海内外已有研究成果,从而使本书的论述和研究建立在丰富的文献资料基础之上,体现了作者扎实的治学功底和良好的学术积累。

其五,文风朴实,语言通畅。本书文字干净,表述清楚,反映了作者朴实的文风和优良的学风。

当然,清初私家修史是一个涉及范围颇广的研究课题,史家而外,史著、史学等等,也都是题中应有之义,都值得进一步加以研讨。当初红柳决定将研究范围首先集中于史家群体之际,就已做好了继续在这一领域深入探索的准备。在她的学术设想中,此书之完成仅系清初私家修史研究的第一步。以其学识和功力,毅力和韧性,红柳已经并且正在开展有关清初私家修史诸多方面的后续研究。我期待着,她在清代史学,乃至整个清代学术文化领域的研究上,取得更杰出的成绩,作出更卓越的贡献。

我与红柳,先为师生,继为同事,可谓亦师亦友。或许因同为女性的缘故,学问、工作而外,家庭、孩子也是我们比较经常提到的话题。在我看来,家庭和事业,是每个人生命旅途中不可或缺的双翼。如果说幸福的家庭是心灵的港湾,那么成功的事业就是精神的驿站。心灵的休憩让我们体验、享受生活的美好和快乐,精神的追求则让我们感悟、思考生命的意义和价值。二者相辅相成,共同组成完美的人生。红柳就是这样一位家庭和事业并重,有着强烈责任感和事业心的女性。自她入学攻读博士学位至毕业留校任教的近十年间,我目睹了她的奋斗与艰辛,见证了她的成长和进步,也分享了她的收获与快乐。如今,为人妻、为人母的红柳,已经营造了一个温馨幸福的家庭,事业也进入到一个新的上升发展阶段。在为她第一部学术专著问世深感欣慰的同时,我由衷地祝愿她,也祝愿所有的女性,都拥有自己完美的人生。

2008 年春于中国人民大学

目　录

绪　　论

在中国史学史上,私家修史与官修史书一路并行,有时平分秋色,有时此起彼伏,有时摩擦重叠,共同构成了绵长浩瀚的史学空间。二者分别占据不同的领域,并各自具独特的风格与特点。一般来说,官修史书在发展过程中会受到政府的重视、扶持乃至干预,而私家修史作为民间的史书创作,则具有相对的独立性。但是,私家修史在发展的过程中,也不免受到官方修史的冲击、压抑甚至排斥;并且,在史料收集、史书撰写以及史书流传渠道等史书修纂流程中,私修史书较之官修史书也存在自身的局限性。为此,当官修史书在史学界占据主导地位时,私家修史往往会徘徊低迷,或者黯然不彰,陷入低谷。可以说,在中国史学发展史上,私家修史高潮迭起,也低谷频生,呈现跌宕起伏的曲线型外观。

一、私家修史的缘起以及私史概念论析

考证私家修史的源头,许多学者追溯到先秦时期的孔子。周朝东迁之后,王权衰微,政权与教权分开,官方对于典籍的修纂和传播无法继续进行严格的控制,为孔子以私人身份修史提供了条件。虽然,孔子不是史官,但他曾为鲁国司寇,是鲁国的闻人。孔子在统治阶级中有一定的地位,与官府有密切的往来,因此能看到鲁国、周王室和其他诸侯国的史记,利用这一条件,加上孔子本人博学多能,熟悉典籍,故得以以非史官的身份著成《春秋》一书。孔子修《春秋》,"实为整齐官府之旧典,以下之于庶人,并以所创之义法,开后世私家撰史之风。"①并且,孔子之修《春秋》,"一因载籍残缺,文献无征,思存前圣之业,以垂方来;二因言之不用,道之不行,载之空言,不如见之行事之深切著明。

---

① 　金毓黻:《中国史学史》,河北教育出版社 2000 年版(下同),第 39 页。

其用意至为深远,亦即修《春秋》之动机也。"①《春秋》是我国第一部私人史著,从此我国史书的编纂便分成两途:官修和私撰。

《春秋》定义了孔子时代私修史书的初期模式,即"史家以非史官的身份所修的史书"。但是,从严格意义上说,孔子并不是撰写史书,而是在鲁国原有史书的基础上进行删削。史书的编纂,有编和著的区别:"编,是就现成的材料进行适当的加工,编辑成书;著是著作,要有创见,有新意。"②孔子所修的史书当属前者③。

自孔子以后,许多优秀史家以非史官的身份修成史书,如荀悦之《汉纪》、范晔之《后汉书》、杜佑之《通典》、郑樵之《通志》、马端临之《文献通考》等等,成为中国古代史学的光辉篇章。不仅有非史官身份的士人在民间修史,也有史官以私人身份修史,"史官当中固不乏优秀的史家,而优秀的史家则并非都是史官。"④随着史学自身的发展,以及众多史家的辛勤努力,孔子所开创的私家修史走向了日益广泛的空间。私人史家修史多为原创,私史⑤数量日益增多,范围愈来愈广。这样一来,《春秋》一史所界定的初期模式已不能规范整个私家修史的广阔空间。如何使私家修史的概念科学化、规范化一直是史学界所探讨和争论的课题。

金毓黻先生是史学界对私家修史进行系统研究的前辈,他虽然未就私史的概念问题明确发表见解,但是,可以通过其有关私史的叙述及评价概括出他的私史概念。在《中国史学史》一书中,金先生把史书的修纂分为官修和私修二途,并认为,私修史书的成绩超过了官修史书。据金先生的看法:"吾国史官,古为专职,且世守其业,故国史悉由官修,而编年一体创立最早。"⑥也就是说,孔子之前,史书修纂之业由史官掌管,而且父死子继,世守其业,史料完全

---

①　金毓黻:《中国史学史》,第40页。

②　白寿彝:《中国史学史》第一册,上海人民出版社1986年版,第27页。

③　关于孔子所修《春秋》是否为规范的史书以及孔子修史是否为著书等问题,史学界有不同看法,本书仅取史学界较为普遍的看法。

④　瞿林东:《中国史学史纲》,北京出版社1999年版,第40页。

⑤　在本书中,私史与私家修史为同一概念,但意义有二:其一指撰写史书的方式;其二指史书的性质。在文中为有所区别,用于表示史学现象时,用"私家修史";用于表示史书类型时,用"私史"或"私修史书"。

⑥　金毓黻:《中国史学史》,(导言部分)第1页。

掌握控制在官府内部,民间缺乏史学的信息来源,也就没有私史诞生的条件。春秋时期的战乱为私家修史的产生准备了条件。金先生提出:"私家修史之风,导源于孔子,而大成于司马迁、班固,而魏晋六朝所修诸史,皆其支与流裔也。"①值得注意的是,金先生所表彰的史家如司马迁、班固等都是史官身份,在他看来,史官修纂的史书不必就是官修史书,"沈约《宋书》,名为敕修,亦私史之比也。"②综上,可以归纳出金先生对私家修史的界定:其一,自孔子首开先河,以非史官的身份修纂史书,为私家修史最纯正的史例;其二,后世的史书即便是由史官修纂,如不是成于众人之手,而是由私人撰写,体现史家个人的修史宗旨,也可称为私家修史。

按照金先生的看法,决定私史概念的主要因素并非史家的身份——史官与非史官,私史最大的特色应是主旨自定,是非自主。史家在撰写史书的过程中,全凭史家个人的德、才、学、识对史料进行选择、鉴定和排比、编次,而不是受到皇帝掣肘,"大集群儒,导致著述无主,条章靡立。"③白寿彝先生把这种史家对史书的主导权称之为史家的"自得之学"。也就是说,只要在史书修纂过程中能够体现史家的自得之学,由此形成的史书便可以称之为私史,至于史家的身份是否为史官,史书是否在史馆内修成,并不重要,重要的是"成一家之言"与"成于众人之手"的区别。金先生关于私史的界定没有停留在史家身份的表面,而是深入到史书的灵魂,见地深邃,发人深省。

当代史学界在述及私史定义时,往往把私史和官修史书对立起来,以官修区别于私修。杨翼骧先生在编撰《史学史辞典》时对私史做出如下定义:"私家撰写的史书,以别于官修者。如西晋陈寿所著的《三国志》,南朝范晔所著的《后汉书》,北宋欧阳修所著的《新五代史》等。"④根据杨先生的定义,私史是与官修史书相区别的一个概念,凡属于官修史书者,则必不属于私史,官修与私修俨然分为两途。但是,遗憾的是,官修史书本身就是一个含义模糊的概念。官修是以史官所修为准,还是以史馆修史为准,众说纷纭,莫衷一是。而

①　金毓黻:《中国史学史》,第 46 页。
②　同上书,第 70 页。
③　刘知几:《忤时》,《史通》卷二十。
④　吴泽、杨翼骧主编:《中国历史大辞典·史学史》,上海辞书出版社 1983 年版(下同),第 219 页。

且,史学发展史上的官修与私修并非两条平行的直线,而是互有交叉,甚至重叠。

史学界的诸多前辈在私史的研究和界定方面做出了一些尝试,为私史概念及私史范围的科学界定提供了思路。私史概念之出现争议,是因为先有私史,而后有私史的概念,当人们力求用一个科学的概念去承载业已产生的事物时,难免会出现歧义。私史是一个历史性的概念,它所涵盖的史书群体是逐渐形成的,因此在对其概念进行科学性的阐述时必须以承认人们观念上业已形成的私史为前提,同时还要注意到私史与其他史书类别之间的区别。本书在探讨该问题时采取对比方式,通过厘清私史与其他史书类型之间的关系,从而确定其具体的范围及含义。

首先,考察私家修史和官修史书之间的关系。

私家修史和官修史书从字面看来,似属两个相对的概念。"私"从私自、私下之意思,多指民间;而"官"则从官员、政府之意,多指官方。但从中国古代史学的发展过程来看,二者的界限与区分却不能以简单的望文生义而了之,官修与私修的分异,有一个逐步演进的过程,而它们之间也存在着不断变化的辩证关系。

孔子修《春秋》以前,史官世守其业,政权教权合一,无私史,亦无官修与私修的矛盾和对立。自《春秋》之后,至正式的官方修史机构正式形成,官修与私修的发展则呈现错综复杂的局面,有史官私修史书者,亦有史家私修史书为政府所认可者。在此期间,官修与私修混为一体,间有交叉和重叠。隋唐以迄,史局以及史馆的成立为官修史书的严密界定提供了范式。此后,人们对官修史书的概念逐渐明了,而官修与私修之间的关系与界限亦日渐清晰。一般来讲,官修史书是指在封建皇帝的监督之下,在官办的机构之中形成,并且是由史官们合作撰写的史书。而私家修史则强调撰写史书凭借个人之力。由此,二者在概念上逐渐形成平行互动而渐无交叉的趋势。

追溯根源,可以发现,史学发展进程中的官修史书与私家修史,有时是互相交叉和重叠的,即便在二者几乎走向平行的情况下,官修与私修史书之间仍不断地互通有无,彼此之间发生史料交换与史学沟通;并且,史官作为个体,其身份可在官方与非官方之间转换,故往往成为沟通私修与官修的枢纽。概而言之,私家修史能够和官修史书发生交叉,并产生错综复杂的关系,主要有以下几点原因:其一,二者互相利用对方的成果。私家修史需要大量利用官修史书的资料,比如实录、起居注等,而官修史书也需要利用私家修史的成果,已经成型的私修史书往往会成为史官们参考、借鉴的对象。由于私家修史和官修史书互相参考、借鉴,有时达到水乳交融的状况,在史书中会体现为类似内容或者雷同章节的出现;其二,在正式的修史机构建立之前,官修史书往往出自史官一人之手,只不过史家是以为官方修史的名义,得到朝廷的认可,并且利用了官方所提供的史料,但史家修史活动本身基本上还是掌握在史家个人手中的,因此,他们所修纂的史书可体现史官自得之学,与私修史书之内涵相类似;其三,即便在官修史局之中,史官私下修史的活动从未终止,且搜集编次天下遗书,采择史料,以成官史的工作往往由史官来完成,故而封建王朝官方史学机构中的官员成为沟通官修与私修的桥梁;其四,在中国史学史上还存在着一种官方对私家修史的认同并逐步接纳的趋势。

可见,官修史书与私家修史之间并没有森严的壁垒。在史学领域,官私双方互相吸收和借鉴,共同促进了史学的繁荣和发展。

其次,考察私家修史和正史的关系。

正史为史书分类名目之一,"被认为最正规,最重要者。"①并且,正史是一个历史性的概念,最早见于《隋书·经籍志·史部》,以纪传体著作为正史,并使之居于史之首位。到唐代刘知几著《史通》,把《尚书》、《春秋》以及以后的编年、纪传体史书都当做正史。《明史·艺文志》以纪传体和编年体并称正史。到清朝乾隆年间,编辑《四库全书》,钦定从《史记》以下到《明史》的二十四部纪传体史书为正史,共三千四百四十三卷。"于是正史之目严,而其范围狭矣。"②到《四库全书总目》成书为止,正史遂为二十四部纪传体史书专有之名称。

可见,正史在历史上是一个变动很大的概念,在不同的时代有不同的界限和范围,直到清朝修《四库全书》时才具体规定了二十四部纪传体史书。由于正史得到了封建王朝的认同,许多人批判它们是"帝王家谱",但是正史记录比较全面,史料也比较原始,其作用不容忽视。柳诒徵先生认为正史有三大性

---

① 吴泽、杨翼骧主编:《中国历史大辞典·史学史》,第88页。

② 郑鹤声:《中国史部目录学》,商务印书馆1956年版,第15页。

质,即"史官所著"、"政府命文学家所著"、"私人所著"。"而政府认为正史,易言之即史官所著,与准史官所著二种而已。史官所著之中,又分一人独著,与众手合修二种。自唐以来,正史大都众手合修,惟欧阳修《五代史记》及柯绍忞《新元史》,为一人独著。"①应该注意到,在二十四部正史中,很大一部分与私家修史有密切的关系,如前四史——《史记》、《汉书》、《后汉书》、《三国志》基本上都是私修;并且,唐以前的史书大多是一人独著,体现了史家的自得之学。

可见,私家修史与正史之间也有契合点,根据字面简单判断私史为非正规、非官方的观点显然是不够客观的。

再次,考察私家修史和野史的关系。

野史的概念比较笼统,杨翼骧先生对野史的定义为:"私人撰写的史书,对官方所修的史书而言。最早以野史名书者,为唐昭宗时沙仲穆所著《太和野史》十卷,后又有《林氏野史》八卷,龙衮著《江南野史》二十卷。以后作者甚多,但不必以野史名书。"②按照杨先生的看法,私史是有别于官修的私家撰写的史书,野史是相对于官修史书而言的私人撰写的史书,二者在概念上几乎等同。区别在于,"私家"与"私人"是含义不同的两个概念。"家",强调修史者在史学方面所具有的学识以及专门从事史学研究的特征;而"人"则强调修史者个体,比较而言似具有身份的随意性和史书内容及质量的不确定性。

很显然,私史和野史应有所区别。"私家修史",强调修史者身份为史家,其修纂史书,往往有着较为公正客观的立场,记述历史事件真实准确。自古以来,为史学名者者,须满足较为严格的审核标准。"盖史者所以明夫治天下之道也,故为之者亦必天下之材,然后其任可得而称也。"③而作为优秀的史家,更应具备杰出的才能,"古之所谓良史者,其明必足以周万事之理,其道必足以适天下之用,其智必足以通难知之意,其文必足以发难显之情,然后其任可得而称也。"也就是说,具备了"才、学、德、识"的修史者才足以名家。比较而

---

① 柳诒徵:《柳诒徵史学论文集》,上海古籍出版社 1991 年版(下同),第 103 页。另:1921年,北洋政府大总统徐世昌下令,将《新元史》列为"正史",与旧有"二十四史"合称"二十五史",对此学界有不同看法,本书仅取柳诒徵先生关于正史的论断。

② 吴泽、杨翼骧主编:《中国历史大辞典·史学史》,第 422 页。

③ 曾巩:《南齐书序》,萧子显《南齐书》卷末。

言,未能以史学名家的私人,才学不必满足上述条件,其撰写史书往往强调自身的意愿和要求,于史料的准确性和真实性等方面则亦缺少严格的标准,私人所修之史与私家所修之史之质量水平高低于此可见一斑。通常,质量低劣的野史往往会与街谈巷议、传闻逸事等记述形式相依相傍。

修史者的身份虽可作为区分私史与野史的标准,但在具体用以衡量史著之时,却有其局限性。通过考察现实状态的私人所修之史与私家所修之史,可以发现,相当一部分质量上乘的史书作者并不一定是以史学名家者。区分私史与野史,除了修史者身份之外,更应注重的是史书内容本身。私史和野史虽然都被冠以史书的头衔,但是相对来讲,私史是名副其实的史书,对史书体裁体例、内容及质量均有较高的规范与要求,而野史则指具有史书性质的书籍,既包括严格意义上的史书,也包括富有史料价值的日记、笔记、杂文,甚至小说,在范围和体裁上,野史的内容更为丰富。

学术界一部分学者认为,野史的范围是包含私史的。比如谢国桢先生将野史定义为:"凡不是官修的史籍,而是由在野的文人学士以及贫士寒儒所写的历史纪闻,都可以说是野史笔记,也可以说是稗乘杂家。"[①]谢先生的野史定义极其宏大,强调创作主体的"在野"以及创作内容的历史性。瞿林东先生认为,关于野史的内涵,有两种认识:"谢国桢所说'野史笔记,稗乘杂家',是广义的野史;梁启超所谓别史、杂史、杂传、杂记统称野史,乃狭义的野史。前者易于使人明了,后者内涵比较确切,二说各有长处。"[②]

对于野史,学界有很高的评价,鲁迅先生说:"历史上都写着中国的灵魂,指示着将来的命运,只因为涂饰太厚,废话太多,所以不容易察出底细来。正如透过密叶投射在莓苔上面的月光,只看见点点的碎影。但如看野史和杂记,可更容易了然了,因为他们究竟不必太摆史官的架子。"[③]野史在记载历史事实方面具有官修史书所不具备的优越性,这一点毋庸置疑,但在强调野史价值的同时,必须注意区分野史和私家修史,价值较高、史学含金量较大的是属于私史的那一部分野史。因此,在数量繁多、内容各异的野史队伍中分离出私史

---

① 谢国桢:《明末清初的学风》,《明清野史笔记概述》,人民出版社 1982 年版(下同),第 89 页。
② 瞿林东:《杂谈正史和野史》,《江淮论坛》1982 年 3 期。
③ 鲁迅:《忽然想到》,《鲁迅选集》第二卷,人民文学出版社 1983 年版(下同),第 159 页。

作品是十分必要的。如果把野史作为一个广义的概念,那么私家修史是其中的子概念,更准确地说,私家修史强调的是史书的严肃性和客观性,史书作者态度严谨,在记述历史事件时力争真实可信,完全摒弃了小说家的主观臆造和任意联想。

通过对与私家修史相关的几个概念的分析,可以看出:私家修史是与官修史书并行,并且经常发生摩擦以至重叠的史书修纂形式,在史学发展的历史上,二者互相支持,互相促动。陈寅恪先生认为:"能于官书及私著等量齐观,详辨而慎取之,则庶几得其真相,而无诬讳之失"①,对于历史研究来说,私史与官修史书都必不可少。私史兼容了正史与野史的特点,是官方史学与民间史学互通有无的一座桥梁;并且,由于私史体现了史家的自得之学,相对来讲有独立的发展趋向,因此对私修史书的研究于揭示史学发展的流程及态势都具有非同寻常的意义。

上述分析将私家修史与其他史书类别的界限以及相互关系明确下来,并将私史在史书领域中的位置勾画出来。根据这些分析,私家修史可作如下的定义:首先,用于表述史书形态时其含义为史家个人撰写的史书,在体例、内容和性质方面有较为严格的要求,在这一点上与其他具有史料价值的著述区别开来;其次,用于表述修史行为时其意义为史家以个人身份修纂史书的史学现象,史家个人在修纂过程中具有完全的自主权,与官方开展的修史活动区别开来。

二、中国史学史上私家修史的四次高潮及特点

私家修史不是从古就有的一种史学现象,而是随着历史的发展逐步形成的。在中国史学发展史上,出现过四次私家修史的高潮。

春秋晚期是私家修史的开创时期,也是中国历史上第一次私家修史的高潮。春秋晚期,历史进入激烈的大变革时期,打破了传统的"学在官府"的桎梏,给史学带来了深刻影响。一些诸侯国史官流亡民间,开始著书立说,凭借其掌握的文化知识和收藏的政府文献谋求生存,于是,史学不再是局限于官府的"公学",私人讲学兴起,私家修史亦在民间诞生。以孔子修订《春秋》为标

---

① 转引自白寿彝:《中国史学史》第二册,上海人民出版社1986年版,第131页。

志,春秋晚期可称为私家修史的第一次高潮。

《春秋》是我国史学史上意义最深远的史书之一,它对于私家修史的贡献在于首开先河,奠定了后世私修史书的基础。此后史书的撰写逐渐增多,出现了《国语》、《战国策》、《世本》等一批史学著作。到秦代开始有了文化上的专制,秦始皇焚书坑儒政策造成了文化上的白色恐怖,"使天下之士,倾耳而听,垂足而立,缄口而不言。"①但是,由于秦朝统治时间不长,应该说并未对私修史书造成危机性的影响,所以,西汉时期,私家修史仍然表现出很活跃的状态。著名史学家太史公马迁撰写《史记》,主要依靠的是家学渊源,他虽曾为史官,并利用了皇室藏书,但完全是凭借私人之力撰写,这部史学史上的经典之作标志着私家修史的另一个高峰期的到来。

进入东汉以后,私家修史的势头受到政府的钳制。汉明帝让扬终删削《史记》,将原有的五十余万字削减成十余万言,是国家对私修史书进行控制的一种手段。不久,班固因私修国史而被告入狱,说明到汉明帝时期,已经开始禁止私人修史了。此后私家修史暂时走入低谷,官修史书如起居注则由于受到统治阶级的倡导而发展起来。

私家修史沉寂了一段时间之后,在社会变乱的环境中再一次兴起。据《隋书·经籍志》记载:"灵献之世,天下大乱,史官失其常守。博达之士,愍其废绝,各纪闻见,以备遗亡。是后群才景慕,作者甚众。"②东汉末年的社会变乱使得政府对于私家修史的控制暂时趋于松弛。到魏晋时期,由于政府不曾禁止私家修史,出现了较大的自由,私人撰写史书的风气盛行一时。当时史家有的借修史以总结前代经验教训,为统治者提供借鉴;有的针砭时弊,以为讽谏;有的借修史建立名誉,以求名当时,传名后世;也有一些史家鉴于时世险恶,为避免遭无故贬斥杀戮,退而著史,寄托情趣。当时上起帝王将相,下至一般士人地主,甚至僧侣道士都热衷于史书撰写,并涌现出许多史学名家,如陈寿、干宝、孙盛、裴松之、范晔、臧荣绪、沈约、裴子野、魏收等等。当然,魏晋南北朝时期官修史书也在进步和发展,如萌发于两汉时期的起居注盛行一时。但总的来说,这一时期的私修史书在数量和质量上都超过了官修史书。

---

① 司马迁:《秦始皇本纪》,《史记》卷六。
② 《隋书·经籍志》。

　　私修史书的发展势头到隋文帝统一全国以后受到统治者遏制,隋开皇十三年(593),隋文帝下诏:"人间凡有撰集国史,臧否人物者,皆令禁绝。"①从此之后,任何人不经朝廷许可,都不得私自纂修国史,官方垄断了史书的修纂权,私家修史遭到排斥,又一次跌入低谷。到唐朝,史馆修史的制度正式确立,官修史书逐渐在史学界独占鳌头,成为史学界的主角,自然打击了私人史家修史的积极性。但是,官修史书的弊端很快为史家们所觉察,刘知己在《史通》一书中尖锐地指出官修史书的五种弊端,并认为古代的国史,都是出自一家,故能立言不朽,藏之名山。因此,即便是在官修史书势头强劲的唐代,私家修史也没有就此成为绝响,而是在民间韬光养晦。唐代的私修史书数量不多,但质量高,如杜佑的《通典》,刘知己的《史通》等等,都是史学史上的经典之作。

　　两宋之际是史学发展的高潮期,官修史书和私家修史并驾齐驱,甚至出现了私人修史和史馆修史合作的成果,即著名的编年体史著——《资治通鉴》,该史书在修纂的过程中,既利用了官修史局在史料收集方面的优越条件,又发挥了史家个人的专长。官修史书和私修史书取长补短,鼎力合作,的确是史学界的盛事。可以说,两宋之际是私家修史发展的又一次高潮,出现了一批质量上乘的私修史书,如李焘的《建炎以来系年要录》,徐梦莘的《三朝北盟会编》,袁枢的《通鉴纪事本末》,等等。可惜,私家修史领域的这种繁荣局面仅仅维持在两宋之际。到明朝初年,再次出现了政府控制私家修史的局面,刚刚走到一起的私家修史和官修史书又分为两途。

　　明朝前期,私家修史一直受到朝廷的严格控制,到万历年以后,明朝的统治日趋腐朽,对于私家修史的控制松懈,加之西方耶稣会传教士来华,带来了西方的哲学、实用科学等,活跃了思想,也促进了史学的解放,私家修史迎来了发展的第四春。这次私家修史的高潮持续到清朝康熙皇帝统治的后期,在清廷文网渐严的情况下,才衰落下去。

　　综上所述,私家修史在中国史学史上共有四次高潮时期,分别是春秋战国时期、魏晋南北朝时期、两宋之际和明末清初时期。从私家修史的历史发展可以看出,私家修史在宏观上有如下特点:其一,私家修史的发展呈现有规律的波动,其波动受到官修史书以及政府控制的影响,其发展时盛时衰,衰而不绝;

---

　　① 《隋书·文帝纪》。

其二,私家修史与官修史书有合而为一的趋势,但是这种发展势头一直受到官修史书的压迫和排挤,二者有交叉,但很难在同一条轨道上发展;其三,私家修史与社会的变动相依相傍,社会变乱时期往往成为私家修史繁荣的温床和土壤,而一旦社会趋于稳定,私家修史就会逐渐走入低谷;其四,私家修史的大发展时期往往也是学术的发展和争鸣时期,春秋战国时期的诸子百家争鸣,魏晋南北朝时期的玄学兴起,两宋之际学术自由的氛围,明末清初产生了近代启蒙思想的萌芽,可见,私家修史不仅成为学术流变的先锋,同时也是学术相对自由发展的反映。

三、私家修史兴衰的原因简析

私家修史时而兴盛,时而衰落,其原因可以从宏观角度进行分析。

（一）私家修史兴盛的原因

一般说来,私家修史往往兴盛于社会变动较大的历史时期,中国史学史上私家修史的四次高潮莫不如此。变乱的时世给私家修史的发展提供了广阔空间。

1. 史家队伍的扩大

社会变乱往往会带来社会阶层的分化,旧的统治阶层分化瓦解,新的统治阶层则处于更新和形成时期,新旧阶层的变化还导致了中间阶层的构成发生急剧的转变,而在社会的这三个阶层中都会产生史家群体,分别代表不同阶层的利益,利用史书的形式发表本阶层的社会主张,倡导本阶层的社会理想。官修史书固有的桎梏决定了它不能满足社会各阶层的需要,充当他们的宣传工具,而私史形式自由,内容弹性较强,为各阶层史家所青睐。私人史家群体的扩大相应地促进了私史数量的激增。

2. 史料的来源和渠道增多

新政权的兴起以及旧政权的灭亡带来的是巨大的社会动荡,所谓"多事之秋","事"指的就是历史事件。一方面历史事件风起云涌地发生,另一方面旧政府渐趋瓦解,新政府刚刚定鼎,立足未稳,无暇顾及,这样一来,大量的史学信息分散到了民间,私人史家获得史料的来源和渠道极大地增加了。史料的丰富为史书的创作打下了基础,史料的丰富也刺激了私人史家的创作热情,在此基础上,私史的修纂呈现繁荣的局面。

3. 史学界相对自由的学术风气

社会动荡时期,政府对文化领域的控制较为薄弱,实际上无论是旧政府,还是新政府,其注意力都集中在政权的归属以及社会的稳定和经济的恢复等方面,文化上的破旧立新还在其次。因此,在兵荒马乱的年代,学者们的学术空间较为自由,可以将自己的意愿和想法诉诸笔墨,表现独立的思想。史学界也同样获得了相对的创作自由,私人史家得以在宽泛的学术空间中剪裁排比史料,撰写史书。

(二)私家修史衰落的原因

当王朝的统治趋于稳定之后,私家修史往往会归于沉寂,当然偶尔也会有才华出众的史学巨匠,其响亮的声音在史坛上回响,但毕竟这些史家只是凤毛麟角,无法形成规模。一般来说,社会的稳定与私家修史的发展成反比。

1. 封建王朝对言论的控制

史书是封建统治者宣扬王权、推行教化的重要手段,几乎每一朝的统治者都认识到把史书编撰权收归中央的重要性,故定鼎之后,必然着力于此事。隋文帝明确下诏禁止撰写私史;朱元璋大兴文字狱的目的之一就是使民间的士人噤若寒蝉,不敢借史书的形式发表见解和主张;清朝的文字狱更是不必细说,一阵狂风扫落叶之后,形成了"万马齐喑"的沉寂局面。当统治者把信息流通的权力收归中央之后,民间的信息量减少,信息传播也受到政府的严格控制。民间史家一方面受官方统治政策之震慑,心理上有压力;另一方面,私家修史失去了史料来源,史家难为无米之炊,故私家修史逐渐走向衰落。

2. 官修史书对私家修史的冲击

兴朝为胜国修史是我国史学界的优良传统。新王朝在政治上站稳脚跟之后,往往会借用纂修史书的有利时机来宣扬正统,说明其夺取政权的合理性,并在舆论上争取广大民众的支持。官方修史条件优于民间修史,取材广泛,史料比较齐全,而且来自于统治阶层,容易造成声势。相比之下,私家修史往往是史家对一些地方性零碎史料的收集和整理,史料出自民间,难以服众;并且,许多私人史家自身也难免要加入到官修史书的行列中去,毕竟,对封建社会的士人来说,参与官方修史既可居史官之美名,以实现读书人"学而优则仕"的夙愿,又可借助史笔扬善惩恶,两全其美。私人史家纷纷倒向官修史书,对私

家修史也造成极大的冲击,故而,在官修史书的强大阵营面前,私修史书逐渐
走向衰落。

3. 私家修史自身学术整合的要求

私修史书成于各家之手,代表一家之言,对同一历史事件和历史人物的描
述,史家的视角不尽相同,发表的见解和看法也很不一致。往往,私家修史越
是兴旺发达,史家之间意见不一致的状况就体现得更加明显,可以说,私家修
史兴盛的时期就是一个各抒己见的百家争鸣时期。而百家争鸣之后,往往会
有一个学术上的整合时期。社会历史的发展如同大浪淘沙,经过一段时间的
淘洗、沉淀和思考,人们往往更易于看清历史的真实面目。出于私家修史自身
学术整合的需要,私史走向集大成的发展时期,以一言服万言,以一书总括群
书,少数史家及其私史经受了时间的考验,而大部分史家和史书则沉淀于历史
长河之中。

以上从宏观的角度分析了中国史学史上四次私家修史兴盛和衰落的原
因,实际上由于历史状况的不同,不同时代的私家修史都有着自身独特的社会
背景和历史环境,并具有其他时期所不具备的历史特点,要想全面地分析不同
时代私家修史的兴衰,还要从微观的角度入手,厘清各个时代具体的历史状况
以及私家修史自身发展的脉络和线索,从而了解其产生、发展、完善以至于消
亡的整个历史过程。

四、明末清初私家修史及其研究

明末清初是私家修史发展的高峰,也是中国封建史学领域中私家修史的
最后一次高潮,其持续时间长,形成史书多,且出现了各具特色的史家群体。
传统史学史研究一般把明末和清初合起来作为一个史学发展时期,且研究重
点放在明末而忽视清初,这样做固然有一定的合理性,有助于原原本本地阐述
私家修史发生发展以至于衰落的整个过程,但却难免会影响到对清初甚至整
个清代史学发展的研究。本书尝试将清初私家修史从明末剥离,具体研究清
初私家修史的发展规律和特点。

(一)明末清初的私家修史以及将清初与明末分离开来的缘由

与史学史上私家修史发展的前三次高潮相比,明末清初的私家修史具
有如下特点。其一,有启蒙色彩。中国封建社会发展到明代,进入了封建社

会的晚期。在商品经济发达的江南地区,已经出现了资本主义因素的萌芽,这不仅反映在手工业、商业和农业生产领域,也表现在文化领域。相应地,史家不可避免地受到社会发展的影响,在他们的史学作品及其史学思想中有了进步意识和启蒙色彩。其二,富经世精神。明末清初之际经历了社会大动荡,对易代变故的反思以及对未来社会发展的设想是当时史学界探讨和研究的焦点,南北史家无不以反对空言、有裨国用相号召,史书反映的内容也多以当代史为主,以解决现实问题、提供历史借鉴为修史的主要思想。其三,受社会变动影响至深。明末清初的史家或者是饱尝明朝社会的黑暗和腐败,或者是亲历明清鼎革之际的艰辛,社会大动荡对他们的身心影响至深,这在他们的史学作品中都直接地或间接地有所反映。研究明末清初的史家与史学,对于研究社会变动对史学、史家甚至史书创作团体的影响都有重要意义。

明清鼎革并没有阻断私家修史的持续发展,但是,明末和清初毕竟分属于两个不同的历史时代,而且私家修史在这两个历史阶段中所呈现的风貌和特点又各自有别。如果说把明末清初作为一个整体来研究这一时期的私家修史状况有其合理性,那么,把清初与明末分离开来,进一步做深入研究就更具必要性。

第一,就时代的发展变化来说,明末与清初分别属于不同的朝代,二者之间有明显的分界线,且具有各自不同的特点。清初在中国历史上是一个特殊时期,有关这一段历史时期的分界线,史学界有多种看法。有的学者以1644年顺治入关为起始点,1683年康熙收复台湾为终点,认为到此时清朝的统一大业已基本完成,从此进入巩固统一、治国发展的历史时期;而有的学者则认为清初应持续到更晚的雍正时期;也有学者以顺治、康熙两朝作为清初的时间断限。应该说,学者们不同的划分都有自己的理由和根据,本书以顺治、康熙两朝为清初断限,尊重史学自身发展的规律,并力图展示清初私家修史发展的全貌。

第二,就私家修史自身的发展变化来讲,清初私家修史承明末发展而来,但与明末私家史学发展的态势相比较,已经有了较大的变化。影响明朝中后期私家修史主要原因包括:其一,明朝发生的两次政变(指明初的"靖难"战争和明中期的"夺门之变"),使得史官记载失实,"于是不少人便纷纷撰述私史,欲以替代史官而履行写史之职责"①;其二,明代中叶以后的党派斗争和阶级斗争也促成了野史的发达;其三,经学思想的变化与文学上复古思潮的结合促使撰写传记之风更加盛行。但这些因素并不能全面解释清初私家修史风气仍然盛行于史学界的文化现象。可以说,到了清初,有些在明代后期曾经刺激史学发展的因素仍然在起作用,而有些则不起作用,或者所起的作用微乎其微。清初影响私家修史发展的最主要的因素是易代的刺激——王朝鼎革或者说明王朝的解体对私人史家的人生产生了非同一般的影响,并深及史学的内里,影响到他们所撰写的史书的风格、内容以及史学思想。

第三,就明末清初私家修史的发展状态来说,明末为开端,清初则属高潮和尾声。与明末相比,清初私家修史在史家人员构成、史书内容的选材以及史学思想的表现等重大方面都发生了巨变。明代后期私修史书虽多,但存在许多明显的不足。"从体例上说,没有创造;从史家上说,也没有出现很精深的作者;从著述上说,几乎没有极为出色的作品。"②而刘节先生也指出:"明代史籍与前代相比,自是多不胜记。求其能自辟蹊径,独创一格者甚少。"③早在明末,就有学者对明代史学不负责任、道听途说、任情褒贬、肆意篡改的状况忧心忡忡,王世贞指出:"野史之弊三:一曰挟隙而多诬,其著人非能称公平贤者,寄雌黄于睚眦,若《双溪杂记》、《琐缀录》之类是也;二曰轻听而多舛,其人生长闾阎间,不复知县官事,谬闻而遂述之,若《枝山野记》、《翦胜野闻》之类是也;三曰好怪而多诞,或创为幽异可愕,以媚其人之好,不朽而遂书之,若《客坐新闻》、《庚巳编》之类是也。其为弊均然,而其所繇弊异也。然诞者无我,诬者有我。无我者使人创闻而易辨,有我者使人轻人而难格。"④可见,明末已经有学者对其进行了一定程度的反思和批评。到清初,这种批评和反思进行得更加深入,清初的史家力图改变史学界,尤其是私家修史方面的缺憾和不足。可以说,清初的私史是基于明代后期史学探索之上的更进一步的努力,在史书质量和史家个人修养等方面,都有了显著的提高,并且,明末清初私家修史的代表作也多完成于清初。

---

①　仓修良、魏得良:《中国史学史简编》,黑龙江人民出版社1983年版,第392页。
②　高国抗:《中国古代史学史概要》,广东高等教育出版社1985年版,第218页。
③　刘节:《中国史学史稿》,中州书画社1982年版(下同),第285页。
④　参见王世贞:《弇山堂别集》卷二十,《史乘考误》一。

第四,研究清初的私家修史有利于把握有清一代史学发展的渊源。从某种意义上说,清初私家修史发皇,上承明末私家修史发展之遗绪,下开清代史学之风气。清初的私家修史不仅对私修史书产生重大影响,对稍后迁延多年修成的官修《明史》也有很大借鉴意义,并且其流风遗韵延至清代中后期。因此,将清初私家修史与明末分离开来,也是系统研究清代史学的需要。

(二)清初史学领域的发展状况以及研究私家修史的意义

从宏观上看,清初史学领域中的官修史书与私家修史基本上处于一种齐头并进的状态,各领风骚。官修史书硕果累累,私修史书异彩纷呈。官修《明史》以及以后陆续修成的方略、方志、实录等,其数量和规模在历代封建王朝中都是屈指可数的。私家修史同样处于发展的高潮时期,史家众多,史书精良。但是,从微观上看,私家修史与官修史学则在时间的先后与发展的具体态势方面有一定的区别。

从时间上看,"清朝初年,官方尚未遑于正规的史学建设,顺治朝虽曾诏修《明史》,但仅作了些许史料搜集工作,直至康熙十八年(1679)之前,官方在明史学上并无多大作为。与此相反,私家明史学却呈现出千帆竞发的景象,私人撰述迭出、明季野史大量重印,仅据《增订晚明史籍考》一书粗略统计,顺治朝至康熙中期,重新刻印和当时撰就的有关明史的书籍不下二百余种"①;从发展态势上看,随着时局的稳定,清朝统治渐趋步入正轨,官修史书呈抛物线上升趋势,并日渐繁荣,而私家修史则随着易代影响的消退,清朝政府对言论的控制而逐步萎缩,走向衰落。概而论之,清初私家修史具有如下特点:第一,参加修史的学者数量众多,上至朝堂下至民间都大有人在,且在政治及文化立场上有不同选择,从而使修史成为清初一种风行于文化界的文化现象;第二,史书种类多样,内容丰富,据全祖望统计,清初野史数目不下千种,其中真实性较强、质量较高的私史也有数百种之多;第三,与官修史书比较而言,清初私家修史发端早于官修史书,并成为官修书的有益借鉴;第四,清初私人史家勤勉耕耘于史学领域,于史书体裁体例、史学思想等方面进行了一定的更新和改造,推动了史学事业的发展。

---

① 乔治忠:《清代官方史学研究》,(台湾)文津出版社1993年版(下同),第221页。

选取清初这一特定历史环境,研究私家修史的发展及衰落,不仅可以发现私家修史发展的规律和特点,而且有利于反映官修史书与私家修史之间的互动发展关系。

(三)关于清初私家修史研究出版状况的介绍

对于清初私家修史的研究,早在清初就有一批学者开始有意识地收集有关私史,由此使得一批珍贵的私史得以流存。如徐秉义,时称收藏明季稗史最为丰富者,在《培林堂书目》史部里,载有许多后来失传的珍本。同时期的另一位学者王士祯,在《渔洋读书记》里对当时他所能看到的部分清初私史进行了初步的阅读和评定。总的来看,这一时期的学者对清初私家修史的研究带有随意性的特征,其研究内容相对简单,一般仅限于史书的内容介绍以及学者本人的读史心得,对史事真伪的判断,等等。

乾隆朝修《四库全书》,在海内广泛收集明清之际史乘,总汇在禁中,并召集大量学者对史书的内容进行筛选和评定,为此清初私家修史曾引起一些学者的重视,但当时学者们的研究是为了统治者的利益服务的,其研究目的与其说是为促进私家修史的发展,不如说是为了限制甚至扼杀私家修史的社会风气。伴随着《四库全书》的问世,大批私史遭禁毁,甚至就此湮没无存。当然,也有部分史书被收入《四库全书》,如吴伟业的《绥寇纪略》,谷应泰的《明史纪事本末》,冯甦的《滇考》,马骕的《绎史》、《左传纪事本末》,毛奇龄的《武宗外纪》,傅维鳞的《明书》,等等。《四库全书总目》以书目解题的形式对收录及存目的私史一一进行评介,可视为对清初私史较早的研究,但一方面并不深入和系统,另一方面也夹杂着统治阶级的大量偏见。

此后,研究私修史书的学者有杨凤苞(1754—1816),他曾经为《南疆逸史》撰写 12 篇跋文,并对一些史书的作者和内容做出考证。道光年间,文网渐趋松弛,一度出现了研究南明史的热潮,但大部分史家侧重于南明史的重修,而不是对当年的史学现象及产生的史学作品进行研究。其中李慈铭(1829—1894)阅读了当时的大量史学作品,并发表了一些独到的见解。李慈铭阅读清初私史的心得体会多记录在《越缦堂日记》以及为家藏史籍所做的批校之中,后世学人据此编成《越缦堂读书记》和《越缦堂读史札记》。李慈铭的史学研究在书目解题的基础上有所突破,对清初史事有所考证,并对史书体裁体例等方面作出简要评估,但所论大多为读书心得,惟其内容更加丰富。

清末民初,政治形势的危机促使大批知识分子关心起明清交替之际的历史来,到辛亥革命时期,出现了汇集整理私史的热潮,一批丛书如《明季稗乘汇编》、《痛史》等广为刊布,其目的在于以书中的反清思想为宣传工具,调动广大民众反清的积极性,但其实质仅局限于对私史的收集、整理和出版,还不能称为是系统的研究。

20世纪初,史学革命成为热潮,新史学勃兴,在史学界引起很大震动,推动了史学史研究的发展。20世纪40年代比较有影响的著作是金毓黼的《中国史学史》(1944年由重庆商务印书馆出版),其书官修和私修并重,分两条线索,从史家、史书、史学以及史学发展趋势四个方面阐述了中国史学发展的脉络,对于清初的私家修史,金先生进行了初步的总结和研究,指出私史数量之多和内容之丰富。

柳亚子先生在20世纪40年代著《南明史料纲目》一书,对一些私家修史的著作进行了初步研究。并且,值得一提的是,50年代,在柳亚子先生的倡议下,组成了"南明史料研究会",其研究成果即著名的书目性著述《晚明史籍考》(谢国桢著,中华书局1964年版本定书名为《增订晚明史籍考》,在原有版本的基础上整理而成,故称"增订"),该书搜集明末的野史稗乘以及明末清初的文集和奏议中关于明末史事的记载,是迄今为止有关明末史籍搜罗最全的书目汇考,也是学者研究明末清初史学必不可少的参考资料。谢国桢先生在书目解题的基础上还做了一些版本校订以及考证工作。

20世纪50年代李宗侗的《中国史学史》(1953年台北中华文化事业委员会出版)谈及明代私史众多的状况,并分析了原因,同时指出清初私史存在的一些缺陷和不足,但研究力度显然不够。孟森先生曾经研究清初的私家修史,并根据私史记载对清初的一些历史事实进行了考证,如《后明韩主》就是他在研究私史《罪惟录》的基础上,对比官修《明史》和后来的《小腆纪年》而做的对后明韩主的考证。另外,他还在研究私修史书的基础上,考证了一些清初私家修史的史实记载。

20世纪60年代以后,清初私家修史的研究逐渐得到海外学者的关注。70年代美国学者司徒琳著有《传统社会中史学之功用——清代史学史上的南明》(*Uses Of History In Traditional Chinese Society – The Southern Ming In Ch'ing*

Historiography, by Lynn Ann Struve)①,以温睿临的《南疆逸史》为主要研究对象,对清初学者修纂南明史的现象进行了较为深入的考察。

进入 20 世纪 80 年代,出现了相当一批史学史著作,在这些著作中,几乎无一例外地都提及了清初私家修史的热潮,本书仅举有代表性的几部书为例。80 年代初期出版的刘节的《中国史学史稿》(中州书画社 1982 年版)一书中有专目"明代的国史与野史",但是多侧重于明末时期的史书,对于清初所形成的史书只谈及著名的几部,如《罪惟录》、《石匮书后集》、《国榷》等;仓修良、魏得良的《中国古代史学史简编》(黑龙江人民出版社 1983 年版)列有专目"明清之际野史成风",但只是简单地说明明清之际野史繁多的史学现象,并未具体进一步地展开论述。80 年代后期的几部作品,如白寿彝的《中国史学史》以及杜维运的《清代史学与史家》对清初的私修史书也有研究。其中,杜维运的研究尤为突出,他在自序中称:"清初史家王夫之、顾炎武、黄宗羲、万斯同、戴名世、吴炎、潘柽章、潘耒、马骕、钱谦益、朱彝尊、顾祖禹、毛奇龄诸人之著作,皆遍读之。"②总的来说,80 年代的研究较为深入,但是也存在着缺陷,具体表现为:第一,集中于对明朝万历年间以后的私史研究,而对入清后的研究明显减少;第二,集中于史学家的个案研究,对于一流史家如黄宗羲、顾炎武、王夫之等人的研究较多,而对其他史家研究很少或没有研究;第三,对于史书的研究同样集中于比较有影响的几部私史,而对于整个私家修史领域所形成的成果没有专门和详细的研究。

20 世纪 90 年代的史学史著作多为史学史的教科书,因此侧重于对于这一史学现象的总体介绍,而缺少系统全面深入的探索和研究。陈祖武先生的《清初学术思辨录》(中国社会科学出版社 1992 年版)于"清初史学"中专辟"私家修史"一节,对清初纪事本末体和历史地理学的发展进行了重点探讨。另外,姜胜利的《清人明史学探研》(南开大学出版社 1997 年版)是专门研究清人明史学的专著,就清初私家修史而言,该书着重于顺康时期明史纂修状况的研究,而未能涉及清初私家修史的全部内容。

此外,还有一些论文涉及顺康时期私家修史的研究,较早的如暴鸿昌的

---

① 该著作为司徒琳 1974 年密歇根大学的博士毕业论文,未出版。
② 杜维运:《清代史学与史家》,中华书局 1988 年版,(序言部分)第 2 页。

《清初私撰明史风气》(《史学集刊》1990 年第 2 期)、杨林的《试析庄氏史案对清初私家修史的影响》(《清史研究》1992 年第 2 期)、叶建华的《论清初明史馆馆臣的史学思想》(《史学史研究》1994 年第 4 期)等,近期则有姜胜利的《明遗民与清初明史学》(《安徽大学学报》2003 年第 1 期)、钱茂伟的《邵廷采〈东南往事〉与〈西南往事〉研究》(《宁波大学学报》2005 年第 6 期)、王记录的《论清代史》。总的来说,论文发表状况基本上与史学研究专著的出版情况类似,对于史家或者史书的个案性研究居多,而对于整个史学发展状况以及史家群体特点的系统性、总体性研究不足。由于个案性的论文很多,尤其是对清初三大家顾炎武、黄宗羲、王夫之等的研究更是推陈出新,绵延不绝,在此不一一介绍。

　　就清初私修史书的出版状况来说,由于许多史书涉及明末清初的史实,有触犯时忌的内容,所以很多史书在成书之时并没有公开出版,加上乾隆时禁毁书籍,又有相当一部分遭禁毁,没能传流后世。清末民初刊印了一批清初的私史,如清末乐天居士编辑的《痛史》、《中国内乱外祸丛书》等①。新中国成立后,陆续整理出版了一些清初私史,但数量不多。20 世纪 60 年代馆修史、幕府修史及私家修史的互动,台湾出版的《明清史料》中辑录了大量的清初私史,为研究清初私家修史提供了有益的条件。80 年代后,清初私史的整理和出版工作有了较大发展,如中国历史研究社 1982 年出版的《中国历史研究丛书》,浙江古籍出版社 1984 年出版的《明末清初史料选刊》,上海古籍出版社自 1987 年以来也陆续整理出版了一批清初史著。这些清初史籍的整理和出版对于推动私家修史的研究作出了贡献。

　　参考以上研究状况可知,对于清初私家修史的研究到目前为止仍然是史学研究的薄弱环节,总的说来,目前已有的研究存在以下缺陷:第一,研究侧重点集中于明末而忽视清初,清初私家修史自身的特点与异于明末私家修史之处被忽略,王朝鼎革对史家及史学造成的影响没有得到充分的研究;第二,研究的视角集中于一流史家及其史学作品,而对整个史家群体缺乏整体性和规

---

　　① 另据谢国桢《增订晚明史籍考》[中华书局 1964 年版(下同)]"自序":"当清之季年,邓秋实、黄节闻、刘师培,创立神州国光社,翻印旧籍,鼓吹革命,编国粹学报及国粹丛书,影印明季野史不下数十种。"

律性的研究;第三,对清初私家修史活动缺乏整体考察,对于修史活动产生、发展、衰亡和影响的研究工作还没有开展。

有鉴于此,本书对清初私家修史的研究,将以史家群体为主要考察对象,通过对明清鼎革之后代表不同社会阶层利益、对社会发展有不同设想的史家群体及其史书与史学的研究,反映明清易代对史学领域的冲击和影响,厘清清初私家修史发展的基本脉络,总结其史学建树,并以此作为探索史学发展内在规律和特点的一种尝试。

第一章　清初的社会环境与私家修史

　　史学的发展,靠很多条件。忧患的时代,往往是史学发展的黄金时期,而在忧患之中,还需具备一些特定的促进史学蓬勃发展的要素,如相对安定的环境、政治开明、崇尚文治、社会富庶、史家奋勉等等。从社会环境来看,清初——从顺治元年(1644)到康熙六十一年(1722)在中国封建社会的历史上是一个较为动荡的历史时期,其间有战乱造成的灾难,有天灾带来的祸患,也有新兴王朝问鼎中原所产生的震动,对生活在动荡时世的知识分子来说,这近八十年确实是一个充满忧患的时代。同时,清初八十年又是一个由乱到治的历史时期,其间顺治、康熙两位君主励精图治,勤政爱民,为清代政治、经济、文化发展走向繁荣奠定了坚实的基础。因而,与其他时期的史家相比,清初的史家社会经历更为丰富,人生际遇更为坎坷,对历史的认识也较为深刻,他们的修史活动强烈地受到时代氛围的感染,并植根于清初复杂多变的历史环境之中。

第一节　清初私家修史发展的政治因素

　　清初近八十年的时间对于定鼎中原后的清王朝来说属于政治统治的初期,统治者须花费大量精力治疗战乱的创伤,恢复经济发展,并逐步认识和接受先进的汉族文化,故在政治、经济和文化政策诸方面无不体现出初期起步的特点,而这种起步时期的社会历史风貌则给予私家修史以发展的良机。

一、政治动荡的刺激

　　政治动荡是清初的重要特点之一。从清军入关的那一刻开始,满族统治者就注定要为坐稳江山进行无数次的征伐。在清军入关后的前两位皇帝——顺治和康熙统治时间内,发生了一次又一次的战事,包括围剿李自成和张自忠领导的农民起义军,南下摧毁南明弘光、鲁监国、隆武、绍武、永历政权,平定三藩,收复台湾,等等,这些规模大小不一的战争是清朝统治者为维护和巩固统一所采取的必要手段,但连年征伐毕竟造成了整个社会相对不安定的局面。经历了明末战争打击后的中原地区,经济有待于恢复和发展,文化也处在恢复阶段。清初虽是政治动荡期,却为私家修史提供了难遇的良机,史学领域里呈现出一派生机勃勃的景象。

1. 各类历史事件频频发生

清初多个政权割据,并且割据政权有一个共同的特点——持续时间比较短,一般不超过五年,最多也就是十几年。南明政权多短命,弘光政权仅仅存在了一年①;鲁监国政权存在的时间不到一年②;绍武政权存在不到四十天,形同儿戏③;最后一个南明政权——永历政权维持的时间稍微长一些,也就是十五六年④。这些政权的兴亡也不过是弹指一挥间,但是在它们短暂的历史发展过程中,却有很多历史事件和历史人物与之相关,绝不能因为它们存在的时间短就否定其历史内容和历史价值,相应地,对于这样一些历史事件和历史人物的记载需要一批史家来完成。南明小朝廷自顾不暇,来不及为自己修史立传,而新兴的清王朝对于这些政权的合法性持明确的否定态度,更不会考虑到为其修史立传,以传流后世,这样一来,为南明政权修史的工作责无旁贷地落到了民间⑤。清初另外一些历史事件则或是与农民军的活动有关,或与清王朝的平叛战争有关,在当时社会影响很大,但由于其中的一部分事件触犯时忌,其内容往往会被官方封锁,官方史学记述表现出吞吞吐吐、含混不清的特点,甚至为了避免触犯忌讳略而不谈,这样一来也为私家修史留下了空间。

由于清初历史事件历经的时间较短,形成的史料相对容易把握,且许多士人身处其中,都或多或少地了解一些情况,直接或间接地接触到一些史料,这些为私家修史的兴起提供了写作素材上的优势。清初士人有的曾经在南明政

---

① 自 1644 年 6 月到 1645 年 5 月。
② 自 1645 年 7 月到 1646 年 6 月。
③ 自 1646 年 12 月到 1647 年 1 月。
④ 自 1646 年 12 月到 1662 年 1 月。
⑤ 根据谢贵安《睿宗、崇祯及南明诸朝〈实录〉纂修考述》,刊于《史学史研究》1999 年第 2 期,福王及桂王修有《实录》,唐王及鲁王修有《纪年》,但这类以官修史书命名的史书却"俱出私撰",属于清初私家修史的一部分。

权为官,有的曾经亲身经历过明清鼎革之际的战争,总会或多或少地与历史事件有这样或那样的关系。同时,他们凭借自己亲身经历的优势,可以以私人的身份去查访当时的当事人。故清初治当代史的人很多,这与当代历史事件旋起旋灭的历史特点不无关系。另外,这些频频发生的历史事件首尾完备,都可以独立成文,符合历史撰述的特点,满足史书撰写的要求,比如南明小朝廷兴衰的历史,一些历史事变的经过,以及历史人物的生平功绩等。可以说,清初的社会现实刺激了相当一批士人在史学领域中耕耘爬梳,从而带动了私家修史的繁荣和发展。

2. 史料的流散

"史料为史之组织细胞,史料不具或不确,则无复史之可言。"①清初学者所处的独特的历史环境,使得他们可以接触到大量的信息作为史料。就社会环境来说,时局动荡,信息传播的速度加快,许多原来局限于官僚统治集团内部的信息广泛传播到了民间,人们身处乱世,对各种各样的信息都倍加关注,也为史料的积累打下了基础。当时学者依据的史料,主要是广泛流传于民间的实录。

据统计,明朝统治时期曾经出现三次抄录实录的活动②:一次是在万历十六年(1588)③,另一次是在万历二十二年(1594)④,最后一次在万历二十四年(1596)⑤。经过这三次大规模的抄录活动,实录广泛地传到了民间,出现了"家藏户守"的局面。明朝末年甚至出现了公开销售实录抄本的现象,每部售价高达五万缗。实录是编写当代史的基本材料,其在民间的广泛传播,极大地便利了私人修史,有力地推动了修史事业。根据学者的研究,晚明清初,在京

---

①　梁启超:《说史料》,《梁启超史学论著四种》,岳麓书社1998年版,第145页。

②　关于这三次抄录实录的活动,参见谢贵安《论明代国史与野史的生态关系——以〈明实录〉的禁藏与流传为线索》,《学术月刊》2000年第5期。

③　明万历十六年(1588),因神宗要阅读累朝实录,而皇史宬本的实录簿册太大,不便于阅览,于是首辅申时行提出建议重抄一部微型本。因实录重抄,一些校对和誊录人员乘机在实录馆中抄出实录,携带回家,并互相抄录。

④　明万历二十二年(1594),为因修正史,故取出实录,供史臣参考。官员们再次乘机大肆传抄。

⑤　明万历二十四年(1596),由于乾清宫火灾,御览本《明实录》旧本亡佚,于是明神宗命内阁誊进累朝《宝训》及《实录》以补之。在这次历时两年零四个月的重录中,《明实录》又一次经由参与抄录的史官传抄到宫外。

师及江南等文化发达地区,许多巨室如钱谦益、钱士升等拥有《明实录》①。清初史家私修史书在内容上多以明史为主,实录就成为被广泛取材的史料,私人史家修史往往借助于实录。实录的来源及渠道不一,或依靠家藏实录,或到著名的藏书楼访求实录,或是出高资到民间购买实录。著名史学家谈迁在编撰编年体史书《国榷》时,使用了明代十五朝的实录,其中部分实录依靠自己平日精心收藏,另一部分则是四处征求而得。由于崇祯一朝没有实录和起居注,学者们又到民间搜集邸报,并互相交流史料,以补充实录的缺憾。

明清之际的社会变乱还造成大量档案流散民间,书牍、奏议、邸钞、塘报等档案资料成为学者们悉心收藏的对象。如祁彪佳留心当日时事,见崇祯一朝臣工奏疏有切中时弊、关心民间疾苦的,就将其剪裁排比,汇集成编,如同今人做剪报一样;黄宗羲则利用自己在弘光朝为官的机会,广泛收集邸报,以备来日修史之用,"寒夜鼠啮架上,发烛照之,则弘光时邸报,臣蓄之以为史料也。"②此外,清初学者还把自己形成的具有档案材料性质的文件汇集成编,形成珍贵的史料汇集。如查继佐把自己在鲁监国政权任兵部职方郎中时所上的十五篇奏疏汇集成书,即为《敬修堂钓业》,从而为修纂史书奠定了史料基础。档案不仅成为学者们手头必备的史料之一,并且成为他们征实纠谬的工具。如邹漪在编纂《明季遗闻》时明确表示:"集中叙载人物之贤否,言行之臧否,要皆考据邸报,采择见闻,不敢虚美隐恶,以重秽史之咎。"③吴伟业之《绥寇纪略》也大量利用邸报,"书中记录了多次战役的时间、地点、兵力、斩级数、行军路线,引用甚至全录了很多奏疏,也只有从邸报中才能抄得。"④

一些亲身经历的见闻和采访得来的口碑史料也是清初史家修史的重要史料来源。许多亲身经历明清易代的人及时将自己的所见所闻记录下来,撰写成各种史书。如王秀楚作《扬州十日记》,所记"皆身所亲历,目所亲睹"。另外,清初的学者还通过访问事件的当事人,采集了大量的口碑史料。计六奇写《江阴续记》时,采访了当时的许多难民,根据难民的口述,剪裁成史,如他写《贼陷巢县》是根据亲见者的见闻,写《杨尔敏史可法》则根据桐城人的口述。

---

① 钱茂伟:《论晚明当代史的编撰》,《史学史研究》1994 年第 2 期。
② 黄宗羲:《弘光实录钞》序,《黄宗羲全集》第二册。
③ 邹漪:《明季遗闻》"凡例",转引自谢国桢:《增订晚明史籍考》,第 452 页。
④ 吴伟业:《绥寇纪略》"前言"。

史家亲身的经历和口头流传的史料难免有其局限性,由于见闻不广、流传失实甚至以讹传讹等因素,造成史料难以反映历史全貌,甚至夹杂史家个人偏见,但是其价值仍然不容否认。清初学者能够敏锐地捕捉来自各方面的史学信息,表现出了高度的历史责任感和强烈的修史自觉意识,而且声情并茂的亲身经历史料和口碑史料能反映出当事人的心态,并在一定程度上代表人们对史事的基本看法,成为清初私修史书的重要特色之一。

3. 明清鼎革的刺激

所谓"前事不忘后事之师",鉴往事,知来者,修史作为一种文化观念已经深深植根于学者的心中。盛世修史,以颂贤扬能;乱世亦修史,以褒美贬恶。几乎每到社会变动、危机重重的历史关头,总会造就一批史家。清初作为一个变乱纷更的历史时期,更具备乱世修史的文化氛围和土壤。瞿林东先生认为:"史学,从史学家对于历史和现实的认识来看,常常反映出他们对于社会前途命运的忧患意识,这在很大程度上成为他们决心致力于历史撰述的一个思想基础。"①清初学者中有相当一部分人经历了明清鼎革的历史变迁,明朝的灭亡和清朝的兴起在他们的内心中产生了巨大波澜,他们思考过变革社会的种种措施,也曾经对腐败的国事发表议论。明朝灭亡后,痛定思痛,他们必然会对明代社会危机进行深刻的反省,而修史则是表述这些思想以及心理变动过程的重要方式之一。

除了对明朝的怀恋,所谓的"麦秀黍离"之悲外,清初学者还需要对鼎革之际重大的历史变动做出合理的解释。比如,当时许多学者在考察中国历史上的正统政权后认为,三代以下,作为取天下最名正言顺的明朝政权是如何走到国亡帝殉的境地,这成为时代留给清初学者的一个值得深切思考的重大问题。作为亲身经历这场历史变革的知识分子,清初学者深感有责任和义务在反思历史的过程中对此做出合理的解释。另外,农民起义军是亡明的中坚力量,这支队伍由弱到强,由民间组织发展到长驱直入京城,这个历史过程与明王朝的兴衰关系密切,涉及国家的政治、军事策略以及国计民生的重大问题,也是清初学者们思考和求证的重点。此外,家族的兴衰,个人的际遇,在历史

---

① 瞿林东:《史学与良史之忧》,《史学与史学评论》,安徽教育出版社1998年版(下同),第269页。

变故面前的立场、态度等许许多多问题都随着明清鼎革而趋尖锐化,需要学者们深思后予以解答。清初学者反思和解释的成果在学术界以各种各样的形式表达出来,史书便是其中的一种,同时也是广泛使用的一种。

另外,作为历史活动的当事人和见证人,清初学者自身认识到有修史的责任和义务。郑廉在谈及修史的理由时说道,"予宋人也,知宋事,知之,故纪之。"①郑廉身为河南人,亲身经历河南二十三年[明天启二年(1622)至清顺治二年(1645)]间的变故,所以有责任以史书的形式记述河南之事。同样,其他的清初史家或是亲身加入到南明政权,如李清、王夫之、黄宗羲,他们了解南明王朝的具体情况;或者与当时的历史人物有密切的关系,如钱肃润、瞿共美分别是钱肃乐、瞿式耜的本家,他们对于当时抗清志士的历史活动比较了解,本人虽因种种原因未能与志士们一样为国殉身,见死者之事难免心痛,所谓"前事不彰,后死之咎也"②,史家们在心理上已经把褒扬殉国志士的事迹作为残生的责任。

清初学术界,研究当代史已成为一种学术风气。不仅史学界如此,文学、经学和子学等其他学术领域也密切留意时事动态,表现出对当代史的高度关注。但是,应该肯定地说,在诸多的文字表现手法中,史书受到了众多学者的青睐,成为最受欢迎的著述方式,并占据了学术界的中心。

4. 史书成为记载和评论人物行迹的主要载体

明清鼎革为历史人物提供了巨大的舞台,风云变幻的历史时空中上演了一幕又一幕悲欢离合的故事。在任何历史境遇中,可以说,每一个人都有表演的时间和空间,并且由于清初特殊的历史状况,表演者的故事往往浓墨重彩,引人深思,发人深省,这些形色各异的历史人物配合着历史事件出现,给史家提供了修史的素材。由于明清鼎革所带来的空前震撼,清初的历史人物有着其他朝代所不具备的特点,并表现为不同的思想和行为方式。他们对社会发展有不同的构想,对进退出处有不同的态度,对政治立场有不同的选择,与此相应,在相同的历史环境中他们有不同的历史作为,扮演了不同的角色。按照儒家传统道德理念,清初历史人物有正义与非正义、忠孝节义与不贤不孝之

---

① 郑廉:《豫变纪略》"自序一",明末清初史料选刊。
② 钱肃润:《南忠记》"自序",晚明史料丛书。

分。根据历史情境与社会发展的综合因素,清初历史人物又有有情与无情、有为与无为之别。对于这些人物,士人阶层需一一予以分析和评价,而他们的评价又往往包含了时代的特点。

在党派斗争方面,清初继承了明末以来的特点,政治派别之间的斗争非常激烈。当时,士人中有东林和阉党的差别,南明小朝廷内部有"福王派"和"潞王派"的差别、吴党和楚党的差别,等等。党派之间的斗争表现政治差别,亦表明他们对社会现实有不同的看法和观点,并影响甚至主导他们产生不同的行为,进而在一定程度上影响整个社会局势的发展。对这些行为不同,对社会产生的结果也各有差异的人物进行评价的任务就落在了清初学者的肩上。

而且,由于经历明清鼎革的士人在政治立场上有不同的选择,对他们的评价更为复杂和艰难。作为是非、善恶、忠奸的评判者,是表彰那些顺应时势,转而拥护新兴的清王朝的;还是赞扬那些坚守忠义,为崩溃的明王朝誓死效忠的;还是歌颂隐居田园,不问世事,江海寄余生的。多样化的选择使得清初士人阶层富于变化性,为史学传记的著述提供了丰富的材料来源。更为重要的是,清初史家对于这些历史人物的叙述和描写,往往也包含了他们个人的评价和自身的选择,以及对于自身选择的解释等。从这两点上说,清初以及此前涌现出来的形形色色的历史人物为私家修史的发展提供了创作的源泉。当然,由于史家各自的立场不同,他们对于历史人物记载的公正性和客观性不免程度不一,甚至会出现为了维护本派别利益而不惜歪曲历史真相的情况。史家修史的主观性是难以避免的,但这一点在清初表现得更为显著。

二、官方文化政策的两面性影响

就清代全部历史而言,顺治和康熙两朝,是奠定国基的重要发展时期。"帝王敷治,文教是先",从顺治到康熙统治后期近八十年的时间里,清朝统治者逐步奠定了崇儒重道的基本国策,把争取知识界作为施政的基本方针。但是,知识阶层承载社会道义,代表社会良心,他们对于异族入侵的反抗情绪往往最激烈,而且持续时间长,一味地拉拢无法成为统治者政策的全部。固此,清朝政府对知识界往往采取恩威并施的两面政策,从而对私家修史产生积极或消极的影响。清初的私家修史,就生存在这样一个具有鲜明相对性的空间之中。

1. 优容、笼络与压制并存的官方统治政策

清初统治者对知识分子的政策,以优容和拉拢为主,辅之以压制和迫害,其目的都是为了维护清朝统治的稳定。

早在顺治元年(1644),御史曹溶就提出优恤死节之士,以励风节,"自逆寇荼毒京师,誓节死难之臣,所在多有,宜听学臣详访启闻,恤其子孙,旌其门间,以励风节"①。清朝政府为了取得汉族官绅地主的支持,还以为明帝复仇讨贼相标榜,下令"官民人等为崇祯帝服丧三月,以展舆情,著礼部太常寺备帝礼具葬"②。鉴于明朝后期党争激烈,在京的官员多曾投靠大顺政权,当时的清朝统帅多尔衮还进一步规定:"凡文武官员军民人等,不论原属流贼,或为流贼逼勒投降者,若能归服我朝,仍准录用。"③此后,满族统治者又在顺治二年(1645)即开科取士,以争取汉族知识分子的支持。

康熙十二年(1673),颁谕举荐山林隐逸之士。康熙十七年(1678),特设博学鸿儒科,吸收学行兼优、文词卓越、素有名望的汉族文人。这些措施,都争取到了汉族知识分子的大批归附,以至于当时流传有"一队夷齐下首阳"的戏语。清初在文化政策上的相对宽松给史家提供了史书创作的有利时机。在统治者的优容与拉拢下,一部分清初士人转变政治立场,开始为新王朝效力,但是也有一部分士人将失意和不满隐藏在心中,或是选择归隐山林,不问世事,或者以各种形式继续进行着反清复明的事业。对于这样一部分人,作为统治者,不能不有所察觉,也不能不采取措施以求永远根绝其反清复明的思想,这样一来,在清初比较宽松的文化领域中,偶尔也会出现残酷的压制和迫害。

在社会秩序渐趋稳定的情况下,清政府采取了怀柔和高压并行的政策。一方面,继续推行科举制度,重用理学名臣,提倡尊孔读经,以使士人潜心于程朱理学,消弭他们的反抗意识;另一方面,实行文化专制主义,严禁士人结社,大兴文字狱,以消除士人的异端思想。清初发生了著名的"庄氏史狱"和"戴名世《南山集》案",对当时的史学界起到了一定的震慑作用,使一些学者缄口不言。由于私修史书往往触及时讳,史家修史难以自保,为此,有的被迫将史

① 《清世祖实录》卷六,顺治元年七月癸丑。
② 《清世祖实录》卷五,顺治元年五月辛卯。
③ 《清世祖实录》卷八,顺治元年九月辛卯。

书深藏家中,不敢拿出来示人,有的甚至放弃了私修史书,转而关注其他学术领域。可以说,清初的私家修史就是在这种复杂的政治环境中曲折地发展着。

　　2. 官修《明史》的起步和迟滞发展

　　早在清入关的第二年,即顺治二年(1645),清朝政府就开设史局,纂修《明史》,当时顺治帝命明朝的降臣冯铨、洪承畴负责这一工作。但是当时政局不稳,人才缺乏,史料流散,而且洪承畴等人本身不具备修史的素养和才能,又政务缠身,无法顾及,所以顺治二年(1645)修《明史》的活动以没有成效而告终。但这一次官方修史活动对民间私家修史有很大的刺激作用。许多明遗民经历了亡国之痛,对于有明一代无国史的事实深以为憾,而新朝修史的措施又只是应景之举,这就促使他们以个人之力投身于修史活动中去,以寄托其亡国之思。同时,也有一批降清官员,利用清朝官方修史的有利时机,收集史料,私修史书,以之为晋身之阶,亦以之为为官之余的学术活动。

　　康熙四年(1665),重开史馆,但其成果也仅仅是将《明实录》翻译成满文,并因为修《清世祖实录》而被迫终止。康熙十八年(1679)三月,清廷召试博学鸿儒,中试者五十余人,入翰林院,分别授以编修、检讨等官职,同修明史,开局于东华门外。这次史局网罗了海内很多有声望的学者,如朱彝尊、潘耒、尤侗等人,而像万斯同那样的名士,也以布衣参与其事。此次修史,以徐元文为监修,叶方蔼、张玉书任总裁,并正式商讨了修史进程,确定体例,依类分题,分工负责,开始了实际的编纂工作。但是其间人事调动频繁,史书进程缓慢。直到康熙末年,史稿才初步完成。官修的《明史》,经过雍正年间的续修,到雍正十三年(1735),全书宣告正式完成,乾隆四年(1739)刊印。从有修史之议,到史书正式修毕,长达近百年的时间。就积极影响方面而言,官修史局的建立以及到民间征集史料等举措表明了官方对修史以及史料的重视,对私家修史来说比较有利;另外,由于官修史书的拖沓,使得私家修史暂时避开了与官修史书之间的竞争,压力有所减轻,获得了发展的空间。所以,清初私家修史得以借助官修史书的空隙,维持其发展。

　　但是,另一方面,官修史书的开展也对私家修史造成一定的消极影响。学者们被征集到史局之中后,个人纂修史书的时间和机会相对减少,其私史创作的数量必然减少。另外,官修史书在史料收集、史书编纂等方面具有私家修史无可比拟的优越性。官修史书得到清朝政府的扶持,往往集合众人之力,史料来源广泛,史书内容严谨,逻辑性和系统性强,与私修史书相比有很多优点,亦给私家修史带来强大的压力。因此,随着官修《明史》最后成书以及其他官方修史活动的展开,私家修史日趋萎缩,并走向了衰落。

总之,就社会环境和官方统治政策来说,既有促进私家修史发展的积极的一面,也有抑制其发展的消极因素。清初私家修史就是植根于这样一个复杂多变的社会环境之中,沿袭明末以来的发展态势,而在易代之后迸发出夺目的光彩。

第二节 清初私家修史发展的经济基础

清初处于经济恢复和发展的关键时期,一方面,战争还没有完全结束,明末以来大规模的战乱和自然灾害对经济的破坏还没能完全消除,社会生产遭到严重破坏,经济处于凋敝状态;但另一方面,大规模的恢复和整顿已经开始进行。清初近八十年的时间,经历了缓慢的经济恢复和发展过程。

清政府为了争取财政经济状况的好转,吸取了历史上汉族统治者的经验教训,实行与民休息的政策。顺治元年(1644)提出了"省刑罚"和"薄赋敛"两大政策,并且在顺治十一年(1654)停收苏杭等地的赋役。从顺治时期开始,清政府就开始了整顿赋役制度的改革。顺治三年(1646)谕户部:"国计民生,首重财赋,明季私征滥派,民不聊生,朕救民水火,蠲者蠲,革者革,庶几轻徭薄赋,与民休息。"①并责成地方抚按,严格查核地方田亩,编纂《赋役全书》。这项工作到了康熙时仍在进行。康熙亲政后又施行了重要的农业政策——更名田。这些政策和措施的实行,对于经济的恢复和发展都起到了关键作用。

因此,清初在较短的时间内,取得了经济发展的良好成效。"自康熙二十年(1681)以后,……海内始有起色。"②到康熙四十年(1701),全国各地已经普遍显示出丰裕的景象。当时内地和沿海各省的土地基本上恢复耕种,全国

① 《清世祖实录》卷五七,顺治八年六月辛酉。
② 陆陇其:《论直隶兴除事宜书》,《清经世文编》卷二八。

的财政收入逐年增多。据《清实录》记载,康熙四十年户部库币有四千五百万两,而康熙五十年(1711)宣布"盛世增丁,永不加赋",说明经济已经有了一定程度的恢复。应该注意的是,对清初的经济形势不能做过高的估计,封建专制王朝以经济服务于政治,在实施一系列措施恢复和发展经济的同时,也有实行海禁、矿禁等不利于经济发展的一面。

经济是文化的基础,清初史学的发展需要借助经济上的便利条件,但从清初全国的经济形势来看,能够提供的便利显然有限。具体说来,清初的史学与经济联系最密切的还是下面的几个因素。

一、明朝以来印刷业的兴盛

清初印刷业基本上继承了自明代以来的发展,而明代则是我国印刷术普遍兴盛的时期,官刻、坊刻、私家刻书都很盛行。据《天工开物》记载,明代制造竹纸、皮纸等各种纸张的选料、配料等工艺都非常细密,印书用纸也非常讲究:"印书纸有太史、老连之目,薄而不蛀,然皆竹料也。若印好板书,须用绵料白纸无灰者。闽浙皆有之,而楚、蜀、滇中绵纸莹薄,尤宜于收藏也。"①印刷技术本身也在不断提高,除了雕版印刷更为精致之外,活字印刷特别发达,套版印刷也得到了进一步的发展和应用。

清初的印刷业在明代兴盛的基础上继续发展,印刷、造纸等工艺不断改进和提高,书坊以及装订、裱糊书籍的作坊也逐步增多。自康熙时期起,在宫廷设置了庞大的刻书机构——武英殿修书处。坊刻和家刻也更为兴盛,以苏州书坊为例,据黄丕烈《士礼居藏书题跋记》中的记载就有三十多家②。书籍成为大量流通的商品,北京的琉璃厂、金陵的三山书肆街,以及苏州、杭州等地的古旧书业空前繁荣。据有关学者研究,清代图书出版业较明代有了长足进步,刻书机构增多,工艺水平提高,相应地降低了图书出版的成本,书价呈现不断下跌的趋势。朱彝尊在《池北书库记》中谈道:

自唐以前,书多藏之于官,刘歆之《七略》,郑默、荀勖之《中经》、《新簿》,其后四部七录,代有消长。民间所藏,赐书之外,无多焉尔。自雕本盛行,而书

---

① 谢肇淛:《五杂俎》卷十二《物部四》。
② 叶德辉:《书林清话》卷九《吴门书坊之盛衰》。

籍易得,民间雕镂未贡天府者,且十之九,由是官书反不若民间之多。古之拥万卷者,自诩比南面百城,今则操一囊金,入江浙之市,万卷可立致。①

　　清乾隆以前,书价平均每册在六钱左右,如顺治十八年(1661)庄廷鑨之《明史辑略》10册,每册售价六钱。② 比较而言,明万历间每石米约值银1两,一个国子监五经博士年俸米72石,每月俸米6石,折合银6两,每月可买书几十部。到清代,书价降低,以七品知县月俸银8两,约可买书30—60册左右。为此,入清之后,很多官吏成为新兴的藏书家。以徐乾学为例,于明清鼎革之后,广收落魄藏书家之收藏,南北大家之藏书多归徐氏,汪琬《传是楼记》记录了徐氏家族一时藏书之盛:

　　昆山徐健庵先生筑楼于所居之后,凡七楹间,命工断木为橱,贮书若千万卷,区为经史子集四种,经则传注义疏之书附焉,史则目录家乘山经埜史之书附焉,子则附以卜筮医药之书,集则附以乐府诗余之书,凡为橱者七十有二,部居类汇,各以其次素标湘帙,启鑰烂然。③

　　书价的降低,对史书的出版、流传和收藏都非常有利,客观上为清初史学,尤其是私家修史的发展奠定了良好的物质基础。

二、私家藏书的恢复和发展

　　明朝藏书业兴盛发达,到清初,一些明代的私家藏书直接传递给后世,如宁波范氏天一阁藏书传给其子孙,黄虞稷继承其父黄居中六万卷的藏书,毛扆继承汲古阁八万余册的遗藏。另外,一些藏书故家因变故将藏书散出,新的爱书家则大肆收购,形成新兴的藏书大家,如黄宗羲、徐乾学、朱彝尊、王士祯等。众多藏书家不遗余力,日积月累,使得清代的藏书事业蔚为大观,藏书楼几遍布海内,"大江南北,莫不家有藏书"。据学者统计,清初藏书万卷以上的私人藏书家达六十余人④,著名的藏书家及藏书楼有黄宗羲"续钞堂"、曹溶"静惕堂"、

---

　　①　朱彝尊:《池北书库记》,《曝书亭集》卷六十六。
　　②　关于明清书价的对比情况,参见谢彦卯:《我国古代书价漫谈》,《文史杂志》2003年第5期。
　　③　汪琬:《传是楼记》,《传是楼书目》。
　　④　关于藏书家的统计,参见范凤书:《中国私家藏书史》,大象出版社2001年版(下同),第271页(《清代收藏万卷以上藏书家简表》)。

徐乾学"传是楼"、王士禛"池北书库"、梁清标"蕉林书屋"、朱彝尊"曝书亭"等。

藏书业的兴盛为史书的修纂和流传提供了空间。许多藏书家本人就是史家,家藏书籍为私修史书提供了便利条件。如毛奇龄、朱彝尊、吕留良、高承埏、曹溶、徐秉义、钱谦益等既是藏书家,也是优秀的史学家,他们的史学著作成为清初私修史书的名篇。据全祖望记载,著名学者黄宗羲"既尽发家藏书读之,不足,则抄之同里世学楼钮氏,澹生堂祁氏,南中则千顷斋黄氏,吴中则绛云楼钱氏,穷年搜讨"①,晚年黄宗羲益好聚书,他曾到范氏"天一阁"、黄氏"千顷堂"中抄书,还曾购买徐乾学"传是楼"的部分藏书。黄本人的藏书楼名"续钞堂",藏书丰富而选择精良。为修史而全力藏书的史家还有刘献廷,如戴名世所言:"继庄尤留心于史事,购求天下之书,凡金匮石室之藏以及稗官碑志、野老遗民之所记载,共数千卷,将欲归老洞庭而著书以终焉。继庄一书生,诸公贵人无好士能知继庄者,继庄衣食不遑给,而奔走拮据,出金数百购求遗书,凡继庄之所为者,其力既已勤,而其志向亦已苦矣。"②

藏书业往往成为史书流传的最后归宿,清初私史仅有一部分得以刊刻、流行,而更多的私史则由于清朝政府的严禁,或因为史家个人原因而未能出现在图书市场上,这些史书以抄本或稿本的形式被爱书如命的收藏家们作为稀世奇珍收藏起来,并辗转留存。可以说,藏书业的恢复和发展既刺激了史书的修纂,同时也保护了大量的史籍免遭散佚,如徐秉义《培林堂书目》中收录清初私史八十余种,这些私人藏书家有效地保护了相当一批清初私史,使其免于湮没。

三、史书的商业利益

清初处于连年的战乱之中,谣言遍布,真实的历史事件反倒湮没其中,人们迫切地需要一种较为可靠的途径得知历史事件的真相,而史书的真实性自古以来就备受世人重视。因此,在清初出版业中,史书独领风骚,赢得了大部分市场。另外,由于政治上的动荡,也刺激了士人的政治敏感性,士人阶层迫切希望借助史书了解时事,以澄清传闻,确定立场。众多的史书读

---

① 全祖望:《梨洲先生神道碑文》,《鲒埼亭集内编》卷十一。
② 戴名世:《送刘继庄还洞庭序》,《戴名世集》卷五。

者群促进了史书刊刻以及出版业的兴盛,刊刻史书,尤其是记载当代史的史书成为一种极富商业利益的行业,受商业利益的驱动,史书手稿身价倍增。

当时史书手稿的经济价值可以通过清初发生的几桩耐人寻味的盗窃案来加以证明。据笔者调查,清初的多位史家曾经发生过史书手稿丢失的事件。其中最著名的是谈迁的手稿被窃案。谈迁的《国榷》在顺治四年(1647)全部被盗①,偷窃者选择了一介穷儒谈迁作为偷窃对象,而且盯上了他的史书手稿,可见盗书者必是对史书垂涎之人。另外,另一史家陈鼎的《忠烈传》也遭窃②。著名史家查继佐的史书在他离家避祸的日子里也曾经被窃,甚至,窃贼竟然挖空心思,找到了查继佐埋藏在地下的史稿,可见其得史书之心极切③。史书既然如此吸引窃贼,无疑是有相应的买方市场存在。

围绕张岱《石匮藏书》与谷应泰《明史纪事本末》的公案多少可觅得史书买方的信息。邵廷采《明遗民所知传》记载:"山阴张岱,字宗子,左谕德元忭曾孙也。性承忠孝,长于史学。丙戌后屏居卧龙山之仙室,短檐危壁,沉淫于有明一代纪传,名曰《石匮藏书》,以拟郑思肖之《铁函心史》也。至于废兴存亡之际,孤臣贞士之操,未尝不感慨流连,陨涕三致意也。顺治初,丰润谷应泰提学浙江,修纪事本末,以五百金购其书,慨然曰:'是固当公之,公之谷君,得其人矣。'年七十余卒。衣冠揖让,绰有旧人风轨。"④温睿临的记述与邵廷采大致相同⑤。又据叶廷绾《吹网录》云:"顾旧传应泰有窃书之谤,孙氏《读书

---

① 谈迁《国榷》"自序"云:"天启辛酉,值内艰,读陈建《通纪》,陋之,私自笔录,渐采渐广,且六易稿,汇至卷百。丁亥八月,盗肰其箧,拊膺流涕曰:'噫,吾力殚矣!'"丁亥,即顺治四年(1647)。

② 杨凤苞《秋室集·南疆逸史跋五》云:"按鼎(陈鼎)《东林列传》自序云:'囊笔奔走海内,舟车所通,足迹所至,计二十余年,廉访死事忠臣义士,得四千六百余人,节妇烈女在外,摭其事实作《忠烈传》六十余卷。稿成欲上之史馆,携诣崇文门,夜为偷儿肰去,仅存姓名录五卷,盖目录也,是传忠烈五十之一耳。'"

③ 沈起:《查继佐年谱》,云,乙酉(1645年)八月,查继佐"埋所著书于坎"。又《东山外纪》载:"《钓业》十二卷,系甲申闽归手书,会避难江东,以石匣钢埋地。既而盗迹先生故居,索地,意他物发之。及先生归,购得十之五六。"

④ 邵廷采:《明遗民所知传》,《思复堂文集》卷三。

⑤ 温睿临于《张岱、谈迁传》记述:"山阴张岱,字宗子,左谕德元忭曾孙也。长于史学……辑有明一代纪传,既成,名曰《石匮藏书》。丰润谷应泰提学浙江,闻其名,礼聘之,不往。以五百金购其书,慨然曰:'是固当公之,谷君知文献者,得其人矣。'岱衣冠揖让,犹见前辈风范。"(《南疆逸史》列传第三十九《张岱、谈迁传》)

胜录》述姚际恒语云：'《明史纪事本末》，本海昌一士人所作，亡后为某以计取，攘为己书，其事后总论一篇乃募杭诸生陆圻作，每篇酬以十金。'"①姑且不论这段公案真实与否②，以五百金购书与每篇酬以十金的传闻终究不是空穴来风。

求购史书、花钱请人修史者不仅发生在清初官员身上，民间但有财力，又以学术相标榜者也可以购求史书，以博高名。《费恭庵日记》较为详细地记载了庄氏史狱发生的经过，其中有庄廷鑨购求史书的细节：

顺治十八年（1661）辛丑十二月，湖州逆书案起，乌程南浔相国朱文肃公名国桢，博学多著述，有良史才，作明书大事记、大政记、大训记，俱系天启时所刻。又有《明书》一部，仿《史记》廿一史例未刊，然其论赞大抵俱称朱史氏，其未刻之明史亦然。相国殁后，其诸孙贫，因以其稿出售于人。浔中有贡生庄胤城者，字君维，家富，长子子襄名廷鑨，有才而瞽，欲以瞽史自居，购得此书稿，乃聘请名士茅元铭、吴炎、吴楚、吴之铭、张隽、唐元楼、严云起、韦金祉、蒋麟徵、潘柽章约十六七人，群为删润论断，又以史中未备者，采乡先达茅瑞徵《五芝纪事》及《明末崇祯遗事》，名曰《明史辑略》，求庚辰进士李令晳为之序。③

由于社会对史书的普遍关注，已令史书身价倍增。史书既可售出，作史亦可成为餬口之具，修史之商业价值于此可以想见。

无论怎样，清初毕竟仍处于经济的恢复和发展时期，于经济上对私家修史的促动与此后的乾嘉盛世无法相比。但是，与明末的战乱时代相比较，相对安定的社会环境以及政府鼓励经济发展的措施加速了经济的复苏与发展，在明末战乱中受到打击的印刷业、藏书业以及商业等都逐渐发展起来，这些也构成了清初私家修史发展和繁荣的重要因素。

①　叶廷绾：《吹网录》卷四。

②　胡益民曾作《明史纪事本末》作者问题考辨，认为："张岱确实受聘助修过《明史纪事本末》，但所谓谷氏以五百金购其书显然不是事实，而系传闻。"［胡益民：《张岱研究》，安徽教育出版社2002年版（下同），第231页。］

③　《费恭庵日记》，转引自谢国桢：《增订晚明史籍考》，第63—64页。

第三节　清初私家修史发展的文化基础

　　明清鼎革，政治风云变幻，文化领域也经历着洗礼，并随王朝更替呈现出转型的迹象。清初文化领域"百家争鸣"、"百花齐放"，经学、史学、子学、文学等学术领域盛况空前，名家名著不断涌现，各学科之间互相促动、互相影响。私家修史既受到整个学术领域活跃氛围的影响，又得到其他学科的促动，其发展的动力来自史学领域乃至整个学术界的推动，各学科之间的竞争与渗透则赋予其弹性和活力，因而，清初私家修史生机勃勃，焕发出生机与活力。

一、学术界"百家争鸣"的风气

　　清初学术界有一种旺盛活跃的学术气氛，梁启超曾经把它与西方文化史上的"文艺复兴"相提并论，视之为中国的"文艺复兴"。姑不论这一类比是否贴切，但清初确实是继先秦之后中国学术史上又一个百家争鸣的繁荣时期。"清初学术，在形式上是按照复归经学以通经致用、注重史学以推明大道、扬弃程朱陆王以总结宋明道学、复兴先秦诸子之学以对抗儒家道统、重视质测之学以格物穷理的方向而发展的。"①学术的多维透视活跃了研究气氛，并且，各学术领域在发展过程中出现的史学倾向加速了史学自身的觉醒，从而刺激了清初私家修史的发展。

　　1. 经学批判思潮推动一批学者由经入史

　　早在明朝末年，中国思想界就涌动着一股以"废虚求实"为特征的思潮，明末的进步思想家针对明朝国危民艰的局面，已开始从不同角度对封建专制主义统治及其用来加强统治的思想工具——理学及其心学，展开激烈的批判，"特别是明朝覆亡的沉痛现实，更使朝野许多有识之士清醒地认识到'程朱理学'与'陆王心学'的空疏本质是明朝覆亡的重要祸根。"②在否定心学乃至整个宋明理学的同时，学者们普遍主张研究学问必须做到"经世致用"。顾炎武

---

① 萧萐父、许苏民：《明清启蒙学术流变》，辽宁教育出版社1995年版，第289页。
② 步近智：《明清实学思潮史》中卷《明清之际之部》"引论"。

认为:"君子之为学,以明道也,以救世也。徒以诗文而已,所谓'雕虫篆刻',亦何益哉!"①并大声疾呼"凡文之不关于六经之旨,当世之务者,一切不为"②;而邵念鲁则认为"文章无美世道者可以不作,有关世道者不可不作,即文采未极亦不妨作"③;谈迁说"文贵有实用,显晦不足论也"④。在对明末的空疏学风进行深刻的反思和总结的基础上,士人和学者纷纷从不同的角度阐扬经世致用思想,实学之风成为学术界的主流。

在实学思想的感召下,史学作为学术领域的重要学科,其经世作用也受到特别重视。顾炎武称:"夫史书之作,鉴往所以训今。"⑤又说:"引古筹今,亦吾儒经世之用。"⑥黄宗羲说:"学必原本于经术而后不为蹈虚;必证明于史籍,而后足以应务。"⑦王夫之也指出:"所贵乎史者,述往以为来者师也。为史者,记载徒繁,而经世之大略不著,后人欲得其得失之枢机以效法之无由也,则恶用史为?"⑧这些学术大师在一致阐扬史学"经世"、"应务"作用的同时,号召读史,如黄宗羲就提出"欲免迂儒,必兼读史",并且躬身从事史学著述。王夫之更主张读史先立志,"志定而学乃益":

夫读书将以何为哉?辨其大义,以立修己治人之体也;察其微言,以善精义入神之用也。乃善读书者有得于心而正之以书者鲜矣,下此如太子弘之读《春秋》而不忍卒读者鲜矣,下此而如穆姜之于《易》能自反而愧者鲜矣。不规其大,不研其精,不审其时,且有如汉儒之以公羊废大伦,王莽之以讥名待匈奴,王安石以国服赋青苗者,经且为蠹,而史尤无论已。读汉高之诛韩彭而乱萌消,则杀亲贤者益其忮毒;读光武之易太子而国本定,则丧元良者启其偏私;读张良之辟谷以全身,则炉火彼家之术进;读丙吉之杀人而不问,则怠荒废事之陋成。无高明之量以持其大体,无斟酌之权以审于独知,则读书万卷,止以

---

① 顾炎武:《与人书二十五》,《亭林文集》卷四。
② 顾炎武:《与人书三》,《亭林文集》卷三。
③ 邵廷采:《思复堂文集》"附录",《文孝邵念鲁先生墓志铭》。
④ 谈迁:《与友人论文书》,罗仲辉校点《谈迁诗文集》卷三。
⑤ 顾炎武:《答徐甥公肃书》,《亭林文集》卷六。
⑥ 顾炎武:《与人书八》,《亭林文集》卷四。
⑦ 全祖望:《甬上证人书院记》,《鲒埼亭集外编》卷十六,《全祖望集汇校集注》。
⑧ 王夫之:《读通鉴论》卷六,《后汉光武帝》之十,《奖重厚之吏以抚难驭之众》,《船山全书》第十册。

导迷,顾不如不学无术者之尚全其朴也。①

史学界,或者说,民间的史学界形成了经世致用的史学风气,史学成为清初知识分子的经世之具。在这种风气的推动下,史学著述不断涌现,清初的私家修史呈现繁荣的局面。

明代中叶以后,"六经皆史"的观念逐渐盛行,继李贽明确提出"经与史相为表里"说后,张自烈认为"经史源流互通,不必析为二"②。顾炎武在《日知录》中对该命题作了实证主义的史事论证,关于《易》,顾炎武在确定《易》产生的时代的基础上,指出"《易》本《周易》,故多以周之事言之"③,确认《周易》中所记载的多为周代史事。顾炎武对"六经皆史"的史实论证增添了清代经学研究的内容,对经学及史学发展均起到了重要的推动作用。就史学而言,把六经作为古代典章制度的源流演进来处理,这不仅扩大了史学的视野,而且启发了史学家用科学的态度研究历史,使历史科学化。具体地,对于私家修史来说,"经世致用"和"六经皆史"等口号的提出,引导和促动了学者们由经入史、引经证史的工作。

2. 子学复兴促动了史学界不拘一家、各抒胸臆的修史潮流

先秦是思想活跃的时代,诸子之书,多能成一家之言,故为倡导思想之融会贯通的清初学人所重视和欣赏。明清之际,子学研究得到了学者们的重视。如顾炎武主张博学多文,博学者,即包括子学,他说:"子书自孟荀之外,如老、庄、管、商、申、韩,皆自成一家言。至《吕氏春秋》、《淮南子》,则不能自成,故取诸子之言而为书,此子书之一变也。"④傅山,以先秦诸子为中国学术的源头,身体力行地研究先秦诸子学说,有《荀子评注》、《淮南子评注》、《老子注》、《庄子解》、《公孙龙子注》等成果,开创了清代子学研究的新局面。

清初诸子学说的兴起不是偶然的,而是与士人阶层对于经学的批判密切相关。当经学独尊的地位受到动摇的时候,学者们开始肯定子书的价值。清

① 王夫之:《读通鉴论》卷十七,《梁元帝》之二,《梁元帝读书万卷犹有今日》,《船山全书》第十册。

② 张自烈:《与阎百诗书》,《芑山文集》卷九。

③ 顾炎武:《日知录》,岳麓书社 1994 年版,第 20 页。本书对顾炎武关于"六经皆史"的史实论证参考许苏民《顾炎武与浙西史学》,《东南学术》2004 年第 1 期。

④ 顾炎武:《日知录》卷十九,《著书之难》,周苏平、陈国庆点注。

初学者研究诸子学术主要用来考证经书和史书。实际上诸子书中确实有很多史的内容,只是因为其史学价值不及史书,而且史书作为正式的学术门类出现之后,诸子书中关于史的部分被埋没。清初学者基于一种学术上怀疑和修正的态度猛然回头,在反对经学独尊的同时,广泛研究古代典籍,发现了诸子之书的史学价值并加以利用。

当时出现了"以子证经"和"以子证史"①的诸子学与经学和史学结合的学术现象。如阎若璩在论证古文尚书为伪书时就曾经广泛引用先秦子书的材料进行论证。并且,在重视子书,援子书以证史风气的驱动下,治古史之学者,开始有意识地利用子书之史料,纂修古史,马骕就是典型的一例。

马骕(1621—1673),字宛斯,一字骢御,山东邹平孙镇人。所修《绎史》广泛征引先秦诸子之书,如《老子》、《列子》、《庄子》、《文子》、《管子》、《晏子》、《荀子》、《韩非子》、《商子》、《慎子》、《尹子》、《尹文子》、《公孙龙子》、《邓析子》、《墨子》、《吕氏春秋》等,"或取其事,或收其文,或全录,或节抄",将先秦诸子的书籍摘抄荟萃,并杂以其他的历史记载,形成了独特的史学体裁。他在《绎史》"自序"中说:"纪事则详其颠末,纪人则备其始终,十有二代之间,君臣之际,理乱之由,名法儒墨之殊途,纵横分合之异势,瞭然具焉。"②马骕俨然以子为证经之重要史料。当时另一位学者李清则在此基础上明确提出了"子即史"的主张:

> 或曰:以经为史可钦? 曰:奚不可! 夫唐虞作史而综为经,两汉袭经而别为史,盖经即史也。或曰:以子为史可钦? 曰:奚不可? 夫诸志史也,而错以经,小学经也,而错以子,故子亦史也。③

可以说,对诸子学说的重视一方面扩大了史学研究的内容,另一方面也鼓舞了史学界活泼自由的风气,而这些无疑成为清初私家修史发展的动力之一。

3. 文学上诗史以及时事小说的兴起与私家修史的发展互相促动

明清鼎革之际,社会动荡,国事沦丧,人们忧患时世,经世致用思想高涨,于是,文坛上借诗书史的"诗史"类作品和时事小说类作品应运而生。

---

① 本书关于"以子证经"和"以子证史"的提法参考刘仲华《试析清代考据学中以子证经、史的方法》,《清史研究》2001 年第 1 期。

② 马骕:《绎史》"自序"。

③ 李清:《绎史》"序"。

当时著名诗人吴伟业、钱谦益等写了大量反映时代特点和史事经过的"诗史"类作品,许多抗清志士在奔波和激战之余,也写诗抒怀。这种以诗写史的形式古已有之,而在清代初年,更成为学者士人借以评述明代史事人物、抒发兴亡之感的方式之一。清初,诗、史相同的观点已为学界普遍接受。黄宗羲在《万履安先生诗序》中提出"以诗证史"、"以诗补史之阙"之说;钱谦益把《诗经》视为国史,把孔子删订《诗经》称为"定史"①;吴伟业明确提出"诗与史通"②:"诗史相通的文化背景为'诗史'创作提供了先决条件,使诗与史、文学和史学的结合和统一成为可能。"③

除诗歌外,当时在文坛上比较流行而又有时代特点的作品当属演述当代史事的时事小说。这类作品大部分成书于顺治时期,其内容几乎包括了明清易代之际所有的重大历史事件。如关于李自成起义与明末甲申事变的小说出现了三部,即《新编剿闯通俗小说》、《新世弘勋》、《樵史通俗演义》,这些时事小说的作者经历明清鼎革,亲眼目睹山河易主,其著述具有重要史料价值。谢国桢肯定其价值,认为:"《剿闯小说》记事芜杂,章奏檄文,率行登入,非小说体,然当时案牍文移,亦赖之以传。明季所演时事小说,率多类是。"④这些时事小说,"作者在创作时辑录了大量的史料,内容非常芜杂,如果从小说的审美意义来考察,这类小说的文学价值不高。但若从历史文化价值来看,这些小说构建了一个独特的历史话语系统,他们以文学的笔法描述历史,尽可能地再现历史的真实场景。明末清初小说作者喜欢连缀史料、采摭史籍创作时事小说,而且这种创作是在史籍整理、传播的基础上进行的。"⑤其中,《樵史通俗演义》成书于顺治八年(1651),取材来自实录和作者的见闻,其自序云:"然樵子颇识字,闲则取《颂天胪笔》、《酌中志略》、《寇营纪略》、《甲申纪事》等书,销其岁月。或悄焉以悲,或戚焉以哀,或勃焉以忠,或忾焉以惜,竟失其喜乐之两情,久而,樵之以成野史。"⑥该小说的创作目的在于探讨明朝灭亡的原因,具

---

① 钱谦益:《胡致果诗序》,《牧斋有学集》卷十八。

② 吴伟业:《且朴斋诗稿序》,《吴梅村全集》卷六十。

③ 林启柱:《论吴伟业"诗史"的文化背景》,《西南民族大学学报》2003年第9期。

④ 谢国桢:《增订晚明史籍考》,第1071页。

⑤ 赵维国:《清初剿闯小说采摭史籍考述》,《明清小说研究》2004年第1期。

⑥ 陆应旸:《樵史演义》"自序"。

有明显的史学性,并且也得到了当时史学界的重视。后期形成的一些史书如《明季南略》、《明季北略》、《平寇志》、《怀陵流寇始终录》等史籍都从中直接或间接采录过史料,可见其影响之大。

文学毕竟不同于历史,浪漫主义的抒情以及为了强化人物特征而进行的夸张都有害于历史真实性的表达,故而,诗史和时事小说的流行给史学界造成了一定的冲击和压力,一方面迫切要求史学提供事实依据,另一方面也要求史家以真实的历史记述来满足人们热心当代史事的心理。

二、西学东来之影响

自明万历十年(1582),耶稣会传教士利玛窦到中国,中西文化有了实质性的接触。西方科学作为传教士传教的手段,同基督教一起大规模传入中国。"明清之际西方科学知识的传入,其科学思想影响到中国学界的各个领域。当时的士人及统治者都对之有着不同的态度、立场和反应。同时,促进了知识的融合,方法的改进。"①就文献而言,"明末清初的中西文献交流活动,是以耶稣会士为主要传媒,以中西文献双向交流为主要特征,以传教文献、科技文献、儒学和中国历史文献为主要内容而展开的。"②据统计,16—18世纪耶稣会士译述基督教史传29部,其中17世纪23部,18世纪6部;地理和舆图类13部,其中16世纪1部,17世纪9部,18世纪3部③。另外,耶稣会士有一些对中国朝代史的一般性的论述,主要根据对中国史书的翻译,或选取一些独立事件汇集成有关中国历史的简要梗概。而耶稣会士本身及其所带来的西方文化则成为清初史家记叙的内容之一。总之,在中西第一次较大规模的实质性接触中,除天文、水利、地理、历法等应用科学领域外,史学领域也成为二者会通与融合的媒介,并产生了中西方史学文化交流的初步成果。

1. 西方科学思想和方法对史学的影响

明末清初入中国传教的耶稣会士大多博学多能,于科学技术方面有较高造诣,如汤若望、南怀仁等。传教士传入中国的科学涉及多个领域,其中对清

---

①　李亚宁:《明清之际的科学文化与社会——十七、十八世纪中西文化关系引论》,四川大学出版社1992年版(下同),第200页。

②　潘玉田、陈永刚:《中西文献交流史》,北京图书馆出版社1999年版(下同),第5页。

③　本统计数字依据上书,第95页[附表:(1584—1790年)耶稣会士的译述]。

初影响最大的当属天文学、数学和地理。李约瑟谈到耶稣会士对中国天文学的影响时，认为："17世纪到达中国的这些耶稣会士，同时又是文艺复兴和资本主义上升时期发展起来的科学的大多数领域内的专家，在文明之间相互交往的历史中，似乎找不到能与他们相提并论的人了。"①

西方科学影响了一批明末士大夫，著名者如徐光启、李之藻等。李之藻在《请译西洋历法等书疏》中说："今诸陪臣真修实学，所传书籍，又非回回历等书可比，……以上诸书，多非吾中国书传所有，想在别国亦有圣作明述，别自成家。总皆有资实学，有裨世用。"②明末士大夫吸收西学以求实学的思想影响了清初学者。清初实学思潮的高涨，"经世致用"口号在学界的流行，与西学的传入不无关系。

就史学而言，许海松通过研究浙东学派的学术观点，认为："作为清代主流学派之一的浙东学派，对西学东渐多作的回应已经涉及当时传入西学的主要内容——西方科学和宗教，并且开始触及西方科学思想和方法等深层次的内容。尽管浙东学人接受的西学因素还不足以促使他们完全突破传统儒学思想的框架，但是在他们取得的一些学术创见中无疑包含了西学的影响。这或许就是明清之际中西方文化首次直接对话的时代特征。"③西学之精神于清初无疑未能深入到史学内里，但于史学表层的影响已有多方面的表现。

2. 基督教宗教精神在私史中的体现

清初，一批入教士人出于传播和发展宗教的需要，借助史书这一表现形式，开展与中国本土其他宗教的论战，从而，使私史著作中闪烁着基督教的宗教精神之光。张星曜（1632—？），浙江仁和人，康熙十七年（1678）受洗，名为依纳爵，曾作《天儒同异考》。在与佛道的论战中，张星曜积累了大量的历史资料，而论战的经验则给张星曜这样的启示：不仅要搜集历史资料作为证据，而且要主动撰写历史，发动对佛教和道教的斗争。"康熙二十九年（1690），星

---

①　李约瑟：《中国科学技术史》第4卷第2分册，科学出版社1975年版，第666页。

②　李之藻：《请译西洋历法等书疏》，转引自徐宗泽：《明清间耶稣会士译著提要》，中华书局1978年版（下同），第255—256页。

③　许海松：《西学东渐与清代浙东学派》，卓新平主编：《相遇与对话——明末清初中西文化交流国际学术研讨会文集》，宗教文化出版社2003年版（下同），第215页。

曜五十八岁,撰《通鉴纪事本末补后编》,简称《通鉴纪事补》。"①莫友芝《宋元旧本书经眼录》对该书卷帙有详细记录:

《通鉴纪事本末补后编》五十卷,稿本,国朝张星曜撰,以袁氏本末惟有专纪崇信释老之乱国亡家为篇者,乃杂引正史所载,附以稗官杂记及诸儒明辨之语,条分类集,以为此书。其记历代佛氏之乱,曰历代君臣奉佛之祸(四卷)、曰佛教事理之谬(十卷)、曰佛徒纵恶之祸(五卷)、曰儒释异同之辨(五卷)、曰儒学杂禅之非(十卷)、曰历代圣贤君臣辟佛之正(七卷)。纪历代老氏之乱,曰历代君臣求仙奉道之祸(三卷),曰道教事理之谬(二卷)、曰道士纵恶之祸(一卷)、曰儒老异同之辨(二卷,附释老异同)、曰历代君臣圣贤辟老之正(一卷)。学者欲知异教流失,得此总汇,亦易为明晰。星曜字紫臣,成书自序载康熙庚午,尚未刊行,此其手稿,丁卯初东丁禹生(日昌)方伯新收借观记。②

以纪事本末的体裁记录历史上的佛道之祸,当为张星曜所首创,而利用中国传统史书体裁撰写纪事本末体史书,以利于天主教传播,更为中国史学史上之首例,这是中西文化交流的产物,也是清代史学发展的新迹象。美国学者孟德卫(D. E. Mungello)在其专著《被遗忘在杭州的天主教徒》(The Forgotten Christians of Hangzhou)则对其人其书有专门探讨,并提出:"如果不是因为这部史书的缘故,张在中国历史上的贡献会被完全忽略,张星曜得以列名《杭州府志》③即因为该书的关系。张的其他关于天主教与中国文化的著作未能列入,因为官方人物传记的典型特征就是忽略宗教方面的各种著述。天主教与儒学不同,后者被认为是仕宦生涯的组成部分,而佛教、道教和天主教则属于

---

①　方豪:《中国天主教史人物传》,宗教文化出版社2007年版(下同),第102页,据方豪介绍,该书北平北堂图书馆藏抄本,编号一九四六,存卷一至卷七,分订二册,一四九页,而方豪本人则藏有传抄本。"书有凡例,后为'校讐及门姓氏',凡六十八人,可见原书规模之大。末曰:'方今世俗溺佛者多,予知交者寡少,一二戚友莫不事佛,虽与之语,多逢按剑,予亦莫可如何也。惟二三及门稍与举似(?)彼在弟子之列,自不敢拒。窃忆数十年来,夜水灯青,质疑送难,历历在目,其间或假予书籍,或代予抄录,或助予校雠,闵氏诸子之力为多。若……虽先后背世,亦得并书,盖人之灵性原自不泯,予之交情不以存亡异也。有虽系从游而志趣或异者,不得悉列,阅者见之。'可见,该书亦得其他教徒之协助。"

②　莫友芝:《通鉴纪事本末补后编》,《宋元旧本书经眼录》卷三。

③　在邵晋涵纂《杭州府志》中,张星曜及其史书《通鉴纪事本末补后编》名列史部文献类。

资本主义精神的产生,这是西方世界能够创造成功的重要原因。道德哲学预设了生活经验并研究生活经验。[①] 在宏大的社会背景下,个人行为的选择往往会考虑终极问题,例如幸福问题,但在企业环境中,个人的选择有更明确的功利主义色彩,获得交易机会及在交易中的竞争能力是基本的目标诉求。关于财富观与企业家精神之间的联系,韦伯从社会学的角度给出了系统的解释,如果换做企业的角度,又该如何理解财富观与企业家精神之间的联系呢? 韦伯所提到状态只有在宏观层次的观念与微观层次的行为之间实现充分沟通、能够上下保持一致的情况下才会发生,企业是宏观层次的观念与微观层次的行为之间的转换器,那么,什么样的企业机制才能发挥这种转换功能呢?

2.1 企业财富观的类型

如何区分企业财富观是合乎道德的还是背离道德呢? 此处以亚里士多德在《尼可马各伦理学》中对"善"的定义为依据。亚里士多德认为一切行为和道德选择都是为了追求一种善,善就是每一种行为和道德选择所追求的目的,在存在多重目的的情况下,善就是处于最高层次的目的(其他目的都是依附于此种目的而存在)。企业的社会责任包括法律责任、伦理责任、经济责任与慈善责任;法律责任是指遵守所有法律和政府法规,伦理责任是指遵循利益关系人评判的可接受行为标准,经济责任是指最大化利益关系人的财富或价值,慈善责任是指回报社会。经济责任无疑是其他三类责任的附着体,是企业的终极目的,即为最高的善。所以,评判企业财富观是否合乎道德要求,基本的标准是这种财富观是否有利于企业经济责任的实现。据此,企业财富观被分为两种类型:

第一种:对企业经济责任实现有正向作用的财富观(X)

第二种:对企业经济责任实现有反向作用的财富观(Y)

在马克斯·韦伯看来,财富伦理涉及以下三个方面的价值研判:一是对财富来源的认知,即认为财富来源于上帝的恩赐、社会的给予、他

① 引自《尼各马可伦理学》,亚里士多德,中国社会科学出版社,2007 年版,第 7 页。

人的帮助还是个人的奋斗；二是取得财富的手段，即是以最有效率、最合理、最公平、最职业的方式来创造财富还是通过巧取豪夺、坑蒙拐骗谋取财富；三是财富的应用，是用于满足个人不断膨胀的欲望还是回馈社会、捐助穷人。据此，财富观可以从三个层面进行观察，即：

第一层面：财富来源（Ⅰ）

第二层面：财富获取手段（Ⅱ）

第三层面：财富的应用（Ⅲ）

综合企业发展的历史脉络，对财富的来源、获取手段、应用又分别可以进行如下划分：

财富来源（Ⅰ）

I_1：神秘力量，例如部分教会国家中的企业、封建农业社会的企业

I_2：人的劳动，例如以马克思主义为指导的国家的企业

I_3：货币、设备、技术、土地等物质资本，例如市场经济充分发展的国家的企业

财富获取手段（Ⅱ）

II_1：交易

II_2：占有，即凭借政治或经济上的垄断势力占有他人的财富

财富的应用（Ⅲ）

III_1：满足企业家个人的欲望

III_2：用于社会福利

III_3：满足富贵阶层的欲望

按照图 2-1 的形式进行配对，得到企业财富观的 18 种类型：

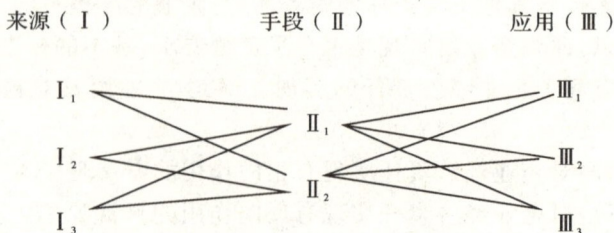

图 2-1　财富来源、手段与应用配对关系

(1) $I_1 - II_1 - III_1$

(2) $I_1 - II_1 - III_2$

(3) $I_1 - II_1 - III_3$

(4) $I_1 - II_2 - III_1$

(5) $I_1 - II_2 - III_2$

(6) $I_1 - II_2 - III_3$

(7) $I_2 - II_1 - III_1$

(8) $I_2 - II_1 - III_2$

(9) $I_2 - II_1 - III_3$

(10) $I_2 - II_2 - III_1$

(11) $I_2 - II_2 - III_2$

(12) $I_2 - II_2 - III_3$

(13) $I_3 - II_1 - III_1$

(14) $I_3 - II_1 - III_2$

(15) $I_3 - II_1 - III_3$

(16) $I_3 - II_2 - III_1$

(17) $I_3 - II_2 - III_2$

(18) $I_3 - II_2 - III_3$

第(1)—(6)种类型的企业财富观存在于一些教会国家及封建农业社会。譬如伊斯兰教国家,伊斯兰教认为个人财富所有权只是暂时的、相对的,只有真主才是一切财富和权力的主人;真主赐给人类的财富属于社会,个人只不过是代理者,需要履行一种社会职责,即代替真主将财富用于社会需要的人们。再如封建社会的中国,农业是主要产业,人们通过各种类型的祭祀表达对自然神秘力量的敬畏,来自于土地,即来自于上天的收获才是道德的,商业不能带来财富,只能培养人们奸诈的品行。当人们对神秘力量的敬畏与对社会苦难的怜悯能和谐统一的时候,就是在第(2)种财富观之下,商业获得了发展的机会,伊斯兰教国家及封建农业社会的黄金时期都曾出现过商业繁荣的时期。除此之外的几种类型财富观对商业发展是不利的。譬如当今伊斯兰教的部分国家,财富分配不公平,社会贫富差距拉大,造成严重的社会动荡。

第(10)—(12)种与第(16)—(18)种类型的企业财富观均是以占有的方式取得财富。占有的力量主要有两个来源:其一是市场的不对称性为部分处于优势的企业占有更大财富提供了机会,例如市场经济发展早期的企业;其二是国家的税收体制允许企业在社会总价值的分配中占有优势地位,例如部分集体主义导向的国家。这六种类型的财富观在特定历史时期对社会发展均产生了巨大的推动作用,也是市场经济发展特定阶段必然的产物,譬如资本主义国家企业早期的强取豪夺为后续市场经济秩序的建立提供了物质基础。但任何形式的占有都会随着权力的均衡而丧失其继续存在的可能性。从世界范围企业发展看,以占有形式取得财富的模式已经不再是主流。

在第(9)和第(15)种类型中,企业创造的财富经过社会分配被集中到富贵阶层,这是缺少正义基础的财富分配模式。而且,因为这两种类型所对应的社会中大部分人群缺少消费能力,社会创新能力会受到约束。①

第(7)和第(8)种类型的财富观均以人的劳动为财富的来源,从上世纪中期开始,特别是人力资本理论创建以来,人力资本在财富创造与分配体系中的位置日渐提升。即便如此,这两种类型的财富观尚未成为主导,即使在中国这样的社会主义国家,劳动报酬率从改革开放到今天始终是处于比较低的水平(不足40%),特别是在最近几年,甚至有下降的趋势。②

第(13)和第(14)种类型至今仍然是主流,特别是第(13)种类型。凤凰网财经频道在2013年曾经做过一个"中国人财富观"网络调查,其中网民和企业家对"企业家是否有权拥有自己创造的财富"这一问题的回答有非常大的差异,所有被访企业家都认为应当拥有,但是大多数网友认为"不可以,这样他就太自私了,不慷慨就是对他人的伤害"。有一种观点认为这是"仇富"心理在作祟,究竟是不是达到了"仇富"或"劫富济贫"的程度是存在争议的。但根据国家统计局发布的数据,2012年中国的基尼系数是0.474,说明收入差距还是比较大的。早在1955

---

① 关于发展和收入分配关系的问题颇有争论。对发展和收入分配之间关系的理论研究可被划分为四个不同的阶段:第一个阶段(1940—1950年代)的文献将增长和工业化看作是减贫的重要举措;第二个阶段(1950年代中期—1970年代中期)的文献强调了增长和分配之间可能会发生冲突,因而需要政府来干预发展过程;第三个阶段(1970年代中期—1990年代早期)的文献达成了一种共识,即如果政策可以恰当地发挥作用,无论是在短期还是在长期,快速增长和分配之间都不会发生冲突;进入20世纪90年代兴起新的思潮,认为公平和增长之间不能平衡。

② 张长生在其《2001年以来我国劳动报酬率和居民收入占GDP比重演变分析》中的研究揭示"重物轻人"的观念在我国经济发展中尚未有大的转变。

更加隐私的范畴。"①他认为,张星曜的《通鉴纪事本末补后编》可视为"促进天主教移植中国文化领域的特洛伊木马"②。

3. 私史中关于西学及西人的记述

西学及西人,作为社会以及文化历史发展历程中的现象,自然成为清初史家记述的对象,体现在清初的一些私史著作中。

以张岱《石匮书》为例,其中《神宗本纪》、《历法志》、《方术列传》中不同程度地记述了耶稣会士东来给明末社会带来的变化,并以史家公正客观的立场表明自己的主张。对西方历法,张岱认为:"夫历律者,千古之死数也,推测者,千古之活法也,活法非死数则不确,死数非活法则不灵,神而明之,则又存乎其人矣。"③明朝用传统方法修历不能准确,利玛窦所传西洋历法虽确验,却因外夷而备受轻视,"故终利玛窦之身而不得究其用,则是西学虽精而法以人废也。恒君山曰:凡人贱近贵远,亲见杨子云禄位客貌不能动人,故轻其数,此是千古痛病。龙门载笔至腐刑而始重其文,卞氏抱璞至刖足而方钦其宝,盖世之肉眼成心,非久不化,繇古及今,大概然矣。"④

对天主教,张岱也能客观论之。

石匮书曰:天主一教,盛行天下,其所立说,愈诞愈浅。山海经、舆地图,荒唐之言,多不可问,及所出铜丝琴、自鸣钟之属,则亦了不异人意矣。若夫西士超言一书,敷词陈理,无异儒者,倘能通其艰涩之意,而以常字译则太玄,则又平平无奇矣,故有襃之为天学,有訾之为异端,襃之訾之,其失均也。⑤

史家谈迁于《北游录》记述了汤若望行迹:

大欧罗巴国人汤若望,今官太常寺卿,管钦天监印务,敕号通玄教师,其国作书,自左而右,衡视之。制茧纸洁白,表里夹刷,其画以胡桃油渍绢抹蓝,或绿或黑,后加采焉。不用白地,其色易隐也。所画天主像,用粗布,远睇之,目光如注,近之则未之奇也。汤架上书颇富,医方器具之法具备,有秘册二本,专

---

①　孟德卫(D. E. Mungello),*The Forgotten Christians of Hangzhou*,University of Hawaii Press,Honolulu, 1994,p. 147.

②　Ibid.

③　张岱:《石匮书》卷三十四,《历法志总论》。

④　同上。

⑤　张岱:《石匮书》卷二百六,《方术列传(附张真人、利玛窦)》。

炼黄白之术。溧阳陈百使相国(陈名夏),欲传之不得也。崇祯甲申三月,京城陷,陈避天主堂,欲投缳,力沮之。汤又善缩银,淬银以药,随末碎,临用镕之,故有玻璃瓶,莹然如水,忽现花,丽艳夺目,盖炼花之精隐入之。值药即荣也。铸镔铁为刀,柔可绕指,挥之砉然有声。他制颇多,不具述。①

戴名世亦对天主教多有评述:

明之季,有西洋人为邪术曰天主教者入日本,日本人信之。其教大抵男女群居,各授以秘术,人各自持,虽母子夫妇不以相泄,入其教者,虽死生患难不肯易。教主遂集众作乱,大将军发兵尽灭之,于是绝西洋人往来。凡他国人至者,于通衢置一铜板,刻天主形于上,使践踏而过之,搜索囊稿中,有西洋一物,必合船尽杀焉。②

虽然,中西双方在沟通和理解方面仍存在障碍,清初史家记述的西人形象未必完全准确和客观,但毕竟,西学及西人已经成功地出现在清初史家的视野内,为清初史著增添了内容,并为后世史家提供了范例,为史学史上西人及西学更为科学完善的史学记述奠定了基础。

4. "以史证教"与"以史驳教"——中西双方关于史学的论战

清初,在天主教传播的过程中,出现了"以史证教"的倾向。清初天主教传教士及信徒与反教士大夫分别从"以史证教"和"以史驳教"的角度研究和开发中国古代史籍,从而使中西方在史学领域内迈出了文化交流的重要一步。

"以史证教"的最初表现是宗教史与中国古史的简单嫁接。康熙二年(1663)冬,钦天监夏官正李祖白执笔撰写《天学传概》,将基督教历史与中国历史大胆地结合起来③。"然则天学之传及中土,其时亦可得而稽乎? 曰:有

---

① 谈迁:《北游录·纪闻上》"汤若望"条。
② 戴名世:《日本风土记》,《戴名世集》卷十。
③ 李祖白(? —1665),曾任清钦天监夏官正,为汤若望的学生。康熙初年在杨光先攻击天主教案中受到株连,以图谋不轨罪被斩决。费赖之著《在华耶稣会士列传·利类思传》著录此书,题为《天学真诠》;徐宗泽《明清间耶稣会士译著提要》亦题为《天学真诠》,利类思著;裴化行在《华裔杂志》第十卷(1945)所发表之《西书汉译考》,明著此书为李祖白撰,许之渐序,但括注利类思、安文思二人之名,似表示二者曾提供意见;方豪《影印天学传概序》,据梵蒂冈教廷图书馆影印本考证,认为书中有云"东华门旧灯市之南又一堂,钦赐予顺治乙未,改建于康熙壬寅,堂亦西式,相偕内传教者:再可利子、景明安子也。人称'东堂',以别于宣武门内之堂",再可利子、景明安子分别指利类思与安文思,果为利类思所著,则不致在文中自称利子。本文取裴化行之说。

斯人,即有斯教,中土人与教同时并得也。何以言之,方开辟时,初人子孙,聚处如德亚,此外东西南北,并无人居。当是时,事一主,奉一教,分歧邪说无自而生,其后生齿日繁,散走遐迹,而大东大西,有人之始,其时略同。考之史册,推以历年,在中国为伏羲氏,即非伏羲,亦必先伏羲不远,为中国有人之始矣。惟此中国之初人,实如德亚之苗裔,自西徂东,天学固其所怀来也。生长子孙,家传户习,此时此学之在中国,必倍昌明于今之世。"①伏羲氏本为如德亚之后裔,信奉天主,而延续到秦以后,"惜乎三代而还,世风日下,民生苦于战争,士风坏于功利,吕秦代周,任法律,弃诗书,从前载籍,尽遭烈焰,而天学不复睹其详矣。"②该书既出,此后关于天主教教史的书籍在内容方面多沿袭该说,并进一步附会阐释。《原祖历代宗谱合中国朝代年历略记》③把西历与中国古史纪年结合起来,从耶稣降生时代起,直至大清嘉庆十三年(1808),共计五千八百零八年的历史,耶稣降生正值中历"汉哀帝元寿三年",西史纪年与中国古史纪年合为一书。

以史证之,必然招致反教士大夫据史以驳之。清初"以史驳教"的代表杨光先,所著《不得已》,完成于康熙四年(1665),包括《辟邪论》、《摘谬十论》、《叩阍辞疏》等,为批判、攻击西洋传教士、天主教和西洋历法的言论集。意大利传教士利类思、葡萄牙传教士安文思和比利时传教士南怀仁则从护教的立场出发,著《不得已辨》,以批驳杨光先的《辟邪论》。为此,双方展开激烈论战,虽然,论争的焦点不在史学,而在于借助史事、史书以及史学所传输的观念和思想,但通过这场面对面的论战,却显示出中西方史学观念方面的某些差异,如关于西史的观念,中国古史断限的看法,史书内容的记录原则等问题,初次在史学领域内显示出不同文化背景的史学理念,为中西史学走向更深入的交流和会通奠定了基础。

三、私家修史领域内部的动力与冲击

自明正德、嘉靖年间以来,私家修史稳步发展,到清初逐步成熟,不仅表现

---

① 李祖白:《天学传概》,《天主教东传文献续编》,第二册。
② 同上。
③ 《原祖历代宗谱合中国朝代年历略记》,《徐家汇藏书楼明清天主教文献》第三册。

在史学发展的表层,如史家人数、史书数量倍增,社会影响日益扩大,而且体现于私家修史的内部,如对于史书内容的真实性、质量及体裁等都有了更高的标准和要求。在明末以来私家修史发展的基础上,清初史家勤奋自励,勇于探索,将清初史学推向了更为广阔的空间。可以说,私家修史自身的成熟和发展促动了清初史学的进一步完善。

1. 明代官私修史的成果为清初私家修史的发展提供借鉴和支持

首先,清初私家修史继承了明代官修史书的成果。明朝统治者虽然不重视修史,但是也有一些修史举措,并留下了一些成果。洪武初年,明太祖曾经征集十多名隐逸文士用半年的时间修成了《元史》,极其草率。此后除了万历朝曾经有过一次官修本朝正史的活动外,再无像样的修史工程,而万历朝官修正史不幸中途夭折,只留下数量很少的零碎史书的残本,即焦竑的《国史经籍志》、《国朝献征录》,史继偕的《皇朝兵制考》,吴道南的《国史河渠志》等九种①,这次修史活动所留下的成果对于清初的私家修史有很高的利用价值,成为清初史家修史的重要借鉴,其中若干篇章甚至被清初史家原文袭用。比如清初史家查继佐的《罪惟录》、傅维鳞的《明书》、谈迁的《国榷》等都直接或间接地引用了其中的文字。由于明代官修史书的成果本身就是一些残篇断简,加上流传过程中的舛误,所以清初史家引用其文字时必然要进行研究和校订,有选择地加以利用。而且,利用明代官修史书的史料,用以阐明清初史家的观点和看法,这些都可以看做清初史家对于明代官修史书成果的继承和发展。

其次,清初私家修史也广泛利用了明末私家修史的成果。由于明朝政府不重视修纪传体明史,故自嘉靖中叶以来,私家修史风气浓厚,陈建的《通纪》、郑晓的《吾学编》、邓元锡的《明书》、童时明的《昭代明良录》、吴士奇的《副书》、何乔远的《名山藏》、尹守衡的《史窃》、朱国桢的《史概》等,都是晚明士人所修之史。仅《四库全书总目》著录和存目的明人的史学著述就有千种之多。清初史家对明末私史批判地加以利用:他们一方面详细地总结了明人修史的缺陷,尽力避免重犯;另一方面,他们承袭了明人热衷于修当代史的特点,留心当代史事,从事于当代史的修纂。

明代官修史书和私家修史的成果既为清初的私家修史提供了借鉴支持,

---

① 本统计数字参考李小林:《万历官修本朝正史研究》。

客观上又促动了清初私家修史以更加迅猛的势头继续发展。

2. 史学体裁的更新要求私家修史走向深入

"在中国史学史上,不同史书体裁之间的相互继承和创新,是史学发展到一定阶段的产物,也是史家史学意识逐渐强化的结果。史书体裁的每一次创新,都克服了前一种体裁的缺陷,表现出明显的进步。"①在中国史学史上,出现的比较成熟的史书体裁主要有编年体、纪传体、纪事本末体等。编年体产生最早,在孔子修订《春秋》时就已经产生;纪传体的发展成熟是自司马迁《史记》的问世;纪事本末体产生于袁枢的《通鉴纪事本末》成书之时。此外还有纲目体、传记体、典制体等,大体上形成的时间总在明代以前。自从明朝纪元以来,史学荒疏,史书体裁并无新的突破,这对史学自身的发展非常不利。

一般说来,史书体裁的更新需经多次实践的考验,于史书纂修的过程中日益完善。明朝史家曾经就史书体裁更新的问题进行过一些探索,但并未形成完整的模式。清初官修史书发展迟滞,而且官修史书由于受到种种条件的制约,如皇帝的掣肘、史局内部意见难以统一等,往往存在着单一和僵化的老毛病,难以实现体裁的更新。因此,史书体裁要取得突破大多需借助于私家修史的发展。从史学发展史上看,从司马迁的《史记》、班固的《汉书》到杜佑的《通典》、袁枢的《通鉴纪事本末》,史书体裁的创新体现着私人史家的创造之功。明末以来蓬勃发展的私家修史为史书体裁出现创新提供了实践的场所,在明末史家勤勉耕耘的基础上,清初学者有可能突破已有体裁的局限,实现创新。

另外,自明代以来,政治、经济、军事、文化等社会内容不断发生变化,比如政府一些突破传统的改革、学术发展出现的新态势以及市民斗争新形式等,相应地必然影响到史书的内容,要求史书在内容和体裁上实现新突破,以容纳更多更广泛的社会内容,这些都是对传统史学的挑战,同时也是对当代史学发展的要求。清初的私家修史义不容辞地要担当起这一责任,推动史学向更高的目标前进。

3. 史书内容真实性的统一标准要求私家修史发展、完善和成熟

明末私家修史的最大缺陷就在于:人各操觚,人言各异,造成历史记载多出,混乱不一。这一点清初的学者已经有所觉察,他们力图在史书创作过程中

———————

① 罗炳良:《论中国古代史书体裁之辩证发展》,《史学月刊》1997 年第 5 期。

保持严肃客观的立场,对历史事实进行公正和准确的记载。史家李逊之记录了明末史书的混乱状况:"况三朝以来,丝纶之簿,左右史起居注之籍,俱化为煨烬,而贞元朝士,草莽遗民,又皆沉沦窜伏,无可质证。于是国政乱于朱紫,俗语流为丹青,缘饰爱憎,增易闻见者有之矣,党庇奸逆,抹杀忠义者有之矣。"①著名史学家张岱曾经感叹明代史书错讹多出的状况:"第见有明一代,国史失诬,家史失谀,野史失臆,故以二百八十二年总成一诬妄之世界。"②张岱认为,明末史家在修史问题上,态度不够严肃,并以王世贞为例对明末的私家修史予以批评,他说:"能为史者,能不为史者,东坡是也。不能为史者,能为史者,弇州是也。弇州高抬眼,阔开口,饱蘸笔,眼前腕下,实有非我作史更有谁作之见横据其胸中,史遂不能果作,而作遂不能佳,是皆其能为史之一念有以误之也。"修史要求的是严谨的工作态度,文思敏捷只是其中的一方面。历来受到史家所推崇的司马迁"不苟袭一字,不轻下一笔",故而写出来的史书能够传世不朽。谈迁对明代史学也提出了批评,他认为,明代的史家,往往"拘忌文法,挂枝耳目",因而造成史书"繁简予夺之间,失得相半"。吴炎对明代私家修史缺点的批评更为彻底,他说:"晋江之《名山藏》,盱江之《皇明书》,乌程之《史概》,率多嗜奇无识,引断失据,皆足以害史。"如果继续下去,将会对史学界造成严重的影响,"呜呼!作史者而尽若是,将使三百年之积德累仁,丰功厚业,及其所以废兴存亡之故,胥委之草莽也。"③对于明末史书缺陷的深刻认识,促使清初的史家以更加严谨的态度从事史书的修纂,促动私家修史走向更加成熟和完善。

　　总的来看,清初动荡的社会环境以及历史事件、历史人物多出的特点是促进私家修史发展的物质因素,而文化领域内"百家争鸣"的学术气氛以及史学领域内部对明末史学的批判思潮和史家自身的觉悟是促进私家修史发展的精神动力,在二者的共同作用下,清初私家修史既继承了明末以来私史发展的潮流,又在新的社会文化形势下更上一层楼,成为明末清初私家修史发展的高潮和尾声。

---

①　李逊之:《三朝野记》"自序"。
②　张岱:《石匮藏书》"自序"。
③　吴炎:《答陆丽京书略》,转引自谢国桢:《增订晚明史籍考》,第65页。

第二章　清初士人阶层分化与史家群体划分

清初社会风云变幻,政局动荡,阶级矛盾和民族矛盾交织。在社会剧变的旋涡中,士人阶层所面临的现实问题不仅是王朝的更替,而且还有华夷之辨,以及如何选择政治立场、如何看待个人生存的价值等问题。正如日本学者高桥进所说:"当一个历史时代宣告结束,正要向一个新时代转换时,生活在那个时代的明智的知识分子们一方面经受着各种时代的痛苦和烦恼,另一方面要确立崭新的人生观和世界观,他们面向未来及为自己,为自己所属的民族、国家,进而为广阔的世界指明前进的方向与道路。"①明清朝代更替,有为胜朝尽忠殉节者,也有审时度势、向新朝顶礼膜拜者,时代的冲击使士人阶层内部分化为若干个新的阵营。史家群体作为该群体的一个组成部分,也难免受到时局之影响,有所分化,而这种分化又直接影响到他们所修之史书及所表现之史学观念与思想。

第一节　清初士人阶层的分化

明清鼎革之际,社会矛盾错综复杂。清军入关和清朝的建立,各种政治军事力量之间斗争激烈,历史进程风云变幻,跌宕起伏。随着清军铁蹄扫过,在激烈的民族矛盾面前,中原士大夫面临生与死、贵与贱、荣与辱、是与非的多重抉择,因此,巨大的社会变动必然导致士人群体的分化。史家群体是清初士人阶层的重要组成部分,因此在考察清初史家群体的分化情形时,有必要首先搞清当时整个士人阶层的状况。

---

① 高桥进:《黄宗羲思想的历史性格》,吴光主编:《黄宗羲论》,浙江古籍出版社1987年版(下同),第74页。

一、清初士人阶层的政治选择

由明末到清初,政治格局发生了剧变。当时中国腹地上三支主要的政治和军事力量都在其中扮演了角色。明王朝被农民起义军摧毁,退出历史舞台,代之而起的是明宗室在南方建立的几个南明政权;以李自成、张献忠为首的农民起义军曾经相继建立政权,但都享国未久,失败后其余部与南明政权合作,建立抗清联合战线;雄踞山海关外的清军入主中原,夺取政权。

新旧政治格局的演变可以用下面的图形来演示。

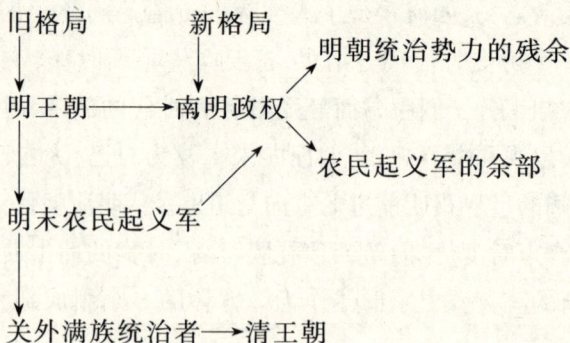

```
  旧格局        新格局
                              明朝统治势力的残余
    ↓            ↓          ↗
  明王朝 ────→ 南明政权

                              农民起义军的余部
    ↓                      ↗
  明末农民起义军



    ↓
  关外满族统治者──→清王朝
```

明末到清初政治格局演变示意图

清初政治格局演变的关键环节在于三支主要政治军事力量都分别有了或强或弱的转变。明王朝失去统治权力,在政治舞台上消失,入主中原后的清王朝成为新的政权占有者。明朝宗室建立的南明政权偏安一隅,南明君主的荒淫腐败加上群臣之间的钩心斗角、离心离德,导致政权脆弱,在清军的强大攻势下显得不堪一击。山海关之役失败后的农民军政权瓦解,退出北京后转战于各地,在斗争中陷入被动。1644 年成为这三支政治力量发展演变过程中的重要转折点,总体看来清军的力量趋于强大,其余两支则逐渐丧失在政治上的优势,渐趋弱化。由于力量对比转化而引起的矛盾和冲突在清初社会产生轩然大波,士人阶层身处其中,难免会受到冲击。在明王朝统治时期,政权为朱姓一家所有,当时的士人无论是"出仕为官"型,抑或是"隐身为民"型,其政治选择都具有单一性,二者都可称为明王朝的顺民,其政治意向是一致的。到了清初,明政权瓦解,时局陷入动荡。尤其,一时之间国内统治政权呈现"多极化",受此影响,士人在进退出处上也有了更多的选择。

如何冠彪所言:"其实,明季士大夫所面临的,是一连串的选择。他们最先必须选择的,自然是生存或死亡,亦即殉国或不殉国。明季士大夫殉国,不始于明代覆亡以后,因为在明代末年,在流寇和满清交侵之下,不少士大夫在城陷或被俘的时候,便要作出抉择。殉国者死后固然一了百了,而不殉国者随即面对反抗或不反抗的抉择。不反抗者在新朝统治下,固须在出处之间,作出取舍;而反抗者在失败之后,便再一次面临生存(不殉国)或死亡(殉国)的抉择。如果他们愿意在清朝统治下生活,他们就须在出处之间作出最后的抉择。"①不同的选择代表不同的社会心态、思想倾向以及政治理想等,并在具体的社会生活实践中表现出来。以明朝统治时期知识分子在政治上的单一形态为参照,可以把清初的知识分子分为三种群体:第一种在政治上基本坚持旧有的立场和观点不变,尽力维护已经灭亡的明朝和继之兴起的南明政权;第二种投靠了新的政治势力,承认和接受清朝的统治地位;第三种则在各种政治势力之间摇摆不定②。下面一一分述之。

1. 在政治上基本维持旧有立场和观点不变的士人群体——明王朝的维护者。1644 年(明崇祯十七年)三月十七日,崇祯帝自杀,农民军占领北

①　何冠彪:《生与死:明季士大夫的抉择》,(台北)联经出版事业公司 1997 年版(下同),第 6 页。

②　关于清初士人阶层的分化问题,可参见高翔:《清军入关与士人队伍的分化》,《紫禁城》2004 年第 6 期。高先生将清初士人阶层分为三类,其一为誓死抗清,以全志节;其二为归隐山林,不仕清朝;其三为投靠清廷,成为新朝的支持者。另台湾学者林保淳认为:"大抵上,由于个人观念上的差异,其所选择的途辙约有三类:一是依附时势,顺应潮流;二是看破红尘,栖遁空门;三是刺股击楫,矢志效忠。三者之中,自甘鄙陋,输诚异主的人,应是占最多数的,'贰臣'之流,从向流寇匍匐道迎,到率先髡发结辫,简直多得无法胜数。后人每以明季烈士之多,为历代所仅见,实则较诸大顺降臣、满清新贵,不免还有小巫大巫之分。尤其是其人背弃旧主,投靠新朝,显然违反了儒家所强调的君臣大义,在过去以一家一姓之兴亡为天下治乱分野的观念下,更是受人戟指切齿的对象。但是,如就整个社会而论,无论其人是否理路萦怀,只在为身家作谋;抑或一如箕子之献洪范九畴,有俟圣人再起之意,事实上,都直接或间接地为未来安稳的局面,贡献了一番心力。"(林保淳:《经世思想与文学经世——明末清初经世文论研究》,(台北)文津出版社 1991 年版(下同),第 70 页)笔者认为,由于清初士人阶层的分化比较复杂,高先生与林先生的三分法不无道理,本书所选用的三分法主要考虑到士人阶层的政治导向以及由此而对其史书内容和史学观念所产生的影响。

京,宣告了明王朝的最后覆没。此后全国的政治形势又发生了一系列急剧的变化,但是对于大批原本生活于明统治时期的知识分子来说,最大的震撼莫过于明王朝的解体。"山河破碎风飘絮,身世飘零雨打萍。"明王朝的统治大厦轰然倒塌,给忠于明王朝矢志不渝的知识分子以沉重的打击。明朝士大夫(官员型的士人)及普通士人阶层(平民型的士人)在政治上都因之失去了旧靠山,发生了分化。其中一部分采取归隐田园的态度,隐居不仕,或埋头著述,或归老佛门,但其对明王朝忠心不改,只是未采取公开反抗的形式,而是以各种著述委婉隐晦地表现出来;一部分采取鲜明的积极斗争的态度,舍生取义,殉忠守节,甘愿为维护明王朝的社稷江山流尽最后一滴血;一部分则把南明政权视为旧政权的延续,为之奔走呼号,继续效力。这些士人的共同点是都怀有对明王朝的耿耿忠心、拳拳之情,他们均可以视为是在政治上坚持旧有立场、守节不变的知识分子群体,本书把他们称之为明王朝的维护者。应该注意的是,在不同的时间与情境之下,明王朝的维护者群体所表现出来的行为可以在上述三者之间互相转化:一方面,积极抗清与归田隐居随时会随抗清斗争形势的变化而互相转化;另一方面,南明政权的相继覆亡及反清复明大业的趋于黯淡也使得这一群体的思想观点和行为由尖锐鲜明而转向平和甚至淡化。

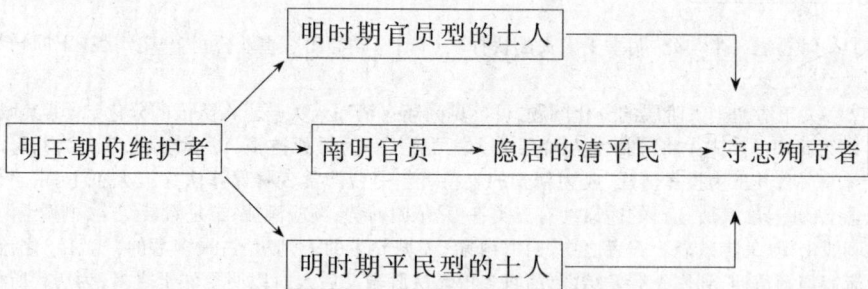

明王朝的维护者群体构成示意图①

① 清初许多学者具有多重身份,比如黄宗羲曾经是明朝的平民,又做过南明的官吏,最后以清朝平民的身份终结其生命,所以本书所指的各种身份只是就宏观的概念而言,不涉及具体人物的具体转变。

　　这一群体的大部分知识分子多属于精英型的人物,在清初的历史舞台上叱咤风云,引领风骚,也是清初知识分子阶层中无可争议地受到肯定的群体。

　　2. 投靠了新的政治势力的士人群体——新王朝的支持者。清朝统治者定鼎中原以后,凭其政治上的优势以及文化上采取的争取士人的政策吸引了一大批知识分子为其效力。满族贵族进入北京时,以"复君父仇"为号召,通过满足汉族知识分子对故国的怀旧与眷恋心理来争取政治上的同情和理解。又广泛召集明朝官吏,声明照旧录用,既往不咎,以至于"在明朝统治下,本来闹得水火不相容的汉族地主阶级的各派系,却在清政府的笼络、控制下,奔走供职,各得其所"①。清统治者还征召乡野的有才德之士,要求各地方官"凡境内隐迹贤良,逐一启荐,以凭征擢"②。同时还利用科举考试的形式笼络和收买汉族知识分子。顺治二年(1645),在全国大部分地区尚在进行战争的情况下,清朝第一次科举取士,当时顺天乡试,进场的秀才达到了三千人,可见科举政策确实取得了良好的成效。这些在政治上投靠了新的政治势力,并为之出谋划策的清初士人,是本书划分的知识分子阶层中的第二种群体,称之为新王朝的支持者。

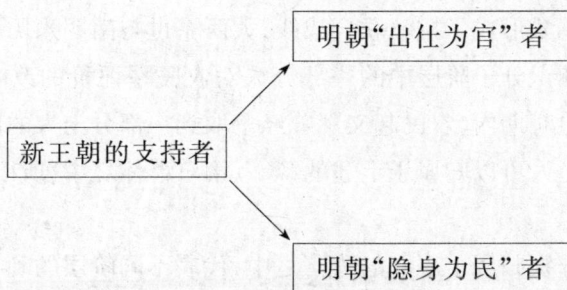

```
                              ┌──────────────────┐
                       ┌─────▶│ 明朝"出仕为官"者 │
                       │      └──────────────────┘
     ┌──────────────┐  │
     │ 新王朝的支持者 │──┤
     └──────────────┘  │
                       │      ┌──────────────────┐
                       └─────▶│ 明朝"隐身为民"者 │
                              └──────────────────┘
```

新王朝的支持者群体构成示意图

　　这一群体的知识分子在清朝入主之后选择了新的政治意向,并坚持不变,他们与第一类群的知识分子都有一个共同点,就是多能坚持自己在明朝灭亡

---

① 戴逸主编《简明清史》第一册,人民出版社1980年版(下同),第185页。
② 《清世祖实录》卷五,顺治元年五月乙酉。

后所选择的政治立场。

3. 在各种政治势力之间摇摆不定的知识分子群体——在新旧政权之间动摇的士人阶层。明朝宗室在明朝灭亡后建立了几个南明政权,农民起义军也曾经建立起自己的政权,这两种政权在清初的历史上可以说是昙花一现的临时性政权,但当时它们都与满族所建立的清朝对峙。这种历史上比较特殊的政权"多极化"现象相应地造就了一批在各种政权之间摇摆不定的士人。他们在不同的时期对各种政权所采取的态度也大相径庭,可以说他们在政治上没有固定的立场,是士人阶层中的第三种群体,本书称之为在新旧政权之间动摇的士人阶层。清初局势复杂多变,士人阶层的进退出处也相应地处于变化之中,无可否认,有先以遗民自居而后参加清廷科举者,亦有降清后痛悔不已、思恋明朝者,故在新旧政权之间动摇的士人阶层实际上是在以上两个群体之间流动的士人,他们的思想经历了不止一次的变动,行为也因之左右摇摆。

应该说,从明末到清初,农民起义军在士人阶层中基本上是缺乏代言人的。李自成农民军攻入北京城,崇祯皇帝自杀殉国,一时之间,于明王朝统治境内,士人莫不同仇敌忾,把农民起义军视为君父之仇。但随着局势的发展变化,尤其是山海关战役之后,清军入关,鉴于清军的力量日趋强大,大顺农民军的余部与南明军队形成了抗清联合战线,大西军也与南明永历政权结成联盟,这样势必影响知识分子阶层中的一部分人对农民军评价的改变,因此在清初这个特定的历史时期内,农民起义军曾经争取到一部分士人的同情和帮助,但是由于这部分士人可以归属于上述的第一、第三群体之中,所以本书不再另列一类。

清初士人分别归属于不同的阵营之中,代表不同阶层的利益和要求,由此产生各自的特点和风貌。在政治归属上,史家群体的自然分化与士人阶层的政治分化一脉相承,可以说,史家作为清初士人的重要组成部分,在这一独特的历史时期,展现了整个士人群体的风貌,并可作为研究政治与文化、政治与士人心理及活动影响的平台与媒介。

二、清初士人阶层的时代特点

王朝更替之后,几乎每个新朝在统治初期都会不可避免地经历动荡,清初是中国历史上比较特殊的动荡时期之一。在阶级矛盾和民族矛盾交织的复杂历史时代背景中,清初士人形成了鲜明的时代特点。

1. 社会归属感的失落

所谓"良禽择木而栖",明王朝的土崩瓦解意味着绝大多数士人所栖之旧木已经轰然倒塌,选择新木作为栖身之所是清初士人必然要面临的问题。战国时期来去自由的黄金时代早已一去不返,士人的社会选择于王朝发展稳定时期尚且烦恼多多,于新旧王朝更替之际更加痛苦万状。如何在多种政权之间做出选择? 怎样的选择不会背离他们长期以来所接受的传统伦理道德? 怎样的选择可以使他们把自身的聪明才智运用于治世? 选择生还是选择死? 选择入世还是选择出世? 清初知识分子所面临的是一连串的选择。客观现实又不断地给知识分子以强烈的刺激,迫使他们表明立场和态度。实际上,亡国之痛中更有亡国后的迷惑,"死者长已矣",而活着的人就要承担时代的痛苦和重任,重新选择自己的人生。

选择的过程是痛苦的,而在社会归属问题上举步维艰是痛苦的来源之一。清朝是入侵的"异族",但却打着"复君父仇"的口号;南明是明王朝正统的延续,但却政局腐败、不堪一击;农民军是"盗贼强盗",但与南明建立联盟后却又另当别论。复杂的政治形势使清初知识分子进退失据,处于两难的境地。许多人失魂落魄,悲痛万分。著名史学家谈迁惊闻甲申之变,"捶心更顿足,不忍读残书"①;张岱在甲申以后,"悠悠忽忽,既不能觅死,又不能聊生"②;夏完淳声称甲申之变为"玉鼎再亏,金陵不复,公私倾覆,天地崩离";而士人之身则缥缈如草芥,"南北东西,渺矣容身之所"③。局势的多变与心理上的慌乱使得清初知识分子在做出选择的时候难免感到迟疑,在做出选择之后又难免后悔。因此,在社会归属问题上,清初的知识界是混乱而且失落的。

以著名学者王夫之为例,通过他在清初的遭遇可以透视知识分子群体在社会归属问题上遭遇的挫折和情感的失落。王夫之在顺治五年(1648)举兵抗清失败后南下投奔永历政权。但当时永历政权内部党争正炽,一片

① 谈迁:《谈迁诗文集》卷一,《甲申闻变》。
② 张岱:《琅嬛文集》卷五,《自为墓志铭》。
③ 夏完淳:《大哀赋》,《夏完淳集》卷一。

混乱,他大失所望,于是谢绝出仕,潜回湖南。但不久,他又迫于湖南局势的混乱①而再度南下,于顺治七年(1650)在广西的南明永历政权就任行人司行人。在永历政权党争的环境下王夫之要么依附奸党,苟且偷生,要么坚持正义,力挽颓局,他选择了后者,结果险遭毒手,幸亏农民军领袖高一功搭救,才得以还乡。到顺治九年(1652)大西军将领李定国东征时,曾派专人邀请王夫之出山,再次使他进退维谷。一方面在故乡实在难以藏身,另一方面他又清醒地看到李定国身后还有悍帅孙可望,接受出山之请难免要忍辱受命。经过痛苦的抉择后,王夫之决意"退伏幽栖,俟曙而鸣"②。到康熙年间吴三桂起兵,打着"反清复明"的旗帜,于所到处,蓄发易衣冠,延聘明遗民,又一次激发了王夫之的复明旧梦,他陷入了彷徨之中。但随着清、吴双方力量对比的变化,王夫之终于又一次选择了归隐。故而,康熙十七年(1678),当吴三桂的幕僚劝王夫之写《劝进表》,拥护吴三桂称帝时,遭到了他的断然拒绝。王夫之感慨万千,悲叹道:"某本亡国遗臣,扶倾无力,抱憾天壤。国破以来,苟且食息,偷活人间,不祥极矣。今汝亦安用此不祥之人为?"③清初许多人隐居避世,或颓然自放于诗酒,或在佛道教义中寻找寄托,其中一个重要的原因就是知识分子在社会归属问题上难以抉择,借归隐以逃避现实。

2. 民族意识的觉醒

明末士人阶层处于一种混沌和麻木的状态之中,黑暗的社会现实以及明清战争连年的失败,农民起义军的打击都使得明末士人中相当一部分对社会失去了信心,以至于当时归隐山林、隐居不仕的人很多。尤其是那些在野的士人,"忠君爱国的观念逐渐淡薄,维护大一统政权不再是全体士人的基本的人生理想和立身之本,而儒家传统的道德价值体系也对大多数士人失去了权威性和约束力。士人们不再以'道统'和'政统'的维护者和正义的承担者的面目呈现于世。他们的自我意识觉醒了,个性得到了解放,他们

---

① 当时一部分南明军驻扎在湘潭、衡阳之间,"各恣焚杀,尸横五百里,"语见王夫之:《永历实录》卷九,《马进忠传》。

② 王夫之:《姜斋文集》卷八,《章灵赋》"自注",《船山全书》第十五册。

③ 潘宗洛:《船山先生传》,《船山全书》第十六册,第89页。

的个人私欲也急剧膨胀,他们重利轻义,甚至见利忘义。"①正如黄宗羲所抨击的"天崩地裂,落然无与吾事"②。但是,进入清初,经世思潮空前高涨。少数民族入主中原的事实,让许多人忽然清醒起来。尤其是清朝统治初期实行的一些民族高压政策,激化了民族矛盾,在民族问题的大刺激下,清初知识分子的民族意识觉醒了。

清初知识分子的民族意识首先在思想上表现为由狭隘的家国意识升华为"天下兴亡,匹夫有责"的精神号召。如顾炎武认为:"有亡国,有亡天下,亡国与亡天下奚辨?曰:易姓改号谓之亡国。仁义充塞,而至于率兽食人,人将相食,谓之亡天下。……是故知保天下,然后知保其国。保国者,其君其臣,肉食者谋之;保天下,匹夫之贱与有责焉耳矣。"③许多知识分子还通过表达对民族文化的执著和热爱来寄托自己的民族情怀。如王夫之,他把文化看做汉族与少数民族区别的标志,认为:"天下之大防二:中国、夷狄也,君子、小人也。非本末有别,而先王强为之防也。中国之与夷狄,所生异地,其地异,其气异矣;气异而习异,习异而所知行蔑不异焉。乃于其中亦自有其贵贱焉,特地界分,天气殊,而不可乱;乱则人极毁,中国之生民亦受其吞噬而憔悴。"④当时"严夷夏之防"和"匡扶社稷"的呐喊南北并起,许多知识分子积极加入到反清复明的斗争中,他们或是组织义军,起义抗清;或是入仕南明政权,出谋划策;或是决意不仕新朝,借退隐以示不满。

在抗清斗争遭到失败后,大部分学者则以"修故国之史以报故国"的精神退而献身于撰修明史的工作,一方面明朝灭亡的历史经验和教训急需总结,另一方面清初知识界对明代社会危机的深刻反省,以及他们思想变动的脉络也急需通过著史的方式加以表达。因此许多清初学者以存一代史事自任。甚至,在某种意义上,国史未就已经成为一部分明遗民苟活偷颜人世的原因之一。如潘柽章和吴炎都是明末的忠义之士,自明清鼎革以后,"二人不与人通,闭门著史,立志成一代史书,以继迁、固之后。"⑤叶钤凄凉地感

---

① 周明初:《晚明士人心态及文学个案》,人民出版社1997年版(下同),第138页。
② 黄宗羲:《南雷文定》卷一,《留别海昌同学序》。
③ 顾炎武:《日知录》卷十三,《正始》。
④ 王夫之:《苻坚禁富商》,《读通鉴论》卷十四,《东晋哀帝》之三。
⑤ 顾炎武:《书潘吴二子事略》,《亭林文集》卷五。

叹:"余幼遵庭训,学古怀经,颇有排龙翔凤之愿。及壮运际兵燹,郁郁不能居故土,浪游四远,栖泛中流,虽冠裳之会弥殷,而雨雪之悲更戚。且居诸云迈,岵屺两丧,又自伤罔极,此身不能立天地间,遂谢绝尘俗,结庐先君子茔窀之侧,瞻依如过庭时。稍暇取明朝实录稽询之,视三光之文耀,发昭代之鸿猷,将托此心于史,以不负所学,兼慰余年,庶得全而生之,全而归之也。"①深厚的民族意识成为清初私家修史的指导思想,激励着清初的知识分子凭借个人之力搜集排比史料,献身于修撰明史的事业。

3. 正统意识的复杂化

正统有两方面的含义:其一是指一朝一代内部帝位的传承,又称为"内统";其二是指朝代之间帝系的更替,又称为"外统"。就这两方面而言,清初知识分子的正统意识呈现复杂化的趋向。

首先,从内统的角度来说,清初的正统意识弱化了。有明一朝,正统之争可以说此起彼伏。从永乐帝开始就有大臣为争正统殉节的先例,到明英宗统治时期,又曾经出现过正统问题的纷争,大臣们就英宗还是景帝继续执政的问题展开争论,嘉靖朝的"大礼仪"之争更是反映出知识分子对正统问题的重视。到清初,南明政权内部也曾经为正统问题起过纷争。南明是由明朝宗室建立的政权,南明政权拥立的明朝藩王,在血统上都是朱氏的血胤,但在血缘关系上却有远近的区别,为此,在究竟立谁为主的问题上难免会出现争论。但是,与明朝时的正统之争相比,南明对于正统问题的争论在激烈程度、产生后果以及影响等方面都要逊色得多。弘光政权建立之初,针对福王和潞王谁应该继承王位的问题,大臣们曾经展开激烈辩争。究竟二者谁为正当的王位继承者的问题最后由军阀所垄断,也就不了了之。后来的鲁监国与唐王争立,绍武与永历争立,还是因为正统,斗争的结果是两败俱伤,而正统问题也随着清军的大举南下而淡化并归于沉寂。在大敌当前的情况下,清初知识界对于正统问题的重视程度已经相对弱化了。对嫡传继统,还是贤德继统以及帝位传承的伦理依据等问题,知识分子之间曾经进行过一场大讨论,但讨论和争辩并没有明确结果。

其次,就外统而言,由于多种政权共存,并且每一个政权都把自己视为

---

① 叶鋹:《明纪编遗》"自序",转引自谢国桢:《增订晚明史籍考》,第56页。

正统，使得正统问题的大争论复杂化了。清朝入主政权之后，就大张旗鼓地宣扬是为明朝子民"复君父仇"，俨然是明朝理所当然的继承者，并且随着清军南下夺取大半壁江山，他们是有理由自称正统的。而南明政权是明王朝的延续，他们也自称正统。究竟是肯定前者还是肯定后者，清初知识界对该问题的答案是复杂多样的。对于明王朝的维护者来说，正统意识已经与民族意识交融在一起，表现得分外强烈，他们极力主张要严分华夷，以明为正统，如查继佐的《罪惟录》把明朝视为正统，南明的弘光、鲁监国、隆武、永历等都被列入本纪。而王夫之则根据永历的史事修成《永历实录》，更是把永历视为明朝皇帝无疑了。对于新王朝的支持者来说，他们力图消弭正统意识，将正统意识弱化、淡化，甚至视同虚无。如傅维鳞（又作麟）的《明书》，对南明政权一字不提，他已经自然而然地将清朝视为正统。对于在政权之间摇摆不定的"中间派"来说，没有什么问题比正统问题更敏感、更能揭开他们的伤疤了，他们对于正统问题的斗争尽量避而不谈，如钱谦益在史书中只用干支或岁阳岁阴纪年，通过这种独特的纪年方式，表明国无正统的立场。

再次，对传统正统论提出质疑。由于现实社会中正统意识复杂化，清初知识分子对传统正统观念产生了怀疑甚至是鄙薄心理。如著名思想家王夫之认为："正统之论，始于五德。五德者，邹衍之邪说，以惑天下，而诬古帝王以征之，秦、汉因而袭之，大抵皆方士之言，非君子之所齿也。"①在王夫之看来，正统之说本来就没什么根据，后来又被一些政治野心家和阴谋家所利用，成为他们篡夺政权的理论依据，并认为"统之为言，合而并之之谓也，因

① 王夫之:《读通鉴论》卷十六,《齐武帝》之七,《魏群臣议五德之次》。关于王夫之正统论的观点,学界看法不同,见仁见智。如日本学者内藤虎次郎的《支那史学史》第九章《述正统论》认为:《读通鉴论》的著者说,这类事不值一提,故关于正统论,书中不置一言。"国人魏应麒也接受这种看法,认为王夫之"不作正统之妄说"。柳诒徵在《国史要义》中则一方面将王夫之归入"不持正统论的史家"之中,另一方面则认为:"船山论史,将固自有所谓统,专以华夷、道义为衡,非漫然无所统也。"梁绍节在《船山论正统》(《船山学刊》1994 年第 1 期)一文中则认为,王夫之在反对传统正统论的同时,相应地建立了自己的一套应世的正统论,并强调以文化为内容的"道统"。笔者对王夫之的正统论,不拟参与争论,作深入探讨,仅以内统、外统为内容讨论其观念的变化以及思想的复杂性,从这方面来说,王夫之代表的是清初学术界在政权复杂化情况下的复杂的正统观念。

而续之之谓也"。"夫统者,合而不离,续而不绝之谓也。离矣,而恶乎统之? 绝矣,而固不相承以为统。崛起以一中夏者,奚用承彼不连之系乎? 天下之生,一治一乱。当其治,无不正者以相干,而何有于正! 当其乱,既不正矣,而又孰为正? 有离,有绝,固无统也,而又何正不正之云邪?"并且,王夫之认为,从古至今,政权一直处于交替之中,不离不绝之统是不存在的。因此,在政权纷乱的情况下,讨论正统问题变得毫无意义。"正不正,人也;一治一乱,天也。"①王夫之在对清初复杂的正统观念进行反思的基础上,对传统的正统观念提出了大胆的质疑。为此,台湾学者陆宝千认为:"历来儒者论王朝兴迭,史家述政权兴衰,恒主以天命所归,而一脉相承,故尊所谓'正统'。非正统者,虽局面广大,财富民丰,武功煊赫,亦必加贬抑。船山于此深不谓然。盖其基本理念,为天下者有德者居之,能造福生民,即为天命之所授,人望之所归;苟其子孙不肖,应即为天命所厌,人民所弃,既非必一脉相承,事实亦并非相承。不论经学与史学,均宜就事论其是非,而不需究其统与不统。"②

4. 信息传播和交流意识的增强

清初政权多出,信息来源的渠道相对广泛,为信息的交叉传播奠定了基础。清初的知识分子在政治上分化为不同的阵营,要想凭借个人之力得到充足而广泛的信息,必须进行阵营之间的交流。同时,在社会变乱时期,人们往往会希望获取尽可能丰富的信息,并且大部分清初知识分子所从事的修撰史书的工作也需要丰富的信息作为史料。在这种情况下,清初知识分子对于信息传播和交流的意识大大增强了。

首先,对于信息的渴求使得士人打破政治阵营之间的壁垒,为了获取信息,他们摒弃个人成见,互相求教,勤于交流。以为明守节自况的明遗民张岱,在明亡以后,一直勉力收集有关明朝的史料,着手撰写史书,但是苦于缺少崇祯一朝的邸报。而与他同时的另一位学者谷应泰,在明朝灭亡之后入仕清朝,他也对修史有浓厚的兴趣,广泛地收集了崇祯在位十七年(1644)

---

① 王夫之:《读通鉴论》卷末,叙论一,《不言正统》。
② 陆宝千:《王船山的经世思想中维新的倾向》,(台湾)"中央研究院"近代史研究所编:《近世中国经世思想研讨会论文集》,1984年,第107页。

的邸报。张岱听说后，大喜过望，抛开对谷的私人成见，动身前往，共同切磋，写成《石匮书后集》①，而谷也组织编写成《明史纪事本末》②。可以说，学者之间信息的交流与共享造就了清初史学界的双璧。此外，如著名史学家谈迁，一直以明遗民自居，他在自己的史书《国榷》完稿之际，也曾经赴另一著名学者吴伟业家中求教，希望能在史料以及史书的具体创作方面得到启示。吴伟业在明朝灭亡后未能坚持原有立场，他先以奉养高堂为由，隐忍苟活，但以遗民隐居，后又接受清廷征召，虽为官短暂，但毕竟与遗民立场不同。吴伟业与谈迁入清后不同的政治选择并未妨碍他们在私家修史方面的交流，吴伟业自称"余留京师三年，四方之士以诗文相质者无虑以十数，其间得二人焉，于史则谈孺木，于诗则吾家六益而已"③，并对谈迁发愤修史赞赏备至。至于明遗民史家之间在信息方面的交流与共享更为常见。明遗民查继佐在撰写纪传体史书《罪惟录》的过程中，山阴张宇子为查继佐修史的决心所感动，将平生收藏的史学资料以及研究成果赠送给他，查继佐还得到许多遗民学者的支持和帮助，尤其是在史料信息方面获益较多。清初士人在信息的传播和交流方面达成默契，可以说，他们的共同努力促进了清初私家修史事业的发展。

其次，清初士人主动采取各种手段和方法促进信息的传播和交流。除了利用史书撰写这一途径之外，他们还编写档案文献汇编。清初学者对档案的编纂包括两方面的内容：一是根据档案内容修成史书，二是直接汇集成编，形成珍贵的史料汇集。他们尤其注重明季档案的编纂工作，如查继佐就曾将自己在鲁监国政权任兵部职方郎中时所上的奏疏十五篇编纂成书，即

---

① 参见张岱：《琅嬛文集》，《与周戬伯》："弟向修《明书》，止至天启。以崇祯朝既无实录，又失起居；六曹章奏，闯贼之乱，尽化灰烬；草野私书，又非信史，是以迟迟以待论定。今幸逢谷霖苍文宗欲作《明史纪事本末》，广收十七年邸报，充栋汗牛。弟于其中簸扬淘汰，聊成本纪，并传崇祯朝名世诸臣，计有数十余卷，悉送文几，祈着丹铅，以终厥役。"

② 参见胡益民：《张岱研究》，第233页。长期以来，学界一直流行《明史纪事本末》系窃《石匮书》之说，经研究，胡益民认为："张岱确实受聘助修过《明史纪事本末》，但所谓谷氏以五百金购其书显然不是事实，而系传闻。谷氏修书时，《石匮书》天启朝之前的部分已经成书，张岱在杭州，曾将全书借给谷氏参考，是无疑问的。"笔者不拟对二书之作者问题进一步探讨，仅取二位学者之间在政治立场不同的前提下于史学领域的交流与共享为例证，以体现清初学界的学术交流与合作之气氛。

③ 吴伟业：《吴梅村全集》，卷三十《吴六益诗序》。

《敬修堂钓业》，他在自序中说及自己编纂档案史料汇编的缘由："此苦口也。自乙酉九月至明年五月，约三十余上，沦废过半，仅存十五。在当时以为空言，在此日以为呓语，不知千载后当作一古语否？口舌亦应有运在，处□□□□，而胡为乎非时之鸣？前此更有血书五六百字，以檄江上诸公，盖不中听，为鲁监国携海汩去，田成横可式临之。"①查继佐认为，档案是历史事件和历史人物心态的真实载体，即所谓"时之鸣"，他把自己所上的奏疏汇集成编，就是希望借此给后人以启迪和思索。通过编写档案文献汇集以及利用史料撰写史书的形式，清初的知识分子把有关信息有效地流传后世。

在清初风云起伏的年代，士人阶层受观念、思想、个性以及生活环境等主客观条件的影响，染上了深浅不一的时代底色，呈现群体分化。然而，"士志于道"②，"士不可以不弘毅，任重而道远。仁以为己任，不亦重乎？死而后已，不亦远乎？"③传统儒家思想赋予士人肩承道统，因此，对清初士人来说，他们最关注、最倾心的事业莫过于文化事业。在这一最终的文化归宿面前，不同群体的士人作出了相同的选择，却显示出不同的内容。

三、清初士人阶层的文化归宿

清初文化领域异彩纷呈，是中国历史上的又一个"百家争鸣"时期。经历了王朝鼎革的社会大动乱以后，清初士人阶层不约而同地选择了文化作为思想和行为的最终归宿。在文化领域中，他们辛勤地思索和耕耘，寻找精神世界的安宁和灵魂最后的归宿。从宏观上看，清初的三大士人群体在文化选择上有着总体目标的一致性和具体方向的差异性。总体目标的一致性表现为文化上的向心力以及由此而产生的文化领域内部的和谐与团结；而具体方向上的差异性则表现为不同群体在文化心态、文化追求、文化表现形式及内容等文化视野内有差别的选择。

1. 明王朝的维护者

这一士人群体把明朝统治的解体作为政治理想失败的一种象征，他们

①　查继佐：《敬修堂钓业》"自序"。
②　《论语·里仁》。
③　《论语·泰伯》。

一方面力图在政治上有所建树,拯救明政权;另一方面则醉心于文化事业,把文化事业作为他们政治理想破灭后的归宿。他们在文化心态和文化动向上表现为:其一,把文化活动当做复明事业的一部分,并为之继续奋斗,如编撰明代史书以表示不忘明朝,并把复明的火种传流后世。尤其是在抗清斗争失败后,认为国可灭史不可灭,力图通过历史,让后人看到民族复兴的希望。同时,又认识到撰写史书要记述王朝盛衰的始终,以便让后人通过历史了解社会发展的趋势,因此在这一类群的知识分子中相当一部分人的后半生以史书编纂为业。以黄宗羲为例,早在参加抗清斗争时他就注意对历史活动进行记录和收集,抗清斗争失败后,他开始着手编著记录南明历史,陆续写成《隆武纪年》、《赣州失事记》、《绍武争立记》、《鲁监国纪年》、《舟山兴废》、《日本乞师记》等著作。修史仅仅是文化活动的一部分,其他如编写明代遗民的文集、诗稿等文化活动也在这一类群的知识分子当中如火如荼地开展起来。其二,在文化研究上力图深入,他们抛开个人私念,从文化发展的角度出发,对文化事业忠心耿耿,创造了丰富的文化成果。政治理想向学术转移,是清初比较特殊的一种文化现象,而在知识分子群体中对文化事业贡献最大的当属明王朝的维护者群体,他们对传统学术进行了大胆的创新。这种革新成就斐然,不仅表现在史学领域,而且也表现在经学、子学、文学、辨伪学等其他领域。如黄宗羲的《明儒学案》,方以智的《物理小识》,顾炎武的《天下郡国利病书》,王夫之的《张子正蒙注》,唐甄的《潜书》等。这些著作或填补了学术空白,或是学术上的改造和创新,体现了很高的学术水平。

2. 新政权的支持者

这一群体的知识分子在政治上投靠清朝统治者之后,他们的大部分精力集中于政治上的经营和管理,但是在业余时间或者条件允许的情况下,他们也安守本分,以普通士人的身份进行文化方面的学习和积累,为自己提供文化空间。他们的文化心态和动向表现为:其一,"仕而优则学",他们是在为官空闲和方便的条件下从事文化方面的活动的。这部分知识分子主要包括投降清廷的明朝官员,以及通过科举和博学鸿儒科等形式在清代走上仕途的学者。他们政治身份显赫,生活环境优裕,文化素质和学术基础较高,并得以接触和收集大量的典籍资料,这些均为其从事文化事业准备了方便条件。可以说，文化事业对于这一群体的士人而言，是寄托闲情雅趣的最好方式。其二，学术为政治服务的文化构想。当学术问题与政治发生矛盾时，他们毫不犹豫地偏向后者。尤其对涉及明清之际的忌讳问题，他们大多采取回避的态度。这也是这类士人的著作多能幸免于文字之祸，并留存下来的原因。其三，学术文化成果对官方文化政策的制定以及文化活动的具体开展影响深远。满族统治者入关以后，对于汉族的先进文化有一个选择和利用的过程，而在这个过程之中，作为新王朝支持者的士人阶层起到了穿针引线的作用。通过与他们的接触，受他们的影响，清朝统治者逐渐接纳了汉族文化并形成了具体的文化政策。比如康熙皇帝推崇程朱理学文化政策的制定，应该说是与当时朝中的一些理学名臣的倡导分不开的。如熊赐履，他是康熙时期最早倡导程朱理学，并建议清廷以理学治理天下的大臣。他担任康熙皇帝的经筵日讲官，"早夜惟勤，未尝不以内圣外王之道、正心修身之本，直言讲论，务得至理而后已"[1]。"为摒弃王学，专宗程朱，熊赐履特著《学统》一书，尊程朱为正统，对其他各种学术流派及其代表人物，则按其与程朱理学接近的程度，分别贬以翼统、附统、杂统，乃至异统。"[2]其他理学名臣如陆陇其、李光地等也努力倡导程朱理学。由于他们的思想往往迎合统治者的意图，因此很容易为统治者所接受，清廷最终确立了"尊儒崇道"的基本国策和独尊理学的文化选择，与这一士人群体的直接努力大有关系。另外，清廷撰修《明史》等文化活动的开展也多借助于这一类群的知识分子，比如傅维鳞的《明书》对《明史》起了借鉴作用，刘节先生认为，明史的体系多出于傅维鳞的《明书》，"有明一代全史，实创始于傅氏也"[3]。这一群体的知识分子在文化功能上具有影响统治阶层的独特一面。

　　3. 在新旧政权之间动摇的士人阶层

　　这一群体的士人政治选择多变，社会身份也因之多次变动，他们可能曾是明王朝的股肱之臣，也可能曾在李自成起义军进入北京的历史瞬间企图以新瓶装旧酒的形式改组建立新的皇朝，也可能曾在南明党争中叱咤风云。

---

　　① 《清史列传》，卷七《熊赐履本传》。
　　② 黄爱平：《十八世纪中国与世界·思想文化卷》，辽海出版社1999年版（下同），第73页。
　　③ 刘节：《中国史学史稿》，第321页。

而他们最后的政治归宿,有的仍然以明朝遗老的身份自居,如钱谦益①;有的最终成为清朝的支持者,如孙承泽②;有的则不提自己的政治立场,以文人身份作为终结,如吴伟业③;有的又重新回到明朝的阵营中,如高谦。他们的文化心态和文化取向表现为:其一,文化为个人服务的心态,笔者并不是指责他们自私而目光短浅,没有远大的文化目标,而是要强调这一类群的士人对文化的心理依赖程度,他们徜徉于文化之中,纵情于文化之内,文化成为他们逃避现实的工具,同时也成为他们抒发个人心绪的表达方式。故而,他们的文化作品抒情性强,有强烈的文化感染力。如吴伟业、钱谦益的诗,表明自己痛苦的文化选择和选择后的矛盾、忧郁的心理。再如高谦,原是明军将领,曾经围剿过农民起义军,历经大小二十七战,后因遭诽谤被免职,崇祯末年在河南降清,奉命镇守徽州,后又在郑成功反攻镇江时反郑。他在史书的序言中首先对自己在明朝为将时的战功予以肯定:"缅怀夙昔,竭蹶边疆,其功之虚掷者,如置弗计。即中原鼎沸之日,予陷阵冲锋,上马杀贼,下马安民,亦可谓叨有微功。"但是由于明末政治黑暗,他受到谗言迫害,只能"徒兴李广之嗟,空抱冯唐之叹",表明自己在政治上陷于无奈的处境,"此身之所至今日者,亦幸而免尔",所以编纂史书以说明自己曾有过的功绩,"非敢附于不朽,夫亦使予之后人,知予有此一番戮力,或可免虚生之诮云尔。"④总之,纵情二字最能表现这一类群知识分子的文化心态。其二,文化影响波及面广。由于这一类群的知识分子社会身份处于变动之中,政治立场暧昧,他们与上述两个士人群体都有较为密切的往来,因此他们的文化作品对官方和民间均产生影响。以吴伟业的《绥寇纪略》为例,许多清初记述明末农民起义的史书都以之为重要的参考书籍。因为此书成书较早,加上吴伟业的文名,许多史家以书中的记述作为重要的参考依据。正如王俊义先生所说:"学术与政治虽然有一定联系,但二者绝不能等同。因为学

①　钱谦益在《西湖杂感》组诗第十八首中写道"冬青树老六陵秋,劫哭遗民总白头",公然以遗民自居。

②　孙承泽在明官至刑科都给事中,李自成入北京,曾受命为四川防御使,降清后,官至吏部左侍郎。

③　吴伟业在临终前嘱咐家人在其死后,敛以僧装,墓前立一圆石,题曰:"诗人吴梅村之墓",非明非清,以避开自己在政治归属上的矛盾。

④　高谦:《中州战略》"自序",转引自谢国桢:《增订晚明史籍考》,第275页。

术研究毕竟还有其自身的特点和规律。对于一个学者学术成就和影响的评价,既要联系考察其政治表现,分析其政治活动对其学术研究的影响,但更应依据学术本身的特点和规律,研究学者的学术著作,分析其在学术发展演变中的承转关系,前后联系,看其所处的地位和影响。"①值得注意的是,这一类群多名士才子,其文化贡献渊源大于其在政治上之作为,决不能因为他们的人格或是政治立场而忽视他们在文化上的贡献。

　　总之,三大群体的士人不约而同地走到了文化队伍之中。他们对文化事业的态度则可以概括为:明王朝的维护者群体钟情于文化事业,新王朝的支持者群体得趣于文化事业,而在新旧政权之间摇摆不定的知识分子群体则纵情于文化事业。如梁启超所言:"史学者,学问之最博大而最切要者也。"②作为一种对政治敏感性很强的文化领域——史学,一方面是清初士人寄托心志的重要文化表现方式,另一方面也体现出作为不同社会群体在同一文化选择层面下有差别的文化内容和文化表现形式。

第二节　清初史家群体的划分

　　清初士人阶层的社会分化对文化领域影响甚大,王朝鼎革的刺激由政治层面渗透到文化层面,从而使得千姿百态的清初文化呈现出某些规律性的特征,史学领域亦是如此。政治分化深刻地影响了清初史家群体的研究,而政治与学术的关系随史家群体的分化呈现出错综复杂的特征。笔者认为,以政治立场作为史家群体的划分标准不仅有利于反映当时的社会环境和背景,体现清初私家修史的时代性特征,并为进一步探讨清初政治与史学的关系以及史学发展的规律性特征提供了范式。

一、清初史家群体的划分标准

　　不同的划分标准会产生不同的类别,而无论以何种标准划分类别,都应

---

　　①　王俊义:《论钱谦益对明末清初学术演变的推动、影响及其评价》,《中国社会科学院研究生院学报》1996 年第 2 期。
　　②　梁启超:《新史学》。

着眼于研究对象所处的时代特点及其特征,并力求客观。就清初的史家来说,可以有不同的划分标准并相应地形成不同的类别。如按照史家的专业化程度可以将其分为专业型和业余型两大类:专业型史家功底厚,史学修养深,修史手法娴熟,所修纂的史书水平较高,也比较符合史学规范;而业余型的史家难免会在功底、技艺等方面略逊于前者,但又有自身的长处,比如富于创造力,有开拓性,不受传统观念束缚等。按照史家的社会身份,可以将清初史家分为官员型与平民型两种,他们同样也有各自的特点:官员型的史家史学套路与官修史学往往一脉相承,而平民型的史家则有民间史学的特色。应该说,上述两种分类方法皆能体现史学领域内部不同史家群体的特征,但是,这样一些分类标准都不足以体现清初史学,尤其是清初私家修史的特色。

清初作为一个独特的历史时期,其社会环境和时代特点都影响到史家群体的分化:

1. 中原王朝被少数民族政权推翻,社会发生巨大变化。这一场历史巨变在整个中华民族的历史上都是罕见的,与之相类似的只有在魏晋南北朝时期和两宋之际。这样一种民族观念上的变化在史学上必然会有所体现,尤其是在当代史学方面,而对于这种心理以及观念上的变化,以往的史家群体划分标准已经难以概括说明其特点。

2. 政局动荡,由多种政权并存变为清朝统一天下。史学为单一王朝服务的传统观念被完全打破,史家立场的变化会直接导致史书思想以及内容方面的变化。时局的影响、立场的转移对史学的影响,需要从全新的视角来作观察和研究,这样一来,必须对史家进行新的分类。另外,由于时局影响,越来越多的知识分子投入到史书修纂工作中,以专业和非专业来划分已经变得没有必要。

3. 人事变动剧烈,平民与官员不再是区分人物身份的主要标准。清朝官员有可能是原来明王朝的平民,而南明的官员更有可能在清朝隐居不仕,成为清朝的平民,所以以身份来划分史家在清初存在着相当大的难度,而且以此为依据来划分对于史学研究的意义也并不明显。

为此,笔者将清初史家按照新的标准进行了归类,即以士人阶层的社会分化为依据,按照史家的政治立场,或者说政治导向,将具有不同政治选择的史家区分开来,并在此基础上,一一细述不同群体的史家构成、修史目的以及史书的特点,由此展现不同类型的史家对清初这样一个复杂变动的历史时期的基本观念和看法。

二、清初史家群体的人员分布

笔者对清初的史家群体进行了初步考察,主要根据谢国桢的《增订晚明史籍考》和吴泽、杨翼骧主编的《中国历史大辞典·史学史》关于史家状况的记述,同时参考《纂修四库全书档案》以及《四库禁毁书丛刊》中的书目清单,徐秉义的《培林堂书目》、钱谦益的《绛云楼书目》、徐乾学的《传是楼书目》等都对清初史家进行了粗略的统计。本书统计的原则为收录清初,即顺治、康熙两朝修私史的史家,而对参与官修史局,却没有独立的私修史书问世的史家笔者则酌情收录。在这一原则的基础上,本书收录了218位史家,具体的史家名目见文章后的附录。在这218位史家中,三大史家群体所占的数量以及比例分别如下:

表1　清初史家群体统计表

史家类型	人　数	占史家群体总数百分比
明王朝的维护者史家群体	137 人	62.8%
清王朝的支持者史家群体	65 人	29.8%
在新旧政权之间动摇的史家群体	16 人	7.3%

表2　明王朝的维护者史家群体地区分布统计表

序　号	省　区	人　数	占总数百分比	占本群体百分比
1	江苏	45 人	20.64%	32.85%
2	浙江	39 人	17.89%	28.47%
3	安徽	10 人	4.59%	7.3%
4	福建	8 人	3.67%	5.84%
5	上海	6 人	2.75%	4.38%
6	湖南	5 人	2.29%	3.65%
	江西	5 人	2.29%	3.65%

序　号	省　区	人　数	占总数百分比	占本群体百分比
7	广东	4人	1.83%	2.92%
8	北京	3人	1.38%	2.19%
	四川	3人	1.38%	2.19%
9	山东	2人	0.92%	1.46%
	河南	2人	0.92%	1.46%
10	河北	1人	0.46%	0.73%
	湖北	1人	0.46%	0.73%
	山西	1人	0.46%	0.73%
	广西	1人	0.46%	0.73%
	云南	1人	0.46%	0.73%

表3　清王朝的支持者史家群体地区分布统计表

序　号	省　区	人　数	占总数百分比	占本群体百分比
1	江苏	21人	9.63%	32.31%
2	浙江	20人	9.17%	30.77%
3	安徽	4人	1.83%	6.15%
4	山东	3人	1.38%	4.62%
	河北	3人	1.38%	4.62%
	上海	3人	1.38%	4.62%
	福建	3人	0.92%	3.08%
5	湖北	2人	0.92%	3.08%
	四川	2人	0.92%	3.08%
	山西	1人	0.46%	3.08%
6	广东	1人	0.46%	1.54%
	北京	1人	0.46%	1.54%
	辽宁	1人	0.46%	1.54%

表4 在新旧政权之间动摇的史家群体地区分布统计表

序 号	省 区	人 数	占总数百分比	占本群体百分比
1	江苏	5人	2.29%	31.25%
2	浙江	2人	0.92%	12.5%
	安徽	2人		
	北京	2人		
3	上海	1人	0.46%	6.25%
	山东	1人		
	陕西	1人		
	河南	1人		
	江西	1人		

三、清初史家群体的数量分析

首先,通过上述统计数据可以看出,在数量分配上,清初三大史家群体呈现明显的不均衡状态。明王朝的维护者史家群体占据绝大部分,成为主体;清王朝的支持者史家群体比例超过四分之一,仅次于前者;在新旧政权之间动摇的士人阶层则在数量分配中未及十分之一,居于明显的劣势。应该说,清初史家的数量分配特点与清初学界的特点基本上相适应,并在一定程度上反映出史学发展的独特一面。

1. 遗民之史学焕发

诚如梁启超先生所言:"从顺治元年(1644)到康熙二十年(1681)约三四十年间,完全是前明遗老支配学界。"[1]"明亡而遗民之节不亡,遗民之学焕发。被后世称为明清之际三大师的顾炎武、黄宗羲、王夫之,以遗民之身,开创了一代之学。……明遗民在清初殚力于学术,是一极普遍的现象。顾、黄、王以外,其他大多数明遗民如此。以致清初的学术,蓬勃焕发,蔚为奇观。易代之际,旧朝之民,为新朝开创学术,罕有前例,值得珍视。"[2]私家修史的发展基本顺应清初学术的走势,明王朝的维护者——尤指遗民,成为史学界的主角,他们

---

① 梁启超:《中国近三百年学术史》,东方出版社1996年版(下同),第21页。
② 杜维运:《中国史学史》,(台湾)三民书局2004年版(下同),第208页。

具有举足轻重的地位,其史书数量众多,史学功绩显著,遗民学术的兴盛与衰亡直接影响到私家修史的盛衰。

2. 新朝之史学稳健

如果说遗民是时代的产物,最能代表明清鼎革对学术的影响,那么,清王朝的支持者史家群体则诞生在新兴王朝——清朝的影响之下,其学术不可避免地依附于官方文化政策的引导,并展现出新兴王朝的文化特色。在数量上,清王朝的支持者史家群体大约是明王朝维护者史家群体的二分之一。借助官方的文化支持,包括史料搜集的优势以及官员身份的优越条件,清王朝的支持者史家群体行使文化功能,纂辑史书,对清初史学界也产生了深远的影响。

3. 变节士人之史学艰难而苦涩

在新旧政权之间动摇的史家群体所占比例最小,一方面由于本书统计史家之标准以所成之史书为主要依据,这一群体形成的史书数量最少,故而比例最小;另一方面,就史学创作而言,由于其具有明显的政治性特征,而明清易代的历史相对难以把握,对曾经发生过政治动摇——变节的士人而言,其心灵承受的压力可以想见。就对该群体史家的研究而言,虽然其形成史书数量少,但仍不能忽视他们对清初史学的特殊贡献。他们生活在强大的社会压力和道德困境之下,其史学创作艰难而苦涩,因此,即便是对其史学心态与史学历程的考察都是极为新颖而有益的。

其次,就社会构成与学术构成来说,清初史家群体囊括了清初知识界的三大群体,基本上涵盖了社会上所有的士人阶层。从出仕与入仕的角度来说,既有优游于官场之外的隐士群体,又有在政治风云中叱咤驰骋的官员群体;从政治立场来看,既有效忠于明王朝的史家群体,其修史的立意往往以为明朝修史,以存后世为主,也有支持清朝的史家群体,其修史的立意往往以对新朝有所借鉴为主,也有政治立场曾经发生变化,对于新朝和旧朝来说均有变节经历的史家群体,其史书内容往往有双重含义,既有对明王朝的怀恋和叹惋,也有对新朝的讴歌和赞扬;就史家的个人身份来看,清初史家群体实际上容纳了最广义的学者群体,既包括以修史为主的以史家自称的学者,也包括了学术造诣不以史学为主,或者不仅仅以史学为主的学者,其中更有相当一部分以理学、经学甚至文学名家的身份加入到了修史的行业中。比如著名理学家孙奇逢、文学家吴伟业、经学家顾炎武、研究子学的著名学者马骕等人,他们的加入,为清初史学界增添了新鲜的血液,为清初史学的发展注入了活力。

史家数量的增多,给清初私家修史带来了双重影响。一方面,史家群体扩大有利于丰富史学信息,扩大史料的收集,史家们各自从所擅长的学术领域出发,将自己在其他学术领域的成果引到史学领域中来,有利于内容更完善、体裁更成熟的史书的出现;而且,史家规模的扩大也有利于发挥史学对社会的影响,使得史学自身的发展走向良性循环的轨道,即史书影响社会,而史书的社会影响又反作用于史书本身,由此社会和史学领域双双获益。实际上,清初这种良性循环已经有所体现,史书与商业发展之间相互促动的关系已经初具规模,史家和史书最发达的地区往往也是经济发达地区。

但是,另一方面,史家蜂出,众议纷纭,而且许多史家本身不是以史学而成为名家的,他们的加入对于史家群体来说是一大挑战,他们的修史无疑更会具有主观性强的特点,不利于提高史书的真实性,并且对于史书内容及体裁体例的继续发展和完善也会造成一定障碍。潘耒曾感叹:"然古之书苦少,今之书苦多;古之作史者难于网罗,今之作史者难于裁择。"①万马奔腾的清初私史难免良莠不齐,为此,依据严肃的史学标准一一予以核实鉴别尤显重要。

最后,史家群体数量多,覆盖全国,对研究清代学术的发展乃至学术与政治及社会经济发展的关系具有重要意义。如王俊义先生所言:"明末清初的学术演变,并非是个别、孤立、偶然的现象,而是当时整个社会和社会思潮变化在学术领域里的反映。因此,它也就必然是一场颇具规模的群体性活动,而不是个别人的兴之所致。"②清初人数众多的史家群体,突破了局限,将私家修史这一传统意义上往往局限于一人一家的个别行为,转化为群体性的社会行为,从而使清初的私家修史,走向了更为广阔的学术空间,并具有非同寻常的文化意义和社会影响。

清初政治的复杂性源于政权的交替与波动,源于不同民族文化——满族文化与汉族文化的冲撞与激荡,而史学则成为政权鼎革与文化交融的载体。当清初史家实践以群体性的修史行为时,史家与修史之意义已经不再局限于

①　潘耒:《交山平寇始末序》,《遂初堂文集》卷六。
②　王俊义:《论钱谦益对明末清初学术演变的推动、影响及其评价》,《中国社会科学院研究生院学报》1996 年第 2 期。

史学这一学术范畴,而成为清初政治与文化的表征。通过修史所展现出的史家对社会及人生的思考,史家之间的交流与联系,民间史学与官方史学的矛盾和冲突构成清初社会的典型缩影。

第三章　清初史家群体研究

群体研究目前在学术界已经得到较为广泛的重视,很多学者发现古人虽具有个体的独立性,但在学术以及文化发展的层面上,则与群体有密不可分的关系。在中国古代封建社会学术思想发展的历程中,清代士人的群体意识尤其值得关注。日益明朗的学派意识以及士人个体交游网络的形成都昭示着清人对群体的重视。由于政治立场的差异,清初史家分化为三大群体,各群体之间既有密切的联系,又有明显的界限,他们于清初史学领域勤奋耕耘,创造了灿烂的文化,留存了丰厚的史学财富。对上述三大史家群体,笔者主要从人员构成、修史动机和史书内容等方面进行阐述。

第一节　明王朝的维护者史家群体

清初私史领域的主流和中坚力量是明王朝的维护者史家群体。据统计,明王朝的维护者史家群体大约有 138 人,分布在各地,其中江苏省最多,为 45人;浙江省次之,为 39 人;其余依次分布在安徽、福建、上海、湖南、江西、广东、北京、四川、山东、河南、河北、湖北、山西、广西、云南等地,几遍及全国。

一、构成情况

构成这一史家群体的主要是明遗民以及在清初反清斗争中殉身之士,他们的群体性特点是忠于明朝,具有反满或者说是反清思想,而这种思想和意识在清初大致保持不变,并通过他们的史书表现出来。这一群体的史家在内部具体的划分上主要可以分为以下几种:

1. 著名史学家

修史本来就是他们所擅长的文化活动,早在明朝末年,史家们就已经察觉到当时史学界发展的缺陷,如史家专业水准不高,史书滥而不实者居多等种种弊端。比如谈迁、张岱等人,鉴于明代修史事业不够繁盛,修成的史书又往往质量不够上乘,早在明朝末年就开始筹备修史工作。谈迁的《国榷》始修于明天启元年,即公元 1621 年,到天启六年(1626)时已经写成了初稿,只是由于到顺治四年(1647)时手稿被盗,才不得不重修①。张岱的史书最早开始于明崇祯元年,即公元 1628 年修纂,"余自崇祯戊辰遂泚笔此书,十有七年而遽遭国变,携其副本,屏迹深山,又研究十年而甫能成帙。"②因此,这类史家可以说是继承了明代以来的私修史书的成果,他们的史书在明代末年已经初具规模,只是由于明末清初的历史动荡,其修史活动相应受到影响和限制,于是清初成为了他们的史书问世之时。并且,不可避免地,他们的史书受到了明清变革的影响,染上了时代的痕迹。

2. 生活在明末清初的社会名流、著名学者

对于这一类史家来说,修史本非其所长,他们在学术研究领域另有专长。他们的主要学术身份或是诗人,或是经学家、子学家,甚至艺术家等,在明朝灭亡之前,他们未曾或甚少在史学领域有所建树。但是,他们学术素养深厚,学术功底扎实,史料积累丰富,为其在史学领域内的耕耘奠定了深厚的基础。明朝灭亡以后,他们大多隐居不仕,除了用心于他们所擅长的学术领域之外,还深受时世的影响,把修史作为人生的目标之一,如顾炎武、王夫之等人。顾炎武是经学名家的大学者,但是在清初的历史大背景下,他也有史书问世,如《圣安本纪》;同时,兼具史书和地理书特点的《天下郡国利病书》和《肇域志》也是为史学界所称道的名篇。王夫之以哲学思想而著称于学术界,但他修纂的《永历实录》在清初私家修史领域也有其独到之处。这一类史家并不以史学而著称,因此其所著史书可能并非其学术代表作,但是由于他们或者是历史事件的当事人,或者曾经为探究历史事件做过大量的考察,因此,其史书不仅能够反映历史的真实,而且具有思想性。

3. 明末抗清将领和殉明志士及其后裔

---

① 谈迁《国榷》"自序"云,其书创始于天启辛酉,即天启元年(1621),书稿被盗在丁亥八月,即顺治四年(1647)。

② 张岱:《石匮藏书》"自序",崇祯戊辰即崇祯元年(1628)。

　　这一部分史家在明朝灭亡之后,将大量的时间投入到反清复明的斗争之中,他们最终死于明清之际的战火,为了明王朝而牺牲生命,其史书创作往往利用战事的余暇进行,如张煌言、夏允彝等人。张煌言利用作战间隙修纂《北征纪略》;夏允彝修《幸存录》于甲申乙酉之际,不久就抗清殉节。另外,明清之际抗清将领和殉明志士的后裔也组成一支私修史书的队伍,夏允彝之子夏完淳继承父亲的遗志修《续幸存录》,钱肃乐的族人钱肃润著《南忠记》,吴应箕之子吴孟坚著《南都记略》,苏观生之子苏国祐著《易箦遗言》,瞿式耜的族人瞿共美著《天南逸史》,杨嗣昌之子杨山松著《孤儿吁天录》等。潘耒记述吴孟坚往来江淮,追寻父辈遗迹,勉力修史:"子班伤其先人之惨死,隐居不出,闻有史事,布衣屝履跋涉三千里,叩国门,求表章前烈。"并予以高度赞扬,"夫祖父有美而不以告,告而不以实,子孙之过也。告且以实而不登于策,史馆之责也,若子班于其子侄则既无愧耳矣。"①明末志士的后裔继承了父辈对明朝的眷恋之心,修纂史书,来表明自己忠于明朝的政治立场。同时,通过史书,他们也衷心而热诚地表彰其父辈在明清之际历史变动时期的高风亮节。

　　遗民是明清易代的产物,更是明清鼎革之际社会生活和文化生活中最具特点的群体,对于这一群体的史家来说,修史的意义已经超出了史学价值和学术价值本身,而升华为一种精神财富,是生命的动力、斗争的武器,甚至是遗民人生的追求与一生的总结。

二、修史动机

　　明王朝的维护者史家群体,其私修史书主要是为了达到经世致用的最终目的。所经之世,为明清之际之乱世;所俾之用,自然为反清复明的大业。

　　1.记载明清之际死节之士的事迹,以儆当世之人,愧苟活之人

　　明清之际为了捍卫明王朝的利益而献身的英雄人物是这一类群史家所尊敬和仰慕的对象。他们自认为,与这些死节之士一样,从事的是相同的事业,只是由于时世所逼,他们自己因为这样或者那样的原因,未能跟随先帝于地下,为明王朝流血牺牲。他们从内心的深处向往这种人生境界,张岱在《义人列传》中这样说:"然余之不死也,以死而为无益,故不死也。以死为无益而不

――――――――――
　　①　潘耒:《与吴子班序》,《遂初堂集》卷九。

死,则是不能死,而窃欲自附于能死之中;能不死,而更欲出于不能死之士。千磨万难,备受熟尝。十五年后之程婴,更难于十五年前之公孙杵臼;至正二十六年之谢枋得,更难于至正十九年之文天祥也。"①夏完淳更悲愤地提出,其生不如死的艰辛:"淳之生也,十有七年,昊天不吊,宇宙祸盈,生之不辰,非我先后。先文忠投渊殉节,使尔无家,湖海飘零,于今三载。风骄霜胝,备人世之艰辛,极君亲之冤酷。穷途歧路,断梗飞蓬。月既如流,天犹共戴。呜呼!淳固知生不如死,死久矣。特以国难家仇,未能图报。忠臣孝子,自当笑人,故饮恨吞声,苟全性命。"②

　　遗民选择生存,背负的压力甚至大于殉节者,因此,在史书中,为明朝死节之士立传,使之传为不朽,并作为现实世界中一种独特的道德教材,不仅成为他们寄托抱负的手段,也是减轻心灵压力的良好形式。故而,黄宗羲所谓的孤臣遗老"心悬落日,血溅鲸波,其魂魄不肯荡为冷风野马者"③,也就成为这类史家衷心表彰的人物,实际上,这些英雄人物的传记占据了史书的大部分篇幅。如高宇泰在《雪交亭正气录》的序言中很明确地指出:"予正取夫可规避,就而不规□,□而不计者,於冥顽城中,孤行一意,百人愚之,能无一人怜之乎!十人怜之,能无一人愧之乎! 得怜且愧者千百于亿万人之中,人心所繇而不泯,故曰一脉张,不可谓绝,一目存,不可谓乱,一夫立志,不可谓土崩,此之谓也。"④存正气,以正人心,明得失,以辨邪正,以明末仁人志士的事迹教育当世之人,是这一类群史家修史的主要用意之一。

　　2. 总结明朝灭亡以及南明政权相继灭亡的历史经验教训

　　如潘耒所言:"凡为史者将以明著一代兴亡治乱之故,垂训方来。"⑤痛定思痛,探究明朝灭亡的原因是许多史家着力的重要内容。比如在查继佐的《罪惟录》中总结了明朝灭亡的原因,查继佐指出,明朝的兴盛与灭亡是相辅相成的,其兴是因其超越前代五事:"崇学;优外戚,不事事;母后无垂帘之听;挂印权归枢部;禁官妓。"其亡也是由于这五事长期因袭不变通,遂形成"外戚

---

① 张岱:《石匮书·义人列传》。
② 夏完淳:《土室余论》,《夏完淳集》卷八。
③ 黄宗羲:《行朝录》"自序",《黄宗羲全集》第二册。
④ 高宇泰:《雪交亭正气录》"自序",转引自谢国桢:《增订晚明史籍考》,第400页。
⑤ 潘耒:《寇事编年》"序",《遂初堂集》卷六。

优逸,坐致困穷,共权过操,专阃不力,则开国时计所以善后,而积之为贫与弱"①的局面。史家们各自从不同的角度出发,对明朝灭亡的总结不尽相同,查继佐主要从明朝朝政的因循守旧角度来总结明朝灭亡的原因,而吴殳则认为:"夫唐之亡也,指大于臂,威令不行;宋之亡也,奸蠹盈廷,横挑强敌,一二正人不得立朝行政;明则不然,贼无尺土之基,不同于藩镇女真,苟非朝廷事事左计以脏之翼之,岂能肆哉!"②他认为,朝廷对于农民军的征剿不力是造成明朝灭亡的主要原因。戴笠的评价又有不同,他"寻索久之,而后知国之致亡,祖功宗德,天时人事均有之,非尽流贼之罪,贼岁凶狡绝人,亦藉成就者之力也"③。其他还有史家表明了相似的诸多看法,在此不一一列举。

3. 叙述史家自身在战乱环境中的惨痛经历,感叹世事

很多史家在明朝灭亡后隐居不仕,修史是他们生活的重要内容。"余年来屏居深山,先世遗书,一散不可复返,日长如年,追忆家庭见闻,辄录片纸投入瓮中;至今春而瓮且满矣,因出己见,稍为次第。"④文秉对修史动机的自我认识,与其他史家不谋而合。而在修史的过程中,对于个人身世的感慨就成为他们共同的动机。比如黄宗羲在《海外恸哭记》的序言中说到清初南明的臣子中有多人作诗,除了以诗名家的学者之外,也有很多是以前不曾写诗的,"愁苦之极,景物相触,信笔成什"。为了说明当时士人的愁苦之状,黄宗羲以杜甫作为比较的对象,杜甫是以感叹时世而著称的诗人,而当时士人对于时世的感叹,"即起杜甫为之,亦未有以相过也。岂天下扰扰多杜甫哉,甫所遇之时,所历之境,未有诸臣万分之一,诸臣即才不及甫,而愁苦过之,适相当也。"⑤清初为明朝守节的士人经历着人生的痛苦,在政治上失去凭借,经济上孤立无援,精神上惨遭打击,他们的人生陷入了进退失据的境地。李逊之的描述更为生动,他长叹:"呜呼! 今日而追溯昌启与崇祯,正如白头宫女谈天宝遗事,又如桃花源中人重话先秦,不知其在龙汉劫前,有不令人长叹而深思者

---

① 查继佐:《罪惟录》帝纪卷一,《帝纪总论》,四部丛刊本。
② 吴殳:《怀陵流寇始终录》"序言",转引自谢国桢:《增订晚明史籍考》,第252页。
③ 戴笠:《怀陵流寇始终录》"自序",转引自谢国桢:《增订晚明史籍考》,第254页。
④ 文秉:《先拨志始》"自序",中国历史资料研究丛书,上海书店1982年版(下同)。
⑤ 黄宗羲:《海外恸哭记》"自序",《黄宗羲全集》第二册。

哉!"①沧海桑田,世事变幻,许多史家对于时世的评论都是在记述个人惨痛经历的基础上进行的。

4. 对野史流传不实非常不满,力求纠正野史的谬误,展示历史的真实状况

"明有天下三百年而史无成书,奋笔编纂凡十数家,浅陋芜杂者固不足道,即号称淹雅,俨有体裁者,徐而按之,亦多疏漏舛错,不得事情,良以列朝实录秘藏天府,是故罕得见,而野史乘淆乱纷糅,凭一说鲜不失真也。"②为此,明王朝的维护者史家群体力求尽个人之力,纠正舛误,以存信史。钱澄之在修《所知录》时已经看到了许多关于南明永历的野史,但是对于其中不确切和不完整的地方,钱澄之觉得自己有责任把自己知道的公之于世,以澄清是非。他在永历朝为官的时候就已经养成了"略有见闻,随即记录"的习惯,再加上"平生好吟,每有感触,辄托诸篇章",所以本来就对永历事迹多有记载,但是,"出岭时频遭兵掠,是编为小儿法祖藏诸败絮中,乃得存归而深匿之,将作井中史矣。儿没十余年,不忍发笥检视,而伪说横行,颠倒悖谬,无处置嘴,付之长叹而已。近见野史中亦见有传信者,然皆得诸风闻,其中成败是非,本末曲折未经亲见,故不能深悉也。"③把纠正野史之非视为自己的责任,钱澄之以此为动力把自己的所见所闻以史书的形式公之于众。吴炎与潘柽章相约修《明史记》也是鉴于对野史的义愤:"尤可恨者,东南鲰生辈,以传奇小说之伎俩,自诩董狐,或窃得故人枕秘,从而敷衍。成其立言之旨,不过为目前一二有力之人雪谤地,不惮丑诋故君,移易日月以迁就之,纵能昧心,独不畏鬼瞰乎?"④以信史证野史之谬误,并为后人留存真实之历史,为明王朝的维护者史家修史之重要目的。

5. 存留有明一代历史,以免其湮没不传

"国可灭,史不可灭"⑤,"国史既亡,则野史即国史也"⑥。在政治理想破

---

① 李逊之:《三朝野记》"自序",中国历史资料研究丛书,上海书店1982年版(下同)。
② 潘耒:《国史考异序》,《遂初堂集》卷六。
③ 钱澄之:《所知录》凡例。
④ 吴炎:《今乐府序》,转引自谢国桢:《增订晚明史籍考》,第65页。
⑤ 瞿共美:《东明闻见录》"自序",留云居士辑:《明季稗史初编》。
⑥ 黄宗羲:《弘光实录钞》"自序",《黄宗羲全集》第二册。

灭之后,明王朝的维护者史家群体把为明朝修史当成最后的人生目标。他们花费大量的金钱、时间与精力搜集史料,据夏燮记载:"况自六等定案,西曹之献墨未干,东林之史笔成家,凡科参厂疏片纸只字之留,被明季诸遗老掇拾殆尽。"①明朝虽然灭亡了,但是明朝的历史不能就此沉寂。《东林列传》的作者陈鼎"惧史之失传也,乃囊笔奔走海内,舟车所遇,足迹皆至,计二十余年,兼访死难死事忠臣义士,得四千六百余人,节妇列女在外,择其事实。作忠烈传六十余卷"。②吴邦策在甲申国变的当日,"目击心恻,恐变生仓促,若使一时铁笔无传,必致千秋信史失实,苦心搜访,并吏部告示、名字私记,藏之发中。"③姚宗典在《存是录》的"自序"中说:"存是录者,存其是而其非即附著焉。若国家大事之是非不明于天下,何以为殷鉴哉!况国既亡矣,万历以后,文献不足征矣,百世而下,讲究失实,宗典有隐痛焉。"④国史未就,史家们把对于明王朝的忠诚寄托在史书的修纂上,以史书抒发在政治上的抱负,以史书发泄对于现实世界的不满。

6. 以修史作为保存反清复明斗争火种的重要手段

清军入关以后,明王朝在实质上已经解体,虽然南方的残明势力举起反清复明的大旗,一些遗老亲身参与其中,但很快就在残酷的现实面前陷于绝望的境地,南明统治者的腐朽以及军阀势力的钩心斗角都使得斗争的前途走向光明的反面。对于这些,史家们早就有所觉察,他们担心反清复明大业就此沉寂,希望通过采集百姓呼声,唤起世人对于明王朝的眷顾之情,并力图以志士仁人的斗争精神唤起后世继续斗争的热情和勇气。如查继佐的《东山国语》一书就是这一用意:"今之国语,有采风之志,志至而神从之,神从之而精归之。"⑤史家们希望通过修史这一手段,激励后世:"正是在这种意义上,治史被作为准政治行为,私家史述成其为对抗官方政治的一种隐蔽的形式。"⑥李世熊在《狗马史记》中说:"昔之误天下者,多以威权震主,神奸鬻国;今亦患得

①　夏燮:《启祯两朝剥复录》"序",转引自谢国桢:《增订晚明史籍考》,第117页。
②　陈鼎:《东林列传》"自序",转引自谢国桢:《增订晚明史籍考》,第203页。
③　吴邦策:《国变录》"自序",转引自谢国桢:《增订晚明史籍考》,第351页。
④　姚宗典:《存是录》"自序",转引自谢国桢:《增订晚明史籍考》,第188页。
⑤　查继佐:《东山国语》"自序",嘉业堂丛书本。
⑥　赵园:《明清之际士大夫研究》,北京大学出版社1999年版(下同),第438页。

失,贪生怖死之鄙夫耳,遂使温饱而破河山,坛社而陪璧,亦可哀哉。故整顿斯世者,必非斯世之人,洗沐旧污者,断非旧污之士,传畸人,思不世之才也。"①通过史书,史家们把反清复明的希望寄托在了后人的身上。

三、史书特征

与修史动机相对应,明王朝的维护者史家群体,其修史内容以明朝和明以后相继而起的南明政权为主体:有的完整记述有明一代历史,如《国榷》、《罪惟录》、《石匮书》等;有的以多种史书体裁记述南明政权历史,如《弘光实录钞》、《南渡录》、《永历实录》等;有的记述明末党社情况,如《复社纪略》、《东林本末》、《东林列传》等;有的记述明末农民起义,如《怀陵流寇始终录》、《荒书》等;有的记述明清鼎革之际的历史,如《甲申传信录》、《国变录》、《甲申核真略》等;另外还有记载抗清义师活动的史书,记载清初文字狱的史书以及专门记述抗清志士的传记类史书;等等。其史书内容多以当代史为主,即便是对于历代史书的重修、增订,也往往别有怀抱,借古讽今。在史书记述的内容方面,明王朝的维护者史家群体主要有以下几个特点:

1. 记录主体的倾向性

与另外两个群体的史家相比,明王朝的维护者史家群体所修史书内容上的"倾向性"包括两方面的含义:其一指的是史书在内容上所倾向的主体,明王朝的维护者史家群体在史书创作中把明王朝以及那些有益于明王朝的人物作为史书的主要描述对象,其判断的标准是以是否有利于明朝利益为前提的;其二指的是史书在思想上所表扬的主体,这类史家所衷心表彰的人物群体也以是否有利于明朝的国家利益为标准。

在笔者调查的138位维护明朝利益的史家中,绝大部分把明朝以及后来的南明政权的历史作为修史的内容,并且,明朝以及南明政权是以主角的形象出现的,不仅在《罪惟录》、《国榷》、《石匮藏书》等记述有明一代历史的史书中如此,即便是在记述甲申乙酉之际历史的史书中,如《甲申核真略》、《甲乙事案》等也是如此。甚至,一些史家把南明政权作为明王朝的正统加以记述,光明正大地为南明修史。如王夫之的《永历实录》,借用实录之名,说明此部

① 李世熊:《狗马史记》"自序",转引自谢国桢:《增订晚明史籍考》,第471页。

史书是专门为永历政权所写的史书,但是在史书的修纂上王夫之却采用了纪传体的史书体裁,以本纪和列传作为修史的体例,明确表明了奉永历为正朔的思想。在史书的具体内容中,王夫之在书中以"常"作"尝",以"由"作"繇",以"检"作"剪",对于光宗以下明朝皇帝的庙号都加以避讳,其不忘故国之心由此可知。李清的做法稍显隐讳,但与王夫之相比,则有异曲同工之效。他潜心史学,曾经删宋、齐、梁、陈及魏、北齐、周、隋八书合《南北史》而夹注其下,成《南北史合注》;又合陆游、马令两《南唐书》为《南唐书合订》,以隐晦的方式表明其意在南而不在北。查继佐之《鲁春秋》明确声称:"嗟乎!《鲁春秋》岂鲁之春秋已哉! 孟子曰:'春秋者天子之事也。'"①鲁监国,在查继佐眼中方为天子。

自然,忠于明朝皇帝,不遗余力地赞扬崇祯以及南明的几个君主成为史家们的共识。比如文秉在专门记录崇祯事迹的编年体史书《烈皇小识》中高度赞扬崇祯,"烈皇昔繇藩邸入继大统,毒雾迷空,荆棘满地,以子身出入于刀锋剑芒之中,不动声色,巨奸立扫,真所谓聪明睿智,神武不杀者耶! 仪监于殷,尽撤诸内奄,政事俱归于外庭,诚千载一时也",故为免其事迹湮没无存,文秉于十七年中,"备集烈皇行事,以志尧舜吾君之恩,又以志有君无臣之叹,集成巨帙数十册,可备一朝史料"②。王世德对崇祯皇帝的怜悯和表彰更加不遗余力,其叹息崇祯以君主之贵而惨然死国:"呜呼! 先皇以仁俭英敏之主,遭家不造,忧勤十七载,卒以亡,呜呼!"对崇祯治国理政赞不绝口:"且夫魏珰柄国,威势振天下,上即位春秋方十七,乃不动声色剪除之,其才固非中主所可及;而畏天灾,遵祖训,勤经筵,崇节俭,察吏治,求民瘼,种种盛德,又朝野习闻共睹。"③查继佐《鲁春秋》则极力赞扬鲁监国:"鲁开国王权,文弱早世,六传颐垣,尝药祷代丧如礼,捐田湖,业贫民,有诏褒可,似习闻诗礼之训者,今监国王父也。监国立四日而奔,奉后服之遗教,采药天台。昔鲁哀借越,适以滋祸,而在监国,则因越而克延其祚,时有独切。御史窃取之义大彰,而吾道以南,名节炳烁,伙不可数,为古有道之朝。"因此,"使非鲁,非鲁之义兴,与其共事,则

---

① 查继佐:《鲁春秋》"自序"。
② 文秉:《烈皇小识》"自序"。
③ 王世德:《崇祯遗录》"自序"。

诸抱忠守荩无算,而或以无所感激,遂至于时去势移,渐忍其效节而等于齐民者岂少哉。是故存唐者鲁也,与延平共事而姓犹存;存桂则鲁也,有阁部煌言之底节而历犹存。"①

在歌颂明清之际殉明志士方面,明王朝的维护者史家群体更是达成共识,忠义、节烈之士是其重点表彰的对象。屈大均《皇明四朝成仁录》汇集明崇祯、弘光、隆武、永历四朝死事诸臣事迹。张岱《古今义烈传》,"其书虽不尽记明季史事,而实为明季义烈激发而作。"②徐开任《明名臣言行录》收录原则为:"大略不出于事功、节义二者,其间事功有大小,节义有勇怯,亦视其本领之阔狭,有尽有不尽耳,要不可谓无与于此者,以是求之,顾未尝不严也。"③

因明王朝的维护者史家群体人数众多,且主体倾向性强,多怀恋故国,以记述明末史事以表彰君主及忠义之士,故造成清初史书内容多以当代史为主的局面。一方面,当代人记录当代史,有利于保存史料,促进了史学的进步;另一方面,当代史的蓬勃发展在一定程度上限制和束缚了古史研究的成就,明史之外其他朝代的史书编撰方面,史家既少,史书亦不多见。

2. 史书内容的相对真实性

明王朝的维护者史家群体强调真实的历史,注重爬梳历史资料,访求历史事件当事人,以求真实再现历史。首先,严肃认真的修史态度确保了史书内容的真实。著名史家张岱,认为史家一旦走入仕途,难免多所顾忌,不能保证完全客观严肃的立场,而他本人,则"兴余不入仕版,既鲜恩仇,不顾世情,复无忌讳,事必求真,语必务确,五易其稿,九正其讹,稍有未核,宁阙勿书"④。《石匮书》成书后,张岱并不就此满足,而是请教于其他知名学者,不断加以校正,其中有名的是其好友周戬伯,周审慎认真的态度为张岱赞叹不已:"吾兄朴茂,长厚人也,言事讷讷,不易出诸口。而为弟较正《石匮书》,则善善恶恶,毫忽不爽,欲少曲一笔,断头不为,则兄又刚毅崛强人也。细观诸传,则吾兄笔削之妙,增一字如点龙睛,删一字如除棘刺。张乖崖以萧楚材为一字之师,弟受

---

① 　查继佐:《鲁春秋》"自序"。
② 　谢国桢:《增订晚明史籍考》,第725页。
③ 　黄宗羲:《明名臣言行录》"序",转引自谢国桢:《增订晚明史籍考》,第725页。
④ 　张岱:《石匮藏书》"自序"。

兄千字万字之赐,则弟当百世师之,又不止一世之师矣。"①谈迁为保证客观公正也是殚精竭虑,他说:"横木水上曰权,汉武帝权商税,今以权史,义无所短长也。事辞道法,句权而字衡之,大抵宁洁勿靡,宁塞勿猥,宁裁勿赘。"②

为了确保史书内容的真实,明王朝的维护者史家群体提出"秉心贵虚"、"执简贵实"的口号。明代学者陈继儒提出"文人之才在善用虚,史官之才在善用实",但清初史家叶鋆则认为不然,他认为史官亦文人也,"史官之才在善用实,未尝不于处处讨论,以辨真伪所由来。大抵秉心贵虚,不虚恐流于偏党;执简贵实,不实恐乱其是非,故文人与史官皆宜崇实。实者诚也,直也,惟诚惟直,则天地且孚焉,岂止后世人心信之哉!"③

要想保证史书的真实性,就必须在史料上下工夫。遗民叶鋆详细分析史书产生错讹的原因,并表明自己在选择史料时的严肃立场,他认为:

盖实录所以存古今之信史,然史亦有掩其实者。史官或尚微辞,或避忌讳,或见闻互异,或好恶失平,当时不校正而传焉,误矣;后世不之疑而群然服焉,不再误乎? 况野史非而疑毁,间有厄言余录,未免轻听而多舛;若家乘铭状是而疑誉,岂无缀谀枯骨,喜谒金辞者博采而不裁之,则修史之多过,率緐于此。余静思考证,端颖直书,凡君臣之作述,国家之兴废,贤奸之进退,敌寇之始末,兵食之源流,三途用人之选擢,门户祭典之报复,以及山川鬼神、天道灾祥之徵应,事事昭灼,若眉列然,失之略者有之,失之诬者余其免矣。④

李逊之在《三朝野记》的"自序"中,也谈到了对于史料甄别上应该采取仔细认真的态度:"予不敢僭为全书,但就邸报传钞与耳目睹记及诸家文集所载,摘其切要,据事直书。间或旁托稗官,杂缀小品,要于勿偏勿徇,勿伪勿讹,若夫传疑未确者,宁阙而不录,庶几窃附识小议,存一代之轶事乎。"⑤阮旻锡认为:"顾记事之书,难得其实,生同时,居同地,身同事,目之所见,自不失实;若耳之所闻,则或不生差误,况以疏逖之人,身在事外,耳目有限,文檄无徵,而欲取信于天下后世难矣。"为此,他对史料"曰见则目所亲睹,曰闻则就其人目

---

① 张岱:《与周戬伯》,《琅嬛文集》。
② 谈迁:《国榷》义例,张宗祥校点。
③ 叶鋆:《明纪编遗》"自序",转引自谢国桢:《增订晚明史籍考》,第56页。
④ 同上。
⑤ 李逊之:《三朝野记》"自序"。

所亲睹者而闻之,或得诸退将宿卒,或得诸故老遗民,俱确然有据"①,又广泛搜求同类史书,互校订正,重加刊定。对于史料详细甄别,对于历史事迹亲自进行调查研究,再加上很多史家亲身经历了历史事件的发生过程,因此,明王朝的维护者史家群体所修纂的史书多能够保存历史的真实状况。况且,他们在明朝灭亡之后多采取了与清朝不合作的态度,史书内容基本不会为新朝的掣肘所动,这也是他们的史书真实性较强的原因之一。

但是,必须说明,明王朝的维护者史家群体所修史书的真实性是相对而言的,对于历史人物以及历史事件的强烈倾向性导致他们的史书不能完全公正真实地再现历史事实,完全的客观与公正更不可能彻底实现。由于明王朝的维护者史家群体在政治上有极其鲜明的立场,他们所修的史书不可避免地受到政治立场的影响。故而,在史书中他们极力赞扬在政治上支持的人物,而对于他们本人在政治上不支持的派别和人物,在史书中则给予攻击和批评。比如著名的史家王夫之,他修《永历实录》,"是书卷一为本纪,卷二以下为列传,于桂王一朝人物事迹,胪列颇备,其死节、佞倖、宦者等传,尤他书所未详,足补史乘之阙。惟其进退予夺,则与旧说有大相径庭者。姑以内阁诸臣言之,其所推重者,瞿式耜外,惟严起恒,故以二人同传。若何腾蛟即屡著微词,吴炳、朱天麟、吴贞毓、郭之奇辈,有诋諆不遗余力。"②顾诚先生就曾经这样评价:"永历政权内部党争非常激烈,王夫之是追随楚党的。与他气味相投的人,他就尽量往好的方向写,甚至打了败仗说成是打了胜仗;与他的派系有矛盾的,不要说农民军,就是南明朝廷的大臣、将领,他就竭力挖苦、谩骂,甚至不惜歪曲事实。"③可以说,倾向性使得明王朝的维护者史家群体的史书具有鲜明的特色,但同时也危及到他们所修史书的真实性。

3. 史书体裁的灵活运用

明王朝的维护者史家群体对于修史的旧规多有改革,灵活性很强。

首先,在史书的名称方面,明王朝的维护者史家群体已经不满足于因循已

---

① 阮旻锡:《海上见闻录》"自序"。
② 傅以礼:《华延年室题跋》,转引自谢国桢:《增订晚明史籍考》,第527页。
③ 张越:《顾诚教授访问记》,《史学史研究》1995年第2期。顾诚先生举何吾驺和郭之奇为例。对这样两个值得肯定的人物王夫之却因党争而意气用事,在史书中予以谩骂和指责,可见,这类史家在评论历史人物和历史事件的时候,往往会先入为主,具有强烈的倾向性。

有的成例。刘知几曾经总结过史书名称的规律:"上古之书有三坟、五典、八索、九丘,其次有春秋、尚书、梼杌、志乘。自汉以下,其流渐繁,大抵史名多以书、记、纪、略为主。后生祖述,各从所好,沿革相因循环递习。盖区域有限,莫逾于此焉。"①历来史家修史基本上沿袭这一规律,往往通过史书的名称体现史书的内容甚至体例。但是,明王朝的维护者史家群体所修史书,在书名上灵活大胆,如果单纯根据史书的名称有时往往不能看出其真实的体例和内容。比如王夫之的《永历实录》,名为实录,但有名而无实,并非传统意义上的编年记事的实录体,实际上是记述南明永历政权历史的纪传体史书;再如张岱的《石匮书》,根据书名,无法判断就是有关明代的纪传体史书。这样的一类史书在书名上还保留了一些史书命名的规律,如"实录"和"书"、"史记"等字样,表明该书的性质为史书。而另外一些史书则完全摆脱了书名的限制,单纯根据书名,甚至不能判断其为史书。如谈迁的《国榷》、查继佐的《罪惟录》、文秉的《先拨志始》、《烈皇小识》等。明王朝的维护者史家群体对于史书书名的命名体现了他们的思想和要求,因此往往不囿于旧规,具有很强的灵活性。

其次,在史书体例方面,明王朝的维护者史家群体纂修史书勇于冲破正史所界定的史学规范。比如夏燮总结吴应箕修史的凡例时认为,吴本人对于史书体例有独特的认识,他说:"正史自有体例,不妨略其所可略,而是编专记本事,固宜详其所必详。"②又如李世熊认为,修史之法不是一成不变的,而应是常变常新的。他说:"史之有例也,自释春秋者始也,是将为例乎? 曰:何为其无也? 人形有志,哲谋有传,名士畸人有传,排难报怨有传,前乎史者未闻也,是亦例乎? 曰:变也。世变则例变,以义起也,以悲起也,以耻起也。"③李世熊认为,明末清初的历史情况与历朝历代都有所不同,所谓的"义"、"悲"、"耻"和"天"是清初的时代特点,应根据这些时代特点对史书的体例加以变更。因此,李世熊的史书中出现了弄臣、直报、排难、畸人等列传,虽不见于古代的史书,但却体现了时代的特点。明王朝的维护者史家群体不拘守成规,大胆革新,为史书体例的成熟和完善作出了贡献。

---

① 刘知几:《史通》卷四,《题目第十一》。
② 转引自谢国桢:《增订晚明史籍考》,第109页。
③ 李世熊:《狗马史记》"自序下篇",转引自谢国桢:《增订晚明史籍考》。

第二节　清王朝的支持者史家群体

　　根据笔者统计，清王朝的支持者史家群体约计 65 人，以江苏分布最多，约计 21 人，浙江次之，约计 20 人，其余分别分布在山东、河北、上海、福建、湖北、四川、陕西、广东、北京、辽宁等地。在清初的三大史家群体中，清王朝的支持者史家群体数量居中，次于明王朝的维护者史家群体而多于在新旧政权之间动摇的史家群体。于政治，他们在清军入关之后选择了新王朝，并且坚持这一立场。由于身居统治阶层，他们获得官方信息的途径多一些，搜集和获得史料的机会相对增多，且政治身份优越，经济环境优裕，因此修史的环境显得宽松，而他们在政治上的地位则便于所修史书的刊刻和流传。

一、构成情况

　　构成这类史家的主要是清朝的官员和学者，他们的共同特点是对新兴的清王朝采取了默认或者是合作的态度，入清以后的思想及行为基本上不与清王朝的利益相抵触。

　　1. 清朝官员

　　这部分史家主要是投降清廷的明朝官员，和通过科举和博学鸿儒特科等形式在清代走上仕途的学者。这一群体的士人在政治上投靠清朝统治者之后，其大部分精力集中于政治上的经营和管理，但是在业余时间，或者条件允许的情况下，他们也利用修史的形式，发表自己对时事的看法。凭借官员的身份，他们得以接触和收集大量的历史资料，为开展修纂史书的活动打开方便之门。傅维鳞于顺治三年（1646）任弘文院编修，以此为契机修成《明书》。通过康熙十八年（1679）博学鸿儒特科走上仕途的学者都被选入《明史》馆，任编修，他们中相当一部分人从此开始了修史工作，如周齐曾、施闰章等人。徐秉义修史与他本人曾经任《明史》总裁不无关系，他收集资料以及修史的过程与仕途联系密切。一些清朝官员虽然不是史官，但他们的官员身份也为收集史料以及修史提供了便利条件，如谷应泰修《明史纪事本末》，曹溶修《崇祯五十宰相传》等。当然也有一些官员型史家本人素以修史为业，平时就注意收集史料，为修史打基础，如史家戴名世，"生平尤留意先朝文献，二十年来，蒐求遗编,讨论掌故,胸中觉有百卷书,怪怪奇奇,滔滔汩汩,欲触喉而出。"①

　　2. 清朝学者

　　这部分史家包括生于清朝,与生俱来就采取了与清朝合作态度的士人,也包括生于明朝,但是鼎革的历史变动未曾对他们的生活和思想造成巨大影响,入清以后自然而然地采取与清朝合作态度的士人,他们主要活动在民间,明清易代对其思想上的影响不是十分明显。这类史家接触史料的机会不是很多,之所以从事史书的修纂往往与他们个人的身世有关。如郑廉,亲身经历了农民军攻陷河南这一段历史,所谓"予宋人也,知宋事,知之,故纪之"②,他认为:"当崇祯十余年间,饥馑流离,矛戟纵横,盗贼之或往或来,诛讨之或胜或负,将相之或亡或叛,城邑之或破或存,以及忠臣孝子之死亡,烈女畸人之行事,常留天地,炳若日星,是诚当世得失之林也。其或隐见浮沉,而诸稗史之所不及收者,皆不可不纪。"③又说:"阏逢之岁,柳下生读书东里,患夫野史所记豫变之诬也,缀辑闻见,为《豫变纪略》,以信其传。"④郑廉本人久居乡间,入清后曾经参加十三次科举考试而不第,由于他所记述的历史是亲身经历,目击事变发生,故能翔实而可靠。又南沙三余氏,由于身在东南沿海一带,对于南明唐桂诸王的事迹以及郑成功起兵等历史事件非常熟悉,所以能采集逸事,修纂史书。

　　二、修史动机

　　如果说明王朝的维护者史家群体修史主要是受到易代的刺激,难舍故国乔木之情,故发之于文,表现在史书的撰写过程中,以表彰忠烈,记述史事等形式来抒发对明王朝的怀旧与依恋;那么,清王朝的支持者史家群体在修史动机方面则立足于本人所掌握的史事,以服务于新王朝、留存史事为修史之主要目的。

　　1. 歌颂圣朝的功德,诉说明朝政权的腐朽,为当代统治者提供政治上的借鉴

　　史书自古以来就有鉴往事、知来者,说兴亡、论得失的功用。对于清王朝的支持者来说,他们修史的主要用意也正在于此。一方面,揭露明朝以及南明

---

① 戴名世:《与刘大山书》,《戴名世集》卷一。
② 郑廉:《豫变纪略》"自序"。
③ 郑廉:《豫变纪略》"自序一"。
④ 郑廉:《豫变纪略》"自序二"。

政权的腐朽,以此反衬清王朝入主中原顺天命应人心,与其政治见解相呼应,并可以得到当朝统治者的欢心;另一方面,修史也可以浇个人之块垒,作为本人拥护新王朝之举的最好证明。为此,清王朝的支持者史家群体所修史书都以清朝为正朔,比如南沙三余氏的《五藩实录》,杨陆荣的《三藩纪事本末》等。比较而言,对明朝,他们的态度明显缺乏如遗民一般的崇敬,甚至在史书中对明朝败政大肆批评指责。三余氏在批判崇祯帝时言辞非常轻蔑:"怀宗鉴前事之失,力翦元凶,痛惩凤谬。庶几宵旰勤劳者矣。然无知人之哲,矜明察而愈惑,无持久之力,好更张而益乱;惩前弊矣,乃缉事廷杖,阴踵前弊而行;通下情矣,而裁肆加派,孰非矫情而出;府臣民之怨,养勋镇之痈,内忧外患,天变人穷,政府寄寓耳,国势人情,至于尔日,真衣败絮行荆棘也。"所以,最终崇祯只能招致世人的嘲笑,"以祖宗栉风沐雨之天下,轻轻断送于一人之手,红阁之缢,譬彼婵妾贱人,感慨而自杀,非能勇也,其画无俚之至耳,究何足以谢天下哉!"对于明末君臣的殉节,三余氏也嘲讽说:"然有是君乃有是臣,而曰'朕非亡国之主',天下万世其谁信之!"而南明政权的几个皇帝更是昏庸之主,"江南实奴隶之质,闽中亦轻薄之子,肇庆则拨乱无能,广州乃自生内鲠",兵败而亡自然在所难免。

有对明朝君臣的嘲弄,就有对清朝的赞颂,三余氏称颂清朝入关之举是天下之幸。"幸皇清入关,伸义讨贼,通城西充,相继授首,渐次荡平,始获宁宇。"故其纂修史书,"以明天心仁爱,独归有德,使人知所由以休养生息者,幸际升平之日也。"[①]杨陆荣在《三藩纪事本末》中明确表示"是编悉遵本朝(指清朝)正朔,各藩所僭位号不以统年"[②],他赞颂清朝代替明朝是"真人出而大难平,乾坤之位定矣",并认为南明政权属于不义之师,认为明朝以全盛之天下授予盗贼是天命的缘故,"而今(南明诸政权)以破残之疆土衡抗天朝,岂违乎仁悖乎义云尔哉,抑亦不智甚矣"[③]。

2. 提供历史资料,为清朝政府官修史书所用

一些史家入清后,对清朝的抵触态度渐趋消失,作为文人学者,他们对历

---

① 南沙三余氏:《五藩实录》"自序",转引自谢国桢:《增订晚明史籍考》,第456页。
② 杨陆荣:《三藩纪事本末》"凡例"。
③ 杨陆荣:《三藩纪事本末》"叙"。

史的责任感油然而生,希望把自己所知道的历史记录下来,以备新的统治者为旧朝修史所用。费密早在康熙十八年(1679)下诏修史之前,就已经预料到了政府官修史书时必然会对民间的野史著作有需求,于是根据自己的亲身经历写成《荒书》,他认为:"一旦诏修《明史》,庙堂燕许诸名卿,苟刺取当年蜀山遗事,则是编或亦有所不废也欤?"同时,他承认:"别书所载,或有异同,盖知者不能言,能言者未能悉,此历代野史稗官足备正史取材,而密《荒书》所由作也。"①果然,到了康熙十八年,康熙皇帝下旨修史,在全国范围内征书,费密将他的《荒书》旧稿进行编排校订,送交史馆。费密对于官府修史知之不多,而傅维鳞则是在对官修史书的动向深为了解的情况下修史,他的修史以备官修史书所用的心理表现得更加明显。傅维鳞在顺治三年(1646)考中进士后,进入弘文院,任编修,本身充当的就是史职。当时清朝已经有了修《明史》的打算,傅维鳞身任史官,当然把修史作为自己义不容辞的责任和义务,于是,"出其余暇,搜求明代遗书,参互实录,考订同异,纂成《明书》。"②后来,清朝官修《明史》的时候,果然也把傅维鳞的《明书》征入史馆,视为重要的参考依据。

3. 保存历史的真实情况,以辨野史传闻之误

同明王朝的维护者史家群体一样,清王朝的支持者史家群体也大多经历了明末清初的巨大变迁,亲眼目睹很多历史事件的发生,为此,他们拿起史笔,记录史事,以辨正野史流传之谬误。《明季遂志录》的作者郑亦邹居住在闽中,但据他所见记载当地史事之书,谬误较多,"盖自明亡至今,垂六十载,人往风微,虽以笃道君子,留意人才,不能无误。然则周游考订,正为补亡,合在于此。"③费密年少时曾经在四川居住,适逢张献忠率领的农民军入川,对于当时的史事皆所亲见:"密少遭化离,窜身西域,遁迹蛮荒,浮家东海,晚归桑梓,江山如故而人民全非。二十年来之锦绣封圻,忠臣名将,骈首空城,东西川之义夫贞女,膏脑涂地,青磷白骨,地惨天荒,就愚见采而记之。下笔不忍,不下笔尤不忍也。"④记录亲身经历的历史,以使真假是非自见,是史家修史的重要原因。

---

① 费密:《荒书》"卷首自序"。
② 谢国桢:《增订晚明史籍考》,第17页。
③ 郑亦邹:《明季遂志录》"自序",转引自谢国桢:《增订晚明史籍考》,第473页。
④ 费密:《荒书》"自序",版本如前。

4. 记录官修史书中缺略的历史

作为清王朝的支持者，他们中的一部分人参加了官修史局，甚至亲身参与了官修史书的修纂。但是，鉴于官修史书在很多方面有局限性，对一些历史材料不能全面载录，故能利用接触大量史料的机会，以私家修史的形式加工史料，以补充官修史书中所缺略的历史。如徐秉义，曾在康熙三十八年（1699）、三十九年（1700）总裁明史，其间接触到了很多有关明史的史料，但相当一部分史料没能为官修《明史》所用，故以私人之力，纂成《明末忠烈纪实》。他明确指出："方今奉旨纂修明史，前朝人物幽光，不患其不显矣。然观宋元之史，其人当两代之交，多遗其后事不书，故龚开、陆、文之传，为宋史所不传，而《庚申外史》，亦多《元史》所不载。以古况今，想亦当然。此特详其末后，盖所以补史之阙文也。宋末节义亦盛，正史所不载者，虽见于诸老先生文集，及《谷音》《填海录》之类，残编断烂；使当时有一成书，亦何至碧血无藏也！兹盖以此为鉴。"①万言因徐元文所荐，入馆修史，"在史馆，性耿直，不肯徇所干，独成《崇祯长编》"②。万言之长编，史料多未采于《明史》，可惜史书播迁，未传完本，朱希祖为之作跋，赞叹并遗憾不已："睹兹残本，已觉广博逾恒，其全书若在，宁不视为国宝，而不刊布以传之宇内耶！"③以私修史书之长补充官修《明史》之不足，为清王朝的支持者史家群体于清初史学的特殊贡献。

5. 说明史家个人对史事的观点看法

明清之际是一个变乱纷纭的历史时期，对于这一段历史究竟应该如何评价，史家们有各自不同的观点和看法，利用修史这一途径来阐明自己对于历史的看法也成为清王朝的支持者史家群体修史的原因所在。自称江上外史的笪重光，提出："甲乙史何为而作也？曰甲乙者，明宗社存亡之一大机关也。是故明非亡乎甲申而实亡乎乙酉，使明之福王励精图治，发愤为雄，亲君子，远小人，时事尤大可为也。奈何任马阮之奸，有史可法而不能专任，有黄得功而置之非其地，则刘良佐、刘泽清皆贼智复萌，高杰勇而无谋，左良玉狂而跋扈，以致土崩瓦解，卒不免芜湖被执，为天下笑。后此者即有唐、桂诸君，险阻无可

---

①　徐秉义：《明末忠烈纪实》"凡例"。

②　董沛：《万言传》，《鄞县志》人物传卷十七。

③　朱希祖：《旧抄本崇祯长编残本跋》，《明季史料题跋》，中华书局1961年版（下同），第24页。

据,兵甲不足凭,奔走流离,不复成为国。是故论明事者,甲乙以后,亦不必论,无足筹矣。元之亡也,有庚申外史,福王求为庚申君而不得,嗟乎,虽曰天运,岂非人事哉!"①可见,笪重光修史主要是为了本人对明朝灭亡的看法,他认为明实亡于乙酉而非甲申,而南明政治腐败最终导致明王朝没能够东山再起。

6. 根据个人的兴趣和爱好修史

清王朝的支持者史家群体,其修史的范围不仅仅局限于明朝历史以及明清之际的历史,他们修史取材广泛,对于古史以及历朝的史书均有涉及,而他们修史往往是从个人的兴趣和爱好出发的。比如马骕,他本人对三代的历史有浓厚兴趣,人称"马三代"。在为官余暇之时,手不释卷,以研究历史作为主要的精神寄托和生活内容,在中国古代史的研究领域成就斐然。马骕修成《左传事纬》和《绎史》,都是记录三代历史的史书。戴名世修史,与他在史学方面的志趣密切相关,自称"余夙昔之志,于明史有深痛焉,辄好问当世事……"②并于文章中反复多次重申:"余于世事多所感愤,尝欲买岩石一穴,举手谢时人以去,躬耕读书而老焉。平生欲重订《四书五经大全》,入山著书,首当从事于此。又自朱子没后,群史繁秒,意中时时欲勒成一书,以继《纲目》之后。而有明一代之史,世无能命笔者,更经一再传,则终沦散放失,莫可稽考。当仿太史公书,网罗论次,既成,则以藏之名山,传之其人。平生之志,如此而已。"③另外,李学孔修成《皇王史订》④,焦袁熹修成《此木轩纪年略》⑤,也与史家个人的兴趣与爱好相关。

三、史书特征

清王朝的支持者史家群体修私史,顾虑很多,惟恐触犯时忌,危及自身,又

---

① 笪重光:《江上外史》"自序",转引自谢国桢:《增订晚明史籍考》,第369页。
② 戴名世:《与余生书》,《戴名世集》卷一。
③ 戴名世:《赠刘言洁序》,《戴名世集》卷五。
④ 据《四库全书总目》史部纪事本末类:"《皇王史订》四卷,国朝李学孔撰。学孔字瞻黄,渭州人。顺治中尝官大宁卫断事。是编以刘恕《外纪》义类未确,端绪难明,因订正其文。上自盘古氏,下迄周幽王。东迁而后,《春秋》既作,则不复录焉。大抵掇拾罗泌《路史》之说,加以臆断耳。"(《四库全书总目》卷四十九)
⑤ 据《四库全书总目》载:"《此木轩纪年略》五卷,国朝焦袁熹撰。……康熙甲午,故户部尚书王鸿绪纂辑《明史》,袁熹预其事。开局月余,以持论龃龉辞去,乃自以其意著此书。纪事起于帝尧,编年则始于春秋。撮其治乱兴亡之大端,而各系以论,亦颇考证其异同。"

出于政治立场，自我辩护，并极力维护新兴统治阶层利益，借修史以为政治教化。

1. 史事忌讳多

作为清朝官员，修史时有很多顾忌。比较而言，古史好修，因其与本朝关涉较少，可以稍少忌讳。但所修史书一旦涉及前朝或者本朝，就难免多有忌讳。比如傅维鳞修《明书》，托词崇祯帝无实录，关于崇祯事迹竟只写其继位前和甲申3月19日北京城被攻破时的史事，其他一字不提，并在赞语中解释自己的做法："帝恭俭聪明，凡礼乐刑政皆其出，至于防边固圉，无比竭尽心力。第人经积玩不能仰体帝心，以至血刃缪天下禄永，终非帝之罪也。烈烈而死，从来亡国未有如帝者，其堪与北帝玉埒，英气矣。诸凡行事皆但所耳，而目之不敢臆断。缘章奏散失，故籍不存，遂不能成纪云。"①对于傅维鳞这种做法，谢国桢这样评价："按维鳞在清代初年，即中巍科，甲乙之际，则事多忌讳，故略而不详，其心计颇工。当康乾之时，严野史之禁，而是书乃能征入史馆，并收入四库存目者，盖以此也。"②傅维鳞修史，原则上与清朝相抵触的地方就略而不修。

另一位史家杜登春，采取的是支吾其词、含混过关的办法。杜登春的父亲，是几社的领袖，他从小生长在社中，对于几社、复社的情形焉会不知？但他在史书《社事始末》中，偏偏对有些事情含糊其辞，比如对复社创始人孙淳的事迹不加记载，对于社中诸子干涉政事，周之夔、陆文声倾覆社局之事也语焉不详，"使无杨秋室为孙吴补传，陆道威之作《复社记略》，则复社之真相，将无以白于后世矣"③。杜登春之书成于康熙三十一年（1692），正当禁社之时，对触犯时讳的某些历史事件，杜登春是有意避讳的。同样，费密于《荒书》删掉了南明诸王的年号，在述及清朝一方时抬头以示恭敬，甚至对大西军和南明政权的关系也讳莫如深。

2. 自我辩护多

清初史家都难免与覆亡了的明王朝有千丝万缕的联系，他们的祖父辈可

① 傅维鳞：《明书》卷十九《怀宗本纪》，畿辅丛书本，下同。

② 谢国桢：《增订晚明史籍考》，第17页。

③ 同上书，第223页。

能是明朝官员,世代享受明朝的俸禄,甚至他们本人也可能做过明朝的官员,享受过明朝统治者的恩惠,而一旦入清,成为清朝的顺民,甚至仕进为官,也未能使其完全摆脱明朝的影响。入清以后的仕进,在人们观念上所产生的冲突几乎同王朝鼎革一般激烈。对于这样一种在封建社会中被视为不忠不义、变节求荣的事,史家们不约而同地在史书中为自己的行为加以辩护,以求获得一定的心理安慰。辩护的方式多样,有的借讨伐那些入清后隐居不仕的士人来表明自己的立场。如傅维鳞,他说:"心隐为上,身隐次之。兹独取国初诸人,以其洁身自完附于赏井丹之义,而所关者巨矣。至太宗即位后,忠义之士多逊荒野,踪迹诡秘,时露形廛,市间不可究,其人总谓之逸。亦法孔子以夷齐为逸民意也? 故并列是篇。若夫遭世承平。耕渔岸傲,此乃自弃明时矣,奚足取哉。"借助明朝初年的历史,傅维鳞抒发的是对清初一些士人隐居不仕的轻蔑和不满。借助一些原来仕进于元朝,后又投靠明太祖的人物传记,傅维鳞把为自己辩护的思想表现得更加明确:"易曰:云从龙,风从虎,圣人作而万物覩。既曰覩之,岂不从之哉。"傅维鳞振振有辞地辩护:"况明太祖得国之正,度越前古。诸臣从之,顺天应人,亦不失春秋之义,与夫裴矩忠、唐孟頫背宋者不可同年而论。吾于诸人有何訾乎。"①

　　三余氏借助贬斥清初反抗的士人表明自己的立场:"前辈有言,杀运将至,人心先愚,惟大圣人能起而救之,不其然乎! 乃偷安无智,苟且富贵之徒,虽托名于起义,实忘情于报雪,遂使汤火余生,益深益熟。"他"每恨俗儒下士,谈性辄口'三百年养士'云云,彼为明臣,宜其云尔;而士生今日,登衽席竟忘涂炭之苦,免饥渴不思饮食之德,其为聋聩,宁有极欤"!② 三余氏认为,作为士人,其本分在于感念承平之世,使百姓不受离难之苦,明朝的遗老尚有理由以故国遗臣的身份而为明朝鸣不平,但是,生活在清朝的士人就不应该继承这种反清情绪,而应该感念王朝的圣德,做一个安分守己的士人。

　　借助史书中不同方式的辩护,清王朝的支持者史家群体梳理着王朝更替带来的复杂情绪,并得以缓和在社会观念以及封建道德理念等方面面临的心理压力。

---

① 傅维鳞:《明书》卷一四二《隐逸传》。
② 三余氏:《五藩实录》"自序",版本如前。

3. 宣扬忠义多

如刘知己所说："史之为务，申以劝诫，树之风声，其有贼臣逆子、淫君乱主，苟直书其事，不掩其暇，则秽迹彰于一朝，恶名被于千载。"①封建王朝，历史不仅为学术，而且是维护王朝统治的政治工具，通过修史以惩恶劝善，维护社会秩序，在清王朝的支持者史家群体身上，体现得更为明显。忠孝节义的思想是封建社会的一大法宝，历来受到统治阶级的青睐，清王朝自然也不会例外。作为清王朝的支持者，秉承统治者的意图，把宣扬忠义作为重要的内容。

他们形成的史书，有的专门记录忠义之士的事迹，如徐秉义《明末忠烈纪实》："秉义通籍后，以兄弟并在华省，深怀谦退，杜门却扫，购求古书，或借稿本抄录，与余姚黄宗羲、鄞万斯同、德清胡渭、桐城钱秉镫诸人交。每举经史疑义相发明，有得则疏录成书。每念鼎革之际，死事者多，因广搜记载，自崇祯二年（1629）以迄国朝，著忠烈纪实一书，矜慎详核，足称信史。"②傅维鳞的《明书》中立《忠节传》，并极力赞扬："一时之生终死，一时之死终生。人臣儋锡不以朴诚予君，而斤斤于生死之名焉，其品已卑，况彼夷然若无预者哉？如明之持初节，膏战场，争大礼，罹椓祸，遇丧亡而能碧血殷郊原，漆身溷竖牧，即截肢体，燔九族而不悔，而甲申之变妻徇其夫，子随其父，阖门雉经，视死若归，直足以泣鬼神而动天地。而或直言抗谏，至于流离沈滞，气壮河山，如此者皆人杰也。爰录于篇，以愧天下万世之为人臣而不忠节者。人臣死生之际顾不重哉。"③

即便是宣扬忠义，清王朝的支持者史家群体对忠义人物的范围也有所取舍，所谓表彰忠义，仍要完全从清廷的政治利益出发，评判忠义之标准亦以此为据，"忠义之道，虽因一时激烈，然亦视其生平大节无玷。若已为降臣陷子，晚盖实难"。④ 他们所宣扬的忠义之士主要指的是在甲申之际死于农民军之手的明朝官员，或者上溯到明朝统治时期，表彰那些忠于皇帝、坚守气节的士人。而对于经历明清鼎革，忠于明而反抗清的士人，史书中虽然也有记录，但却用的完全是贬斥的语气。"丧乱以来，江湖游手之徒，假造符玺，贩鬻官爵。

---

① 刘知己：《史通·直书篇》。

② 《同治苏州府志》，转引自谢国桢：《增订晚明史籍考》，第 422 页。

③ 傅维鳞：《明书》卷一百一，《忠节传》。

④ 徐秉义：《明末忠烈纪实》"凡例"。

偃仰邱园而云聊师齐楚,保守妻子而云聚兵百千,假此通山海闽粤。空言以谋利者,数被发觉。亦有倚傍深山大泽,如太湖、天目、巫峡、九疑之类,假称故国,公行劫掠,官兵剿荡,因而授首,此皆越货之盗贼,不待教而诛者也。乃无智之徒,留秽简牍,所谓一薰一莸,十年尚犹有臭。"①徐秉义对于抗清死节之士予以无情鞭挞。杨陆荣则以《殷顽录》记录明末抗清死节之人,心存讥讽。"有以节死者,事非为名,心期自尽,如刘宗周、祁彪佳、徐汧之属上也;有以事死者,在官则死官守,任士则死封疆,如史可法、张国维、万元吉之属次也;苟其事既不集,死复未遑,南人志欲有为扩廓,蹶而复起,崎岖险阻,经历岁年,如张肯堂、揭重熙之属又其次也。至于本无其事,妄思起事,心殊皎日,势等欧渊,一夫倡呼,万姓涂炭,若陈子壮、张家玉而下,盖可胜叹哉,斯其下矣。前二者而言,不知命者也,其为罪犹小,由后二者而言,则上孤圣恩,下贱民命,其为罪甚大矣。夫死者人之所难,而罪者人之所讳,获罪而不免于死,尚思避焉,死而适足以甚其罪,此真智者之所不为,亦愚者之所不蹈而若人者独怡然就之,以自弃于圣世,此论世者所为抚卷长叹者也!"②

总之,清王朝的支持者史家群体对于所修史书的内容有所选择,并根据清朝文化政策的方向加以取舍,以不触犯时忌为先,同时力求将本人所掌握的史料恰到好处地予以利用。

第三节 在新旧政权之间动摇的史家群体

清初史家群体中,在新旧政权之间动摇的史家群体人数最少,形成史书数量最少。然而,他们于清初史学的贡献丝毫不逊色于前两个群体,并且,由于这一群体是清初独特社会环境的产物,他们承受的社会压力甚至更沉重于前两者,其史书所抒发的情怀与心志,愈显艰辛而苦涩。台湾学者林保淳认为:"然则,居中为清廷筹划定策的汉人大臣,如洪承畴之流,其功绩自不能因其觍颜事雠而完全抹煞。就其人调整自身观念的速度与幅度而言,这些顺臣,无疑具有较大的转变,而且,似乎也比较能适合新经验或形势的要求。但是,此

---

① 徐秉义:《明末忠烈纪实》"凡例"。
② 杨陆荣:《殷顽录》"自序",转引自谢国桢:《增订晚明史籍考》,第 741 页。

辈的处境,都是相当尴尬的。除了背负叛国的罪愆外,新朝天子对他们也不太放心,不是视为走狗,倡优蓄之,就是明嘲暗讽,藉故为难,李自成之羞辱廷臣、顺治之藉口'南党案',及乾隆之下诏编《贰臣传》,都是很显著的例子。因此,介于鄙夷与猜忌之间的顺臣,虽有如'一对夷齐下首阳'般的人多势众,却始终未能形成政治上的重要角色,而一旦海宇宁谧,其人所代表的思想方向,也必然云消烟散,无法形成风气。"①从某种意义上,可以说,在新旧政权之间动摇的史家群体是清初社会的调节阀门,士人阶层政治导向的两个极端——忠于明与导向清,在此处交会,而这类史家所撰写的史书,自然也就成为研究清初特殊历史状况的独特史料。

一、构成情况

明朝灭亡以后,在中国境内一度出现了多个政权林立的情况,有接续明朝的多个南明政权,有满族统治者建立起来的清朝政权,也有以李自成、张献忠为首的一些农民军政权。与这种时代背景相一致地,出现了一些动摇于各种政权之间的士人阶层,他们在清初这段历史时间内,没有单纯地依靠一种政权,而是次第地依靠两个,或两个以上的政权,这类史家笔者称为在各政权之间动摇的史家。根据统计,清初这样的史家约有 16 位,下面的表格简要说明了其人生变动。

在各政权之间动摇的史家概况统计表

序号	姓名	个 人 经 历
1	周钟	崇祯进士,明亡曾降李自成,又投奔南明弘光政权,被论斩。
2	任光复	明亡后在鲁监国政权任太常寺卿,后降清。
3	钱谦益	明亡后又于弘光政权任职,后降清,又在降清后诗曰:"冬青树老六陵秋,恸哭遗民总白头。"临终时又公然以明朝遗民自居。
4	孙承泽	明朝为刑科都给事中,李自成时受命为四川防御使,后又降清为吏部左侍郎。
5	徐应芬	明官员,曾降大顺,后又降清。
6	宋征舆	本是几社领袖,入清中顺治进士,官副都御使。

---

① 林保淳:《经世思想与文学经世——明末清初经世文论研究》,第 71 页。

序号	姓名	个 人 经 历
7	张永祺	天启举人,降农民军,后又投奔弘光政权,清兵渡江后降清。
8	高谦	崇祯将军,降清,后又投奔郑成功。
9	熊文举	崇祯进士,官吏部侍郎,降农民军,又归附弘光,最后降清。
10	毛奇龄	曾为复社领袖,康熙十八年(1679)举博学鸿词,授翰林院检讨,充明史馆纂修官,康熙二十四年(1685)充会试同考官。
11	龚鼎孳	曾在明朝为官,甲申之变投降李自成,授直指使职,清朝平定京师,又归顺清廷,官至刑部尚书。
12	吴伟业	明崇祯进士,授编修,弘光时授少詹事,入清后为国子祭酒。临终前,吴伟业嘱咐家人在其死后,敛以僧装,并在墓上立一圆石,上书"诗人吴梅村之墓",非明非清,以表明自己在政治立场上的矛盾和困惑。
13	丁耀亢	明亡后曾参加抗清义军,后参加清朝科举,曾任清容城教谕。
14	冯甦	明朝灭亡后曾降李自成,后降清为官。
15	马玉	先降清,后追随吴三桂反清。
16	方孝标	顺治进士,累官至侍读学士,后随吴三桂反清。

概括来说,在各种政权之间动摇不定的士人阶层,作为史家群体,他们历辗转流离,政治立场多变,思想变动的经历也各有不同,因此,与明王朝的维护者史家群体以及清王朝的支持者史家群体相比,他们个体差异较大,唯一的共同点为在不同时期,在政治立场上做出了多项选择。在政治大转折面前他们往往为了保全身家,朝秦暮楚,其行径足以令封建社会的正统士人不齿。但在文化领域,他们才华横溢,作为沟通民间文化与官方文化的媒介,为清初文化的发展作出了特殊贡献。具体考察,这一史家群体的政治变动又可以简要分成下面的不同类别。

1. 政治立场上由扶明最后转为扶清的史家

这类史家有任光复,他在政治立场上的变动较为单纯,在明朝灭亡之后先是保持扶明的立场,为南明政权出谋划策,南明政权瓦解后降清,政治立场的变动只是经历了作为明朝延续的南明政权。

2. 政治立场变动的过程中有投奔农民军的经历,最后以降清作为结束的史家这类史家有孙承泽、徐应芬、张永祺、龚鼎孳、冯甦、熊文举等,他们曾经有归顺农民军政权的经历,其间也可能经过南明政权任职的辗转,最终降清。

3. 明朝灭亡后政治立场的变动经历了较长时间的酝酿,最终归依于清朝的统治

这类史家有毛奇龄、尤侗、宋征舆、朱彝尊等,他们在明朝灭亡后曾经隐居不仕过一段时间,甚至在思想上归属于复社、几社等党社团体,其政治立场处于隐晦的状态,但是基本上持反清复明的立场。入清之后,随着清朝统治的日趋稳固,其思想发生变动,最终出仕为清朝的官吏。

4. 政治立场发生归顺清朝的变动后,又有悔过之心,最终归依于明朝的史家

这类史家有钱谦益、吴伟业、高谦、周钟等,他们在明朝灭亡之后曾经就降清与否的问题有过长时期的徘徊,迫于形势降清,但很快又处于自责的状态,最终或是在行动上采取了回归明朝,如降郑成功,或是在思想上实现了对明朝的回归,如钱谦益以遗民自居。

上述四种史家类别在总的特点上都是在明朝灭亡以后,政治立场处于不稳定状态,在他们的思想上,曾经在坚持旧有立场不变,还是顺从新朝,归顺新主上产生过动摇,甚至在后半生,在这个问题上一直处于动摇状态。中国封建社会的史学本身带有明显的政治倾向性,史学的政治及伦理教化功能不断为统治者所褒扬和提倡。从某种意义上说,修史往往可代表史家自身的政治见解与主张。对于在新旧政权之间动摇的士人阶层而言,修史尤显沉重,心灵的重负与具体史料排比、评述人物时面临的困难和尴尬是其他任何一个时期、任何派别的史家所不曾经历的。

受传统儒家思想影响,士人以气节相标榜,王朝鼎革之际,尤重气节。为此,在新旧政权之间动摇的史家在社会上屡遭耻笑。以这一群体中的贰臣而言,尽管于政治和文化方面均有建树,但政治地位和社会地位都非常尴尬。"所谓'贰臣',是指王朝易代之际,兼仕两朝的大臣。"①清乾隆四十一年(1776)十二月初二,皇帝诏命国史馆编列明季《贰臣传》。乾隆认为,在明朝

---

① 王宏志:《论"贰臣"(代序)》,苏双碧主编:《洪承畴研究》,中国社会科学出版社1996年版(下同),第1页。

已登仕途又在清朝做官的人，《明史》里不能为他们列传，决定"另立贰臣一门，将诸臣仕明，及仕本朝各事迹，据实直书，使不能纤微隐饰"①。清朝国史馆据此编纂了钦定《国史贰臣传表》，表首刊载了乾隆的这道谕旨。这部书共12卷，收集入清的明朝官员120多人。至乾隆五十年（1785），又在乾隆三十二年（1767）官修的《续通志》一书里，增加贰臣传六卷。贰臣并不是清初所独有，"在中国，历史上改朝换代的很多，每一次朝代的更迭，都有大批旧王朝大官吏涌入新王朝任职。朝代更迭频繁之季，一个官吏先后事于两个甚至三个、四个、五个王朝的，也大有人在。按照乾隆的标准，一部二十五史里就会有无数官员被列入《贰臣传》。以往的史书，对'贰臣'的看法同乾隆一样，持鄙视态度。而通观历代的'贰臣'，对新王朝所制定的政治、经济和文化政策，均产生了重要影响。因此，对他们不能一概否定，要作具体分析。"②

　　具体于学术而言，对曾产生动摇的士人阶层与同时代的其他政治派别的士人应一视同仁，平等对待，客观评价其学术贡献。正如王俊义先生在评价钱谦益于清初学术贡献时所言："钱谦益之为钱谦益，主要不在于其在政治上的得失成败，而主要在于其在学术文化上的成就和影响。我们在评价其一生的功过是非时，应透过其荣辱浮沉、曲折坎坷、复杂多变的政治人生，着重分析其在学术上的成就贡献及地位与影响。"③

　　学术远离政治，史书力求客观公正，是每一代史家的共同梦想，而现实社会生活中的史家则难免受到一些政治因素及个人因素的左右，从而使史书在内容和观点方面与理想的状态产生背离，背离的程度则展示出史家立场与社会政治环境之间的对抗和斗争。上述两个史家群体已因政治倾向而导致其史书内容及思想意义产生区别，而对于在新旧政权之间动摇的士人阶层来说，他们所修之史尤能展示出史家个人内心的苦闷与挣扎，修史，于这一群体的史家而言，内心的负担与痛苦远远超过其他群体的史家。然而即便如此，清初仍有相当一部分政治立场上出现过反复的士人凭借私人之力，纂修史书，在该群体史家身上，政治与文化的复杂矛盾尤显突出。

---

　　① 《清高宗实录》卷一千零二十二。
　　② 王宏志：《论"贰臣"（代序）》，苏双碧主编：《洪承畴研究》，第1页。
　　③ 王俊义：《钱谦益与明末清初学术演变》，王俊义、黄爱平：《清代学术探研录》，中国社会科学出版社2002年版（下同），第37—38页。

二、修史动机

在新旧政权之间动摇的史家对私家修史非常关注,一方面固然是由于心理上比较敏感,为了维护自我利益和形象,另一方面也是出于对历史的责任感和使命感。

1. 为个人政治立场的不稳定而辩护

为了维护个人的尊严,在新旧政权之间动摇的史家往往会通过修史的形式说明自己于政治立场选择的无奈。如前文所列高谦,曾任榆林大将军,在明朝崇祯年间多次与农民军交战,后因遭诽谤而被免职,他感慨战功赫赫,却遭受小人陷害,为此,退而修《中州战略》,向世人表明自己的悲苦心境,亦借以倾诉因时局动荡、生不逢时而变节的无奈。

熊文举的心境与高谦大致相同,他说:"枕戈二载,削牍几数万余言,中间与上台将领士民谭守备储积机宜,亦自凿凿可听,然终近书生之谈虎,归里概取焚之,以明际会偶然,非所好也。戈戈五纪,实西城磨盾偶存,诚不忍此点点泪光,与雁阵狼烟一时俱散,因之简出,用志新茶。后之谭兵及战守者念之哉,无以余之偶然而易视天下事,且贪天功为己力也。"①

又如徐应芬,他本来是明朝官员,农民军进入北京城后假意归降,后又投奔清朝,他修史《燕都志变》,记述自己从京城逃出的事情经过,并自叙说:"此余出都门时作也。余以湖海浮纵,适遇乾坤大变,目击心怆,所不敢径施者,予夺之文,有不容终没者,是非之实,因为备述以贻后来,并独表予之坚贞蒙难已也。"②毕竟,归顺农民军政权是大多数清初学者所不甘心情愿的,而迫于形势又不得不为之,事后,以史书的形式记录当时心境,表明心迹,既可委曲细述苦衷,又可以之求得世人的谅解。

任光复,鲁王时官至太常寺卿,降清后归里屏息教授终老,修成《鲁王纪事》,自称:"王室板荡,海水群飞,九死余生,文籍脱落,归里屏息,追忆见闻,笔之于书,以存厓略,知我罪我,姑听后人,庶几名山,或留惇史。"③

---

① 熊文举:《墨楯》"自序",转引自谢国桢:《增订晚明史籍考》,第301页。
② 徐应芬:《燕都志变》"小叙",转引自谢国桢:《增订晚明史籍考》,第352页。
③ 任光复:《鲁王纪事·小引》,转引自谢国桢:《增订晚明史籍考》,第592页。

应该承认,在清初复杂的历史变动情况下,一批士人被迫在人生中作出多次选择,这是由当时的历史环境以及他们自身的性格特点等因素综合造成的。多次变节,为社会以及道德理念所不容,他们的内心充满着苦涩。在现实生活中,他们的解释显得无力,无人倾听,于是借助修史的形式,展现当日之状态,亦为一种委婉的解释;同时,还可起到一定的心理补偿作用。

2. 以史官身份自居,以修史为天职

一些学者早在明朝即任职史局,具有较高的史学素养,本人亦勤勉于史料之收集,入清之后,本着史家的责任以及长期以来积累的修史条件,他们很自然地继续把修史作为个人的职责。

钱谦益在明朝时就以史官自居:"谦益承乏史官,窃有志于纂述考览。"①平日关心史事,加之自身具有良好的史学素养,学识渊博,一生酷爱图书典籍,时人评论"大江南北,藏书之富无过于钱"。并且,钱谦益对古代史籍有深入的研究和探索,比如他曾经就班固的《汉书》和司马迁的《史记》在体例上的优劣进行分析,指出:"班氏父子踵太史公,纪作书,以谓慎核其事,整协其文,而其体例各有不同。"他认为:"班书以事之先后为次,……年经月纬,一循史家之例,而于太史公序事之指意则失之远矣。"②在史学理论方面,钱谦益认为:"六经,史之宗统也。六经之中皆有史,不独《春秋》、三传也。"③这些长期积累的史学优势为钱谦益入清后继续从事史书修纂提供了有利条件。明亡之后,因多种原因,钱谦益之史书,久经辗转而终未成,但于修史之痛及内疚之心却在其文章中体现出来,如《启祯野乘》序言:"往予领史局,漳浦石斋先生过予扬推,辄移日分夜。就义之日,从容语其友曰:'虞山尚在,国史犹未死也。'劫火之后,归老空门,每思亡友坠言,抱幽冥负人之痛。"④《答吴江吴赤溟书》则云:"仆自通籍,滥尘史局,即有事于国史。晚遭丧乱,偷生视息,犹不自恕,冀以钟漏残年,竟绁书载笔之役。天未悔祸,祝融相与。西京旧记,东观新书,插架盈箱,荡为煨烬。知天之不欲使我于斯文也。灰心空门,不复理世间文

---

①　钱谦益:《皇明开国功臣事略序》,《牧斋初学集》卷二十八。
②　钱谦益:《书史记项羽高祖本纪后》,《牧斋初学集》卷八十三。
③　钱谦益:《汲古阁毛氏新刻十七史序》,《牧斋有学集》卷三十八。
④　钱谦益:《启祯野乘序》,《牧斋有学集》卷十四。

字,六年于此矣。"①由于绛云楼一炬,钱谦益多年修史之夙愿已难实现,却于内心渴盼海内有才之士:"徵石室之遗文,访端门之逸典,勒成一书,用以答九庙而下诏来兹者,倘不即死,于吾身亲见之,朝睹杀青,夕归黄壤,不致魂魄私恨无穷也。"②钱谦益之于明史修纂,朝思暮想,魂魄所依。

除了如钱谦益一般在思想上继承明代以来的史官身份,于清初继续其史学职任者外,另有部分史家如朱彝尊、毛奇龄等,为清初知名学者,经康熙十八年(1679)博学鸿儒特科考试,入翰林院,任国史编修,成为清初之史官,自然以修史为职责,从事史书撰写的工作。

3. 鉴于官修史书的缺陷及不足,以私家修史的形式加以弥补

一些学者加入官修《明史》史局之后,发现官修史书受到朝廷掣肘,在修纂方面有很大的局限性,尤其是受官方统治观念的影响,一些有价值的史料被无端排斥,在官修史书中无法体现。因此,这些史官本着对历史负责的态度,将其掌握的史料以私家修史的形式修纂成史书。

《明史》馆臣中,毛奇龄负责纂修《流贼传》,但他看到有关明末农民起义的事迹分散到了各人物传之中,其首尾难以俱备,于是私修《后鉴录》。其史料的采择与《明史》之《流贼传》固然无异,《四库全书总目》称其书"盖亦《明史》拟稿之余也"③,但的确改善了官修史书中材料分散的缺陷,有关农民起义的事迹因此而首尾完备。毛奇龄修《胜朝肜史拾遗记》,其用意则在于保存官修《明史》中未能录入的史料:"肜史者,后宫女官名也。其制,选良家女子之知书者充之,使之记宫闱起居及内庭燕衮之事,用示劝诫。而惜其书不外传。"作为史官,为修明顺、成、弘、正四朝后妃列传,毛奇龄"因历探中秘,以为必有异闻畸事可补疏略,而遍搜皇宬,但得详册封年时及后妃崩薨丧葬诸礼节,而他无所有,乃不得已,仍取外史所记与实录稍不诬者,草成应之,而拾其余胜,归而杂之先子所藏,复为斯篇。大抵事取可验,宁阙勿备,谓之拾遗。既无肜史,称肜史者,曰,非史官之正史焉"。④ 毛奇龄利用修正史的机会,备览史料,并将自己所了解到的无法收入正史的史料以私修史书的形式保存下来。

① 钱谦益:《答吴江吴赤溟书》,《牧斋有学集》卷三十九。
② 同上。
③ 《四库全书总目提要》史部杂史类存目。
④ 毛奇龄:《胜朝肜史拾遗记》"自序",丛书集成初编本。

孙承泽的《山书》,又名《崇祯事迹》,因崇祯一朝无实录,孙承泽希望通过私人修史的方式以补充官修实录的不足,因此广搜邸报奏章等,又根据自己昔日在朝时的闻见,修成《山书》,"按年记崇祯一代朝章典故,每篇以四字或五字标题,虽非实录之本,然一代章奏事实,赖以存者甚多。"①孙承泽修史的用意是以私家修史的方式补充官修实录的不足。冯甦之《见闻随笔》,则直接得到史馆官员的启发:"盖时方开局修明史,总裁叶方蔼以甦久官云南,询以西南事实,因摭所记忆,述为此编,以送史馆。"②

4. 为统治者提供治乱兴衰的借鉴

修史以资借鉴,是中国古代史学的传统美德,亦是史家们引以为自豪的史学之重要功用,毛奇龄修《武宗外纪》就是以此为目的:

《武宗外纪》者,仿《汉武外传》而为之也;夫《汉武外传》与《本纪》不同,是故外之;今所纪皆实录中事,而亦以为外? 曰:以予观于同馆之为史者,其为武宗纪不忍斥言人主之过,凡实录所载诸可鉴事,皆轶而不录,夫史以垂鉴,不讳好恶,而乃以恶恶之短,致本身所行事而皆轶之,是本也,而外之矣。因题曰"外纪",然而不比次以成文者,曰以实事而比次之,即"本纪"也,岂敢复为"本纪"哉。因错杂记之,亦曰身受史职,庶以此当日之纪注云尔。③

一方面,作为史官,毛奇龄以修史为天职;另一方面,毛奇龄认为,史书应该对当代帝王的统治提供借鉴,以保持史书"鉴一代兴衰"的主旨。为此,毛奇龄将明武宗的实录以外纪的形式修成私家史书,既表明了自己与官修史书不发生冲突的立场,同时,也将自己修史的用意明确地表达出来。

5. 以私修史书的形式寄托对明朝的怀念之情

明清之际时势的剧烈转变造成了清初士人阶层思想上的变动,而其中明王朝的衰亡、农民军攻入北京城、继起的南明政权的过早瓦解以及清朝的日益巩固则是部分士人政治立场产生变动的主要原因。在政治立场上未能坚持一贯,在明、南明、清以及农民军政权之间作出多重选择是该史家群体的心灵之痛,毕竟,他们生于明朝,对故国或多或少地怀着情感,加之自幼受到儒家思想

---

① 吴泽、杨翼骧主编:《中国历史大辞典·史学史》,第21页。
② 《四库全书总目》卷五十四,《史部杂史类存目》"见闻随笔"条。
③ 毛奇龄:《武宗外纪》"自序"。

的熏陶,具有封建社会知识分子的良知,思想上受传统社会道德准则的束缚,为此,对于变节——这种为时人所不齿的行为,他们在心灵深处难免存有悔恨。一方面,对于新的政治归属,他们要力求表现出忠贞不渝;另一方面,他们又因在政治上有过不光彩的动摇,而对政治不敢接触过多。在这样矛盾的心绪中,修史成为摆脱思想矛盾和现实困境的良好方式。通过修史,寄托对明朝的怀念之情,表明自身迫于时势的尴尬处境。比如孙承泽,他初录东林,继降大顺,终入清朝,一生之中,鼎易其主,三遇坎坷,但对明朝却始终怀有眷恋之情,晚年山居之后,着力收集和记述崇祯朝的史事,"痛心亡国,追源祸患之由来,援古证今,以昭鉴戒"①,著《思陵勤政记》、《思陵典礼记》和《山书》等记载前朝史事之专书。

三、修史特点

在新旧政权之间动摇的史家群体的修史活动受其政治立场转变的影响,史书内容和思想也随之发生变化。

1. 政治立场的变动对其修史活动影响至深

在新旧政权之间动摇的史家群体修史呼声很高,但是往往有强烈的愿望,却鲜于或缺乏付诸实际的行动,故而,在清初三大史家群体中,他们不仅在人数上最少,就形成的史书数量而言,也居于末位。更值得深思的是,其修史的发展脉络往往随其政治立场变动而发生变化,政治立场变动后有些史家修史的热情趋于低落,甚至冷却成灰。如钱谦益,在明朝为官时,修史热情极高,他本是万历年间的史官,修史为其天职。"谦益史官也,有纪志之责"②,并且,于明朝统治之时,钱谦益平日里的创作很多,"余从太史氏之后,纪载国家之盛"③。为满足修史之用,钱谦益对于明朝的史事亦格外留心,注意搜集史料,以备将来修史之用。因此,入清之前,钱谦益的修史活动频繁,史著颇多,如《开国群雄事略》等,并作《实录辨证》,为未来的修史事业做了很充分的准备。但是,随着明清易代,钱谦益的思想发生了变动,尤其是在清军南下灭弘光政

① 孙承泽:《山居随笔·邓实题记》。
② 钱谦益:《汪母节寿序》,《牧斋初学集》卷三十五。
③ 钱谦益:《马母李太孺人寿序》,《牧斋初学集》卷三十八。

权之时，拱手降清，为时人所讥讽，使他修史的心绪更加不同。钱谦益仍然以史官自居："谦益以石渠旧老，衰残载笔，其何敢辟时畏祸，婶婀昽胡，以贻羞于信史？"①但却对奋笔修史有了颓唐之心："谦益待罪史局，三十余年，网罗编摩，罔敢失坠。独于逊国时事，伤心扪泪，绅书染翰，促数阁笔，其故有三：一则曰实录无征也，二则曰传闻异辞也，三则曰伪史杂出也。旧园蠹室，尽付灰劫，头白汗青，杳如昔梦。唯是文皇帝之心事，与让皇帝之至德，三百年臣子，未有能揄扬万一者。迄今不言草亡木卒，祖宗功德，泯灭于余一人之手，魂魄私憾，宁有穷乎？"②等到钱谦益精心收藏的绛云楼藏书毁于一炬之后，他修史的心志已经基本上消失了，当年的雄心壮志，唯剩长叹，当年醉心的事业，如今仅仅冷然旁观而已，"谦益衰残氂孰，不敢复抵掌谈史事。赵君之弟刺史公，言念旧史，俾为其序。萤乾蠹老，口噤笔秃。伸写其狂瞽之言，识于首简，亦聊以发观者之一叹而已"③。同一时期的另一位史家邵廷采对钱谦益修史心态的改变认识较为深刻，他认为："近世钱虞山，侯商丘行己既已可疑，矢口下笔，故多仿皇瞻顾。文虽成家，无得于身，味旨浅薄。文章之难，从古如此。"④确实，钱谦益因政治变节，心理上已不堪重负，史笔遂无可适从。

　　吴伟业与钱谦益的情形大致相同。吴伟业一向以"诗史"而享誉海内，清朝占领北京之后，他曾经隐居不仕了一段时间，在他隐居的时间里，凭借诗人的热情修成史书《绥寇纪略》。朱彝尊对吴伟业的行为比较了解，他说："梅村吴先生，以顺治壬辰舍馆于嘉兴之万寿宫，方辑《绥寇纪略》，以三字标其目，盖仿苏鹗《杜阳编》、何光远《鉴戒录》也。于时先生将著书以老。越岁，有迫之出山者，遂补国子祭酒，非其志也。"⑤明亡后，吴伟业本意隐居乡里，著述终老一生，但是，迫于时势，不得不出仕，但却从此放下了史笔，不再从事私家修史了。

　　这些史家虽有修史之抱负，却缺乏实践的勇气和决心，这是可以理解的。

---

　　① 钱谦益：《光禄大夫柱国太子太师吏兵二部尚书武英殿大学士赠特进光禄大夫柱国太傅谥文贞路公神道碑》，《牧斋有学集》卷三十四。

　　② 钱谦益：《建文年谱序》，《牧斋有学集》卷十四。

　　③ 同上。

　　④ 邵廷采：《答陶圣水书》，《思复堂文集》卷七。

　　⑤ 朱彝尊：《跋绥寇纪略》，《曝书亭集》卷四十四，转引自《绥寇纪略》"附录"。

封建王朝的史学有难以回避的政治因素和道德因素,而于此两方面,他们都处于两难之状态。在政治立场上,他们的行为不符合封建史家所标榜之大节,动摇不定,做过多重选择,虽然是出于现实逼迫,无奈为之,但毕竟在政治归属上进退两难;并且,修纂史书,最难把握的问题、最重要的纷争就是正统之争,以哪一个政权为正统,对于政治立场一致的史家来说,尚好把握,而对于这些政治立场曾经发生转变的史家来说,有苦难言。如过分贬低明朝,良心会受到谴责;如对清朝政府过于赞扬,恐遭遗民的嘲弄;如过分贬低清朝,则又担心会招致清廷的不满。甚至在评价历史人物的功过方面,他们也显然是最没有发言权的。无论是于明还是于清,他们都是受到排斥的人物,他们本身遭受的非议最多,怎么能够随心所欲地以一己之是非评论历史呢? 为此,他们往往尴尬不安。

不过,也有一部分史家修史的数量随着他们在政治上归于一定后而有所增加,如孙承泽,归居田园之后,杜门却轨,不问朝事,手不离卷,专心致志地纂修史书,《四库全书总目》中著录其撰述二十三种,凡四百余卷,其中大部分撰述都与史学有关。其中记录崇祯时事的史书《山书》,最为人所称道:“孙承泽《崇祯山书》长于掌故,文秉《烈皇小识》多录政事,张岱《石匮书后集》偏重纪传,三著鼎峙,各具所长。”①

以上两种状况:一是避讳修史,二是专注于修史。前者是讳言史事有所感叹,后者则是欲借史事吐所不快,可见政治立场的变动对史家以及史书的影响。

2. 史家思想以及史书内容在其政治立场变动前后发生变化

一部分在政权之间动摇的史家以回避修史的方式摆脱苦闷,而另一部分史家则继续从事修史的活动,但是史书的内容发生了重大的变化。毛奇龄入清之前曾经积极参加社盟,并且对高蹈节义的明朝遗民大为赞扬,但入清之后,思想变动很大,他开始回避以前的立场和态度,甚至否定部分观点和主张。

以毛奇龄为例,曾为卢函赤《续表忠记》作序,并亲自校定,出版刊行。入清后,因文字之祸,忽改初衷,不仅不承认亲手所写的序言,并作《辨忠臣不死

① 阎崇年:《燕步集》,北京燕山出版社 1989 年版,第 184 页。

死文》，系统考证古来对忠臣的定义，认为：

忠者，事君之则也。《论语》曰："臣事君以忠。"以者，用也，谓事君则用之。然而何以用忠，则经无明文。惟《春秋传》曰："凡忠者，于公家之利，知无不为，即谓之忠。"一似用忠不一，凡所为之事，苟利君国，则无论大小难易，无往不可以见忠。是以韩诗有云："以道化君为上忠，以德调君为次忠。"而《春秋传》又曰："楚子囊临死，一言不忘社稷，便可谓忠。"故忠臣已事，自唐虞至春秋，不多概见，乃由龙逄比干外，经传罕有。祇《左传》称季文子相三君，妾不衣帛，马不食粟，推为忠臣。《论语》问令尹子文，仕已不达愠，旧令尹之政，告新令尹，而夫子特许其忠。夫第家无私畜，与不私其官，不忘诸官政，亦初无化君之大，卫社稷之重，而六经表忠，以此推首，则夫事关君国，随地见忠，其不择细小，并无一定，断可知也。①

毛奇龄指出，忠臣只要"事关君国，随地见忠"，至于当世之人所标榜的以死效忠，"乃后儒无赖，竟凿然以必死归之忠臣"，并认为："夫忠臣不必死，前亦既言之矣，然而间有死者，则必厚系于君事与国事，而不得已而后死之，未有君死亦死，徒死其身，而于君国两无与，而可言忠者。"此外，毛奇龄更进一步地指出："然且身不在官，名为通籍，以无何之人，苟非韦布，即是被襡，目不见君王，足不履殿陛，亦复弃父母，抛妻子，以觅一死。夫事君以忠，谓事君则用之，几有不事君而亦用此者。"②毛奇龄之考证忠臣的职分以及定义，除了表示对清初不分清白，凡一死者均定以忠臣不满之外，也有为一己辩护，掩盖自己降清的尴尬心理。全祖望考证此事，认为："检讨（指毛奇龄）不过避祸，遂尽忘平日感恩知己之旧，斯苟有人心，必不肯为，而由此昌言古今忠臣原不死节。夫负君弃国与夫背师卖友，本出一致，检讨之心术尽于斯文，检讨之生平尽于斯文，其栩栩然落笔时，盖可想矣。"③全祖望为之叹息："有是哉，畏祸而不难背师与卖友，则临危亦诚不难背君与卖国矣。忠臣不死节之言，宜其扬扬发之，而不知自愧也。"④

---

① 毛奇龄：《辨忠臣不死节文》，《西河文集》，王云五主编：《万有文库》本（下同），第1573页。
② 同上。
③ 全祖望：《书毛检讨〈忠臣不死节辨〉后》，《鲒埼亭集外编》卷三十三。
④ 全祖望：《萧山毛检讨别传》，《鲒埼亭集外编》卷十二。

　　对于历史人物的评价以及观点对于这类史家来说,在入清前后是不一致的,这种不一致不完全是由他们自身所决定的,而是受到他们所处的复杂的社会环境的影响,这些影响又折射到他们的史书中,影响到他们的历史观点。考察他们史书的具体内容,就会明显地看出这一点。

　　总之,清初三大史家群体在人员构成、修史动机以及具体的史书内容特点方面都有较大差异,可以说,政治立场上的选择不同程度地影响其修史的内容以及对史料的选择,从而最终影响其所修史书的风格和特点。

第四节　清初各史家群体之间的
史学联系与史学功能

　　清初史学领域,尽管因政治倾向的不同造成了不同史家群体所修史书内容与思想方面的某些差异,但从宏观上看,史学领域内部的各个群体之间在学术上并未壁垒森严,而是互通声气、互相切磋。不同群体的史家之间通过书信、序跋、合作等多种形式建立起密切的史学联系,并各自依据其政治及文化偏重发挥不同的史学功能,各群体史家于史学层面协作统一,构成促动文化发展的强大合力,使清初史学焕发出活力与生机。

一、清初各史家群体之间的史学联系

　　清初史家因政治见解以及社会行为方式的差异而分化为不同的群体,其从事私家修史的方式亦各自有别:有家传史学,世代累积而成书的;也有师友间互相支持勉励,合作修史的;更有凭借身份及财力集合幕僚,集体成书的。这些千姿百态的史书撰述形式丰富了清初史学的内容。而在史书撰述过程中,史家之间的团结与协作则成为一种长期的、自然的联系,不仅同一派别的史家内部在史学方面互相交流,互通有无,即便政治见解不同、社会行为归属有明显差异的史家派别之间,也能以史学为媒介,建立起稳定的、长期的合作交流,并保持彼此之间的无私的援助关系。

　　谢正光通过考察清初士人的诗文倡和,发现,虽然政治倾向不同,社会行为有明显差异,但清初大吏与遗民阶层并未中断交往,如明遗民顾炎武与贰臣曹溶维持了长达二十年的友谊,曹溶幕府中亦汇集了一批遗民,为此,他撰专

文指出,"清初士人于政治操守之外,尚另有所实爱。政治上所作的选择,亦并无碍于他们在其他方面的认同"①,"在康熙中叶以前,清廷大吏和明遗民之间,或于论学上通声气,或于诗歌辞赋创作的讨论上引为同道,甚或在幕府中建立起府主和宾客的关系。情谊的深浅,各有不同。这许许多多复复杂杂的关系,有的是出于清朝官吏的慕名访求,有的是出于明遗民的主动干谒,也有的是通过师友、同年、同乡、姻亲、世好等已成的关系建立起来。"② 政治上有不同取舍的士人群体之间的交游,具有不容忽视的积极意义,不仅有助于推动和扩大彼此之间的交谊网络,而且于文化发展方面,更有意义非凡的创造之功。

清初三大史家群体之间互通声气,切磋交流,并各自依据独特的群体特点和社会身份的优越性发挥其各自不同的史学功能。就表现形式而言,不同群体的史家之间通过诗文唱和表明修史心迹,通过互通书信展开交流和讨论,通过序跋分析评论史书内容及思想,通过合作研究和创作发挥各自专长,分享史学经验和心得,并实现史料的交换和共享。

1. 诗文唱和

诗文唱和是文人学士之间交往的重要方式。诗歌本为发泄心绪的最佳表达方式之一,借诗文唱和以表明心迹,分享彼此之间于史学方面的共同志趣,也就成为清初史家保持史学联系的重要方式。

遗民之间通过诗文唱和互相激励。庄氏史狱,吴炎、潘柽章惨遭刑戮,顾炎武写诗以表达悲愤之情:

露下空林百草残,临风有恸奠椒兰。韭溪血化幽泉碧,蒿里魂归白日寒。一代文章亡左马,千秋仁义在吴潘。巫招虞殡俱零落,欲访遗书远道难。③

钱澄之寄诗潘耒,感叹年华已逝,修史之事业难成,并将修史之希望寄托于潘耒:

松陵才子早知名,握手燕台气不平。未受国恩甘避世,偶谈家难为伤情。

---

① 谢正光:《顾炎武、曹溶论交始末——明遗民与清初大吏交游初探》,《清初诗文与士人交游考》,南京大学出版社 2001 年版(下同),第 220 页。
② 同上书, 第 221 页。
③ 顾炎武:《汾州祭吴炎、潘柽章二节士》,《亭林文集》卷四。

诗篇半是尊前就，史学偷从帐里成。顾叟不归余亦老，江东此事属潘生。①

遗民与贰臣亦互相借诗歌以抒发修史的情怀。曹溶赠顾炎武诗中有"亭成野史空留约"②，用元好问当年于家中筑"野史亭"以修元史自期的典故表明心迹，因二人均有意修成有明一代史书。钱澄之写诗赞扬孙承泽之修史：

长安市上风尘昏，先生尘中独闭门。连云甲第歌中起，先生门内冷如冰。
先生行年八十余，他无嗜好惟著书。上穷六经下史氏，微言治理尽发摅。
手批口诵无时息，耳聋眼暗罢不得。鱼鲜辄复工法书，下笔腕有千钧力。
平生意气故昂扬，岂然乍见须眉苍。人间声色久寂寞，古先法物堆盈床。
先生先朝旧司直，抗颜常在烈皇侧。即今遗事向人谈，犹睹当年立朝色。
田间野客素不羁，握手片语心相知。授餐解衣世所感，磊落之誉吾何辞。
先贤碑记亦已录，遗书在箧何时窥。先生未衰吾且老，顷者一病几不保。
公子顾我榻前来，深烦长者萦怀抱。病中苦悔读书少，此生去来何草草。
天假我年必有因，起来重问先生道。③

此外，遗民与清大吏之间亦诗文唱和，互相激励。徐乾学送万斯同南还，以诗相赠：

霜花酿酒送君还，邸舍相依十载间。惯对卷编常病眼，与谈忠孝即开颜。折衷三礼宗王郑，泚笔千秋续马班。蒲来独驱惊岁暮，冻云寒雪满江关。④

通过诗文唱和，史家们抒发了修史方面的共同志趣，互相欣赏，互相激励。

2. 书信交流

书信往还，篇幅长短可灵活掌握，既可以简要介绍别后情形，于史书修纂方面的具体问题亦可以委曲细述，是史家交流的良好媒介。清初史家之间的书信交流打破了群体及派别的局限，书信内容感情丰富，言辞恳切，而论述平实。

---

① 钱澄之：《与潘次耕》，《田间诗集》卷二十二。
② 曹溶：《静惕堂诗集》卷三五。
③ 钱澄之：《病中呈孙北海先生》，诸伟奇校点《田间诗集》卷十九，《钱澄之全集之五》。
④ 徐乾学：《送万季野南还》，《憺园文集》卷九。

以书信征求修史意见的函札表现出对学识的尊重以及不吝赐教的渴盼。曹溶晚年为修史之事曾修书黄宗羲,与之商议,《倦园尺牍》中有《与黄太冲》一札,云:

河上干旄,不足动高贤之盼。国史蹉跎至今日,海内有余望焉。弟衰后始解读书,荟萃末年事七八种,得之亲见,稍异剽闻。终苦双腕颓唐,不称颂飏之意。频思刺舴艋、登著作之堂而请焉。萍踪飘摇,望先生如天上。近知绛帐东来,两中丞以通志相属,借班马之才,施之郡国,似为小屈。然一乡文献,藉以不朽,所系甚大,太史方折衷于此,岂特各省修志者视律度为步趋乎?①

邵廷采与毛奇龄商讨史学问题的信函两札,诚恳向毛奇龄征求意见:

十年以来,重理初志,窃欲肆力于史。草茅饥冻,不能自振。一代浩繁,茫无措手,踌躇瞻顾。见冯再来先生随笔云:己未,上敕史馆,奉有"福、唐、鲁、桂四王,许附怀宗纪年"之命。因遂不揣,辑《西南纪事》一卷,中间抱病,又迫生徒课业,未得一心编录。丁丑戊寅,假榻东池两水亭,复辑《东南纪事》一卷。手校未竟,故疾大作。今年己卯被放,益慨穷达有命,不可力争。而壮心未衰,不能与古人潜德遁世者同甘沦没,辄欲缮写是书,呈当世之高贤,以考镜是非,推求其心术。②

借书信表述个人修史见解的信函则有理有据,论述详实。顾炎武写给外甥徐元文的书信,提出修《明史》的意见,以邸报为准,同异共存,以待后世之公论,措辞委婉而切中肯綮:

修史之难,当局者自知之矣。求藏书于四方,意非不美,而西方州县以此为苦,宪檄一到,即报无书。所以然者,正缘借端派取解费,时事人情,大抵如此。

窃意此番纂述,止可以邸报为本,粗具草稿,以待后人,如刘昫之《旧唐书》可也(唐武宗以后无实录)。忆昔时邸报至崇祯十一年(1638)方有活板,自此以前,并是写本。而中秘所收,乃出涿州之献,岂无意为增损者乎?访问士大夫家,有当时旧抄,以俸薪别购一部,择其大关目处略一对勘,便可知矣。

吾自少时,先王父朝夕与一二执友谈论,趋庭拱听,颇识根源,但年老未免

①　《黄宗羲全集》第十一册所收《交游尺牍》第十七通,第195页。
②　邵廷采:《谒毛西河先生书》,祝鸿杰校点《思复堂文集》卷七。

遗忘,而手泽亦多散佚,史稿之成,犹可辨其泾渭。今日作书,正是刘昫之比,而诸公多引洪武初修《元史》故事。不知诸史之中,《元史》最劣,以其旬月而就,故舛谬特多。如列传八卷速不台,九卷雪不台,一人作两传;十八卷完者都,二十卷完者拔都,一人作两传。几不知数马足,何暇问其骊黄牝牡耶? 然此汉人作蒙古人传。今日汉人作汉人传,定不至此(亦有如谷林苍以张延登、张华东为两人者)。惟是章奏是非同异之论,两造并存,而自外所闻,别用传疑之例,庶乎得之。此虽万世公论,却是家庭私语,不可告人以滋好事之腾口也。①

邵廷采给毛奇龄的另一封书信则说明对《明史》立《道学传》的看法:"又元人修《宋史》,于《儒林》处别立《道学传》,此后遂为定名,专家似当去之。"并从学术发展的角度,详细解释:"吾道一贯,孰非道学中事? 而以此立儒家标帜乎? 同父所以谓人不当专学为儒,正为此也。同父惜未见之行事;使其任事,定有一番规模。外此,若陈东、欧阳澈之以诸生布衣死谏,洪皓之流递冷山,若斯之类不可枚举,岂非真道学? ……"②

亦有用书信形式评析史著、互相期许者。钱谦益得潘柽章《国史考异》,大加赞许:

> 伏读《国史考异》,援据周详,辨析详密,不偏主一家,不偏执一见。三复深惟,知史事之有成,且成而必可信可传也。一官史局,半世编摩,头白汗青,迄无所就。不图老眼,见此盛事。③

修史,刺激了史家的热情,令清初史家兴奋而活跃,而史家之间因政治见解不同而产生的裂痕在修史实践中得到了弥合,他们借书信积极踊跃表述个人见解,开展学术正名与讨论,在史学的学术天地中,学者们思想单纯而无所保留。

3. 序跋评析

序跋评析是史家之间开展交流的另外一种常见形式。一方面,对史书作者而言,请同行名家为之作评介可以扩大影响,促进史书流传广布,并得到同

---

①　顾炎武:《与公肃甥书》,《亭林文集》卷三。
②　邵廷采:《侯毛西河先生书》,《思复堂文集》卷七。
③　钱谦益:《与吴江潘力田书》,《牧斋有学集》卷三十八。

行的批评指教;另一方面,对史书的序跋作者而言,分析评价史书的过程往往是他们发表史学见解以及对史事、历史人物的观点和看法之时。

清初史家的序跋之作,有简要勾勒史书梗概者,如朱彝尊为孙承泽的《天府广记》作序云:"北海孙退谷先生博学博览,多识轶事。初著《春明梦余录》,历载先代典制景物,刊行传世,几使洛阳纸贵。复有《天府广记》,搜采广罗,文献彰著,洵为艺林之大乘,考核家藉此以为据信也。"①寥寥数笔,而史书之眉目已现。

但更多的序跋侧重于强调史书的独到之处,以及作者对修史者的了解与修史心得的体会。遗民钱澄之为徐秉义的《明末忠烈纪实》作序言:

吾友徐子果亭,为《死难实纪》一编,盖得是义焉。徐子于先朝死事者,自崇祯二年(1629)以来,广搜纪录,一无避忌,其中有此然而彼不然者,有一事而彼此互异者,或有仅存其名而年月未详,本末不载,于是,遍询海内亲知灼见之士,识其言之足可深信者,审之又审,然后据实以书。犹恐不核也,乃仿编年之体,书某年因某事某死。其死之情事历历有闻于世者,则为小传以纪之,如列传焉。至有传闻异辞,事涉可疑者,亦不忍竟没,别为存疑,附诸传后,以俟后之人有如于嵩者,更出其说以相订也。其肆力可谓勤,用心可谓厚矣。

夫徐子,史官也。其才,史才也。日接四方知名有道之士,所见所闻皆史料也。而矜慎如此,史法也。以"实纪"名编,亦惟期其信而已。然则异时有修史者取据野史,当必以徐子《实纪》为定本,则庶乎成一代之信史哉!②

钱氏强调的是徐秉义对史事审慎的态度以及纪实的方法。

邹式金为《绥寇纪略》作序,赞同史家对明末时局的解析:"流寇两见于明代,在正德者,旋即烟消;在崇祯者,遂致屋社。说者归其咎于有君无臣,然所以有君无臣者,抑曷故哉?且寇非曹马比也,其众乌合,其势兽散,以洪承畴之练,卢象升之忠,曹文诏、曹变蛟、左良玉之勇,而或以齑敌,或以舆尸,岂惟天命,盖亦人事而有未尽焉。余悲夫三百年全盛金瓯,一旦瓦解,拱手而莫可谁何也?求其故而不得,得梅村此记录,最详最核,行文更矫健,合龙门遗法,后

---

① 朱彝尊:《天府广记序》。
② 钱澄之:《明末忠烈纪实》"序",《田间文集》卷十二。

之览者,尚凛六马之戒,毋以蚁穴为可忽,致决堤陷天哉!"①

潘耒为夏骃的《交山平寇始末》作序,并予以高度评价:

《交山平寇始末者》,夏子宛来客晋阳作也。交山,阻河并塞,绵洛千里,伏莽数千年,调发数郡不能定,邑令赵恒夫以一文吏,玩之股掌之上,不顿一戟,不绝一弦,浃旬之间,渠魁坐缚,此其事于史当大书特书,及今无述,后将何徵? 乃其间以贼制贼,以间用间,情状万端,非身参筹画、洞悉机宜者孰能笔而传之? 此本末一书不可不作,而作之惟宛来最宜也。宛来故闲于词,赵君此举功又最奇,宜其铺张扬厉有侈辞焉。乃今读其书,于地形事势,曲折变化如指诸掌,而其叙功伐也,有遗劳无溢美,详而有体,核而不夸,后之史家有录交山功而传赵君者,于此取裁焉犹制锦而衣之也,令野史而尽若是,又何病其多,而作史者亦何择言之难耶?②

潘氏强调的是夏骃对交山平寇之史的洞悉以及驾驭史料的资质与能力。

再如,朱彝尊之跋《绥寇纪略》则侧重介绍史书的刊布与流传,"久之,其乡人发雕是编,仅十二卷而止,虞渊沉中下二卷,未付枣木传刻焉。明史开局,求天下野史,有旨,毋论忌讳,尽上史馆,于是先生足本出。"③就这样,通过史书序跋的形式,清初史家就具体史著评论分析,阐述观点,进行更深层次的史学交流。

4. 传记、墓表、墓志铭等

传记、墓表、墓志铭等可叙述史家行迹,又可于阐扬表彰之时,抒发个人于修史方面的心得,故为清初史家间交流的另外一种独特方式。应该承认,这类史料并非史家间直接交流之产物,因为,尚存在于世间的史家当然已经无法与长眠于九泉之下的同志者交流。但一方面,传记、墓表、墓志铭的记载中会透露双方商谈往还的信息;另一方面,流传于世的大量传记、墓表、墓志铭等资料可有效地激励来者,启迪后进。

传记可简要记述传主的史学历程,潘耒为尤侗写传,云:"康熙戊午诏举博学鸿儒,公卿交章推荐,召试保和殿前,置高等,授翰林检讨,纂修《明史》。

① 邹式金:《绥寇纪略》"序"。
② 潘耒:《交山平寇始末》"序",《遂初堂文集》卷六。
③ 朱彝尊:《绥寇纪略》"跋",《曝书亭集》卷四十四。

先生感不世之遇,思以文章上报国恩,屏绝应酬,殚心史事,分撰列传三百余篇,艺文志五卷,别采明代故实,仿李西涯体作乐府数十篇,又作外国竹枝词百余首,其他论撰尤多……"①寥寥数语,而尤侗之修史心态具显,潘耒所称述之尤侗亦有史馆中自己的影子,是对相似史学道路的咀嚼与玩味。

徐乾学、徐元文兄弟为李清所写的墓表、墓志铭,于政治选择完全不同,而史学志趣相近的史学同道,则表现出更多的欣赏与钦佩。徐乾学为李清所写墓表,云:

(李清)晚年著书自娱,尤潜心史学,为史论若干卷,又删注南北二史,编次《南渡录》、《诸忠纪略》等书,藏于家。呜呼!先生不幸了明季之国事,已不可为,顾犹大声疾呼,侃侃建白,卒未能以一木支大厦,沧桑之后,匿影林泉,仅以胜代逸民老。呜呼,岂不重可悲也哉。②

徐元文为李清所写墓志铭,云:

王师下江南,遂弃官归,杜门匿影,蔡中丞开府淮扬,将以遗逸荐,力辞之。今皇上十八年开局纂修《明史》,余首列公名上,亦谢病不行,朝廷从其家取书数种付史馆焉。公垂老手不释书,尤精于史学,所著有史论,南北史《南唐书》各有合注、《三垣笔记》、《南渡录》。③

黄宗羲为谈迁所作墓表,不仅谈迁修史之心绪与动机可体察入微,黄宗羲本人于明末史学的总结与批判,国灭而史不可灭的沉痛与警惕亦可见一斑:

君谈氏,名迁,字孺木,海宁县人,初为诸生,不屑场屋之僻固狭陋,而好观古今之治乱,其尤所注心者在明朝之典故,以为史之所凭者,实录耳。实录见其表,其在里者已不可见,况革除之事,杨文贞未免失实泰陵之盛,焦泌阳又多丑正,神熹之载笔者皆宦逆奄之舍人,至于思陵十七年之忧勤惕励,而太史遁荒,皇寂烈焰,国灭而史亦随灭,普天心痛,于是汰五朝之实录,正其是非,访崇祯十七年(1644)之邸报,补其缺文,成书名曰《国榷》。④

传记、墓表、墓志铭等叙述个人行迹的创作形式,有机地联系起清初史家,成为史家交流的另一片园地。

---

① 潘耒:《尤侍讲艮斋传》,《遂初堂文集》卷十八。
② 徐乾学:《李映碧先生墓表》,《憺园文集》卷三十二。
③ 徐元文:《李映碧先生墓志铭》,《含经堂集》卷二十七。
④ 黄宗羲:《谈孺木墓表》,《南雷文定前集》卷七。

5. 合作修史

合作修史的概念可作两解：其一为史家之间团结协作，在史料搜集方面互通有无，史书撰写方面商议讨论，群策群力，取长补短；其二为私人主持下的合作修史，于民间建立简单的修史机构，分工合作，发挥优长，共同完成史书的纂修。前者本书已有所探讨，在此不赘述。清初凭借私人之力组织的合作修史，主要有如下三起。

清初学界知名的合作修史为吴炎、潘柽章合修《明史记》。据吴炎记述，吴潘二人的合作修史是基于史家之责任感，叹惋有明一代无信史传世，故志同道合，共担此任。吴炎《今乐府序》云：

明兴三百年间，圣君、贤辅、王侯、外戚、忠臣、义士、名将、循吏、孝子、节妇、儒林、文苑之伦，天官、郊祀、礼乐、制度、兵、刑、律、历之属，粲然与三代并隆，而学士大夫，上不能为太史公序述论列，勒成一书，次不能为唐山夫人者流，被之声韵，鼓吹风雅。今予两人故在，不此之任，将以谁俟乎？因相与定为目，凡得纪十八，书十二，表十，世家四十，列传二百，为《明史记》，……①

吴潘二人的志向明确，《明史记》将以《史记》为规范，修成 280 卷的纪、传、表、志、世家齐全的有明一代纪传体史书。不仅史书体裁体例的基本结构已预先制定，修史的指导思想，吴潘二人事先也曾详细商讨："某（指吴炎）故与潘子约，读史以国史、野史相证佐，为指摘其得失，阙疑存信，以削劙岁月，老草木之身而已。"②此外，潘耒的记述更进一步揭示，吴潘二人的合作修史，有规划，有系统，纂修的方法与步骤周密而细致："亡兄与吴先生草创明史，先作长编，聚一代之书而分划之。或以事类，或以人类，条分件系，汇群言而骈列之，异同自出。参伍钩稽，归于至当，然后笔之于书，其详且慎如此，庶几不失古人著书之意。"③

并且，承担具体修史工作的，除了吴炎与潘柽章之外，还吸引了擅长明末农民军史事的著名史家戴笠，潘耒《寇事编年序》云："亡兄有意编纂明代之书，先师戴耘野先生为之分任寇事。崇祯一朝无实录，取十七年之邸报与名臣

---

① 吴炎：《今乐府》"序"，转引自谢国桢：《增订晚明史籍考》，第 65 页。
② 吴炎：《答陆丽京书》，转引自谢国桢：《增订晚明史籍考》。
③ 潘耒：《松陵文献》"序"，《遂初堂文集》卷七。

章奏,私家记载采辑成书,用编年体排日系事,不漏纤毫,依司马温公丛目次长编后通鉴之法,宁详毋略,宁琐毋遗,提纲缀目,有条有理。"①《明史记》的纂修还得到了当时另外一些名流学者的倾力相助,钱谦益为之出谋划策,顾炎武、李逊之、陈济生等为之贡献藏书②,加之潘柽章、吴炎才望相埒,藏书千卷,素有修史之志,如能书成告竣,成就自然非凡。

据吴炎《今乐府序》载:"且自乐府成后半岁,而得纪十,书五,表十,世家三十,列传六十有奇,盖史事已过半矣,余与子固可谢息壤盟也。"③《明史记》的纂修工作指导思想明确,体裁体例完备,修史计划周密,纂修工作顺利而有序。然而,就在史书完成过半之时,庄氏史狱起,吴潘二人无辜遭受株连,同罹于祸,《明史记》这项令清初学人瞩目的合作修史的成果,也中途夭折。

吴炎、潘柽章的合作基于共同志趣,依靠志同道合的学者之间的团结与合作。比较而言,另外两个合作修史的班子则基于组织者的财力以及搜集和占有史料的能力。清初,比较早的凭借财力以私人名义招募学者合作修史的例子当属庄廷鑨修纂《明史辑略》。晚明首辅朱国桢一生喜欢读史、撰史,立志修一部明朝信史,名为《皇明史概》,但因朱国桢政务繁忙,身体羸弱,至临终《史概》并未完成,其后家道中落,子孙无力续写,手稿遂辗转落到庄氏手中。庄廷鑨追慕先贤,以瞽史自居,遂决定续修《史概》。"庄氏修史,不是单独进行的,而是组织了一批人集体进行的,他是个主编。"④庄氏有家财,有史料,可以雇用当地文人帮助修史。据《费恭庵日记》载,庄廷鑨购得朱国桢书稿后,"乃聘诸明史茅元铭、吴炎、吴楚、吴之铭、张隽、唐元楼、严雲起、韦全祉、蒋麟徵、潘柽章约十六七人,群为删润论断,又以史中未备者,采乡先达朱瑞徵《五芝纪事》及《明末启祯遗事》,名曰《明史辑略》,求庚辰进士李令晳为之序。"⑤《费恭庵日记》所列多为参订、参阅《明史辑略》的名士,实际参与修史的未必

---

① 潘耒:《寇事编年》"序",《遂初堂文集》卷六。
② 据《碑传集补》卷三十五《潘力田传》:"私家最难得者实录,柽章鬻产购得之,而昆山顾炎武、江阴李逊之、长洲陈济生皆熟于典故,家多藏书,并出以相佐,间出其稿质之钱宗伯谦益,谦益大喜之,叹曰:'老夫耄矣,不图今日复见二君。绛云楼余烬尚在,当悉以相付。连舟载其书归。'"
③ 吴炎:《今乐府》"序",转引自谢国桢:《增订晚明史籍考》,第65页。
④ 钱茂伟:《庄廷鑨修史考论》,《宁波大学学报》1989年第3期。
⑤ 《费恭庵日记》,转引自谢国桢:《增订晚明史籍考》,第64页。

有这么多,但庄氏凭借家族之财力聘请学者合作修史却是不争的事实。

与庄氏修史相比,谷应泰的《明史纪事本末》虽然也是合作修史的产物①,但除了财力因素之外,谷应泰的个人声望与政治和社会影响无疑也是促成史家合作的重要因素。

私家修史自产生以来就不排除合作,司马迁修《史记》是父子两代人的努力,班固的《汉书》为多人合修而成,只不过其合作修纂多局限于家族之内,且多非同时进行,有先后之分。清初,私人史家的合作精神突破了家族之限,洋溢于师友之间,史家们甚至消除了因彼此政治成见而造成的隔阂,团结一致,悉心为史,为私家修史的走向深化作出了不朽贡献。

二、清初各类史家群体的史学功能

总体上说,清初不同史家群体之间的史学联系稳固而紧密,因而,清初史学得以保持一种稳定而上升的良好气氛。不同群体的史家在共同的文化信念的促动下,通过史学这一文化纽带建立广泛联系,从而形成强大的贯穿社会各阶层持久的文化合力。而在具体的史学文化合力中,不同群体的史家则分别扮演不同的角色,发挥不同的史学功能。简而言之,明王朝的维护者史家群体重于参加,发愤创作;清王朝的支持者史家群体重于组织,沟通与联系;而在新旧政权之间动摇的史家群体则充当不同社会阶层之间的联络枢纽。

1. 明王朝的维护者史家群体——发愤创作、积极参与的史学功能

维护明王朝的史家群体为清初史家之主体,他们勤奋耕耘于清初史学领域,不仅留下了卷帙浩繁的史著,并将修史之行为上升为信念与精神,于清初史学的产生、发展以至壮大均有举足轻重的作用。

首先,明王朝的维护者为清初史家的主体,并成为清初史学的主导力量。从数量上看,明王朝的维护者史家群体是清初史家的主体。根据笔者的考察,

---

① 郑天挺先生认为:"谷氏未尝经过长期资料积累而忽然在两三年之间作出一部六十万字的有系统有裁断的历史巨著,而这两三年他还要全省十一府去按试,不能住在杭州"(郑天挺:《对〈明史纪事本末·前沿〉之意见》,《及时学人谈丛》,中华书局2002年版,第492页),因此,没有独立完成《明史纪事本末》的可能性;台湾东吴大学徐泓经多方考证,认为"《明史纪事本末》应该是由谷应泰挂名总其成,他罗织的作者群中有徐倬、张坛、张岱等"(徐泓:《〈明史纪事本末〉的史源、作者及其编纂水平》,《史学史研究》2004年第1期)。

该群体的数量在清初史家的总数中占压倒性多数,因而,该群体的史学风貌成为影响清初史学的主导力量,他们所修史书的内容、修史特点以及所表现出来的史学精神和史学思想影响着清初近六十年的史学风貌,并代表着清初史学的方向。

明王朝的维护者史家群体修史之主要目的为存留有明历史,故修史多以明史为主,而明史之修纂亦成为清初史学发展的主导。不仅私家修史如此,官修史学亦选择明史为主要方向。自清初直至乾隆时期官修《明史》正式刊刻,修纂有明一代历史成为清初史学发展的主线。应该说,一方面,以明朝历史为主要内容的清初史学有其时代的因素,适逢明朝灭亡之时,记录王朝历史的盛衰成为后人责无旁贷的历史使命,无论是就史家个人还是后续王朝来说,纂修有明历史就是完成时代的重托;而另一方面,官修与私修史学均选择了同样的史学内容,体现出私人史家的社会及文化影响。清王朝官修《明史》,历时九十五年之久,三代君主续修不辍,究其原因,既有政治因素——新王朝需借修史以寻求王朝之正统,又有文化方面的因素——利用官修史书的机会寻求与士人的合作,以网罗贤才,储备智能。

在修史内容根本一致的前提下,官修史学与私家修史又在很多其他方面达成共识,因此,不仅明王朝的维护者史家群体所倡导的南明史的修纂成为清初史学发展的主流,借助史学空间探讨明王朝灭亡的根本原因,以及为明末清初的忠义之士作传的史学观念也流行一时,成为所有史家共同努力的方向。

此外,还应看到,官修史局中除一部分人为朝中显要,代表君主监控修史,本人于史学造诣不深者外,还有大量的私人史家的加入,他们在史学领域内的建树不仅表现在官修史书方面,私下亦以个人名义纂修史书,以求名垂不朽。可以说,官修《明史》的成功,私人史家亦有大功。

综上可以看出,从某种意义上说,明王朝的维护者史家群体是清初史学的主导力量,他们决定了清初史学发展的主流,具有史学发展史上的象征意义。

其次,明王朝的维护者史家群体兢兢业业,创造了大量史著,为存留历史、发展史学作出了不朽贡献。明王朝的维护者史家群体于清初史学的重要功用,绝不仅仅取决于其为数之众,因为,在三大史家群体之中,该群体于修史是用力最勤、建功最卓越的,他们的史学建树落于实处,大量的私修史书由他们亲手创作,并传流后世,成为有清一代史学的珍贵遗产。

　　明王朝的维护者史家群体修史,自发而自然,多能依据亲身经历之史事,搜集整理,创为史书,故其史著往往不局限一种。遗民张岱,史著达十余种之多,现存世且有较大影响者为《古今义烈传》、《石匮书》、《石匮书后集》、《史阙》、《明季史阙》、《三不朽图赞》;查继佐,史著不仅有《罪惟录》,还有《国寿录》、《鲁春秋》、《东山国语》等;黄宗羲之史著,除《明儒学案》之外,还有《四明山寨记》、《日本乞师记》、《海外恸哭记》、《赣州失事》、《绍武争立记》、《舟山兴废》、《沙定州纪乱》、《赐姓始末》等;文秉,有《定陵註略》、《烈皇小识》、《甲申小记》、《先拨志始》等。

　　并且,在史学著述方面,明王朝的维护者史家群体修史之范围不囿于有明历史,亦有入清后,闭门著述,潜心史学,研究古史的学者。此外,该群体史家之创作虽有良莠不齐之嫌,但清初私史的优秀篇章,多出其手。私人史家亦能在史学思想方面,各抒己见,骋其胸臆,于史书体例、修史功用以及具体的修史手法等方面均能有所总结,利泽后世。

　　再次,明王朝的维护者史家群体多能将修史视为神圣之事业,将修史精神升华为政治理想与生命信念。"明清之际著名遗民学者对史事的参与——除谈迁的《国榷》、查继佐的《罪惟录》、张岱的《石匮藏书》外,如李清的《南渡录》、顾炎武的《圣安纪事》、王夫之的《永历实录》、黄宗羲的《弘光实录钞》、《行朝录》、钱澄之的《所知录》、屈大均的《皇明四朝成仁录》等,作为遗民行为,被赋予特殊的庄严性。"[1]遗民修史,不仅致力于学术,更重要的是自发精神之体现,修史与遗民的政治信念合为一体,从而使遗民之史学焕发出一种前仆后继、牺牲小我的精神。

　　遗民修史精神表现为"国可灭,史不可灭",并把修史作为生命之支柱。太史公当年于生死之中的选择成为许多清初遗民史家的榜样,为了完成有明一代之信史,苟活于世,奋身其中。遗民修史精神亦表现为对清初史学的格外关注,不仅与民间同道互通声气,对官方史学的状况也表现出重视,甚至亲身参与其中。万斯同之高蹈遗民气节,为修史可以屈身于徐乾学之幕府,不置衔,不受俸,被黄宗羲称赞为"四方声价归明水,一代贤奸托布衣"[2]。遗民修

①　赵园:《明清之际士大夫研究》,第438页。
②　黄宗羲:《送万季野北上》,《南雷诗历》卷二,《黄宗羲全集》第十一册。

史还表现出对史学的极大兴趣与向往,扬州范荃,明亡后究心修史,友人劝其出仕,答以书云:"闭门静坐,啜茗听鹃,与二三童子周旋外,或沉酣史籍,上下古今;或商榷风雅,考订讹伪。兴之所至,笔墨淋漓,五字刻成,千言立就,真不知天高地厚,乐境无穷,安往而不得其为我?"①在史学空间中,明王朝的维护者史家群体物我两忘,纵情驰骋,生命价值与政治信念合而为一。

2. 清王朝的支持者史家群体——学术联系与组织

史学界的团结是清初史学的生命之源,而这一健康学术风气的出现与位居庙堂之上、凭借其独特的政治地位和学术影响取得民间声援与支持的清初官员型的学者们的努力分不开。清王朝的支持者史家群体除了在史学方面表现出浓厚的自觉意识和兴趣,并耕耘于修史领域之外,其更多的精力体现在史学的联系与组织方面,而尤以清初一些幕府的史学功能最为突出。

"游幕作为清代学人在入仕之外最为普遍的职业选择之一,这种社会现象在满洲贵族确立起对全国的统治之后不久就已产生,它在士人社会生活中的重要性,直到清朝灭亡前之数十年,没有根本的改变。"②因游幕介于仕隐之间,不等于入仕,因而与仕于"异族"不同,但因所主之人毕竟为清廷官员,故顺治统治期间遗民学者轻易不会出游幕府。"但是,到了康熙初年,情形不同了。游幕学人不仅数量大大增加,而且其中包括了不少有名的学者,像后人耳熟能详的李渔、蒲松龄、朱彝尊、毛奇龄、顾祖禹、万斯同、阎若璩、梅文鼎、查慎行、洪昇、陈潢、李因笃等,都加入了游幕者的行列。"③

首先,清初幕府为一批史家提供了存身之地,为其进一步访求史料、纂修及修订史书提供了便利。史家以个人名义修史,多历艰辛,凭借个人之力,往往很难完成修史的艰巨工作,必要的搜求史料的工作和实地考查均需一定的经济后盾,而幕府则不仅能解决经济上的燃眉之急,而且能通过广泛交游弥补识见不足的缺陷。史家谈迁曾应弘文院编修朱之锡之聘,北上京师,存身幕府,访求史料,以订补《国榷》。两年多的幕府生活,谈迁访问了著名藏书家如曹溶、吴伟业、霍达等人,并在吴伟业处借到《万历实录》、《崇祯邸报》等史料,

---

① 孙静庵:《明遗民录》卷一。
② 尚小明:《学人游幕与清代学术》,社会科学文献出版社1999年版(下同),第13页。
③ 同上书,第15页。

与《国榷》原稿相互核对。并且,谈迁还将书稿送给三人,请求他们指出错误,随时改正。此外,谈迁还到处访问明朝的降官、贵族子孙、太监、官僚贵族、门客、城市和乡村居民,访问历史遗迹,如景泰帝和崇祯帝的坟墓,金善明代皇族丛葬地、香山和西山的古寺等。可以说,幕府之行为《国榷》的进一步完善以及最终成书均奠定了一定的基础。

其次,清王朝的支持者史家群体延聘史学名家,赋幕府以史学功能。谷应泰修《明史纪事本末》,靠幕府之内的史学创作群体。昆山徐乾学(1631—1694),于康熙二十一年(1682)奉命纂修《明史》,任总裁官,平时好结交宾客,吸引海内大批史家。

他的弟子韩菼对此有生动记述:

公故负海内望,而勤于造进,笃于人物,一时庶几之流,奔走辐辏如不及。山林遗逸之老,亦不惜几两,屦远千里乐从公。公迎致馆餐而厚资之,俾至如归,访问故实,商榷僻书,以广见闻。后生之才隽者,延誉荐引无虚日,即片言细行之善,亦叹赏不去口。荜门寒畯,或穷困来投,愀然同其忧,辄竭所有资助,不足更继之,即质贷亦不倦。以故京师邸第,客至恒满不能容,多僦别院以居之,登公之门者甚众。①

遗民史家钱澄之亦为之叹服,称颂徐乾学:"因广求四方淹雅博通之士,遍徵古今图籍,至稗官小史,凡有裨于纂修者无不购也。笔札之费,供给之烦,未尝以屡空有难色也。旦夕较雠,虽盛暑挥汗、大寒拥衾,手不释卷,未尝以劳苦有怠志也。事之可疑者,错综前后,互相考订,必正其淆讹而后已。于人之可疑者,必原情论世,推见其所以然,不肯以可否苟听之古人已也。"②

徐乾学礼贤下士,有古人之风,故能吸引海内学者奔走报效,并且,徐氏藏书之富,罕有与之相匹敌者,也是吸引学者前来的重要因素。黄宗羲在《传是楼藏书记》中对徐氏藏书给予充分肯定:

健庵先生生乎丧乱之后,藏书之家,多不能守,异日之尘封未触,数百年之沉于瑶台牛箧者,一时俱出,于是南北大家之藏书尽归先生。先生之门生故吏遍于天下,随其所至,莫不网罗坠简,搜抉缇帙,而先生为之海若,作楼藏之,名

---

① 韩菼:《资政大夫经筵讲官刑部尚书徐公乾学行状》,《有怀堂文稿》卷十八。

② 钱澄之:《增都御史昆山徐公罢总裁监修明史序》,《田间文集》卷十七。

曰传是。①

黄宗羲甚至感慨，"惜某老矣，不能假馆而尽读之也。"②可以说，徐乾学的声名以及徐氏藏书的宏富吸引了清初大多数有名的学者，如万斯同、阎若璩、刘献廷、胡渭等纷纷加入徐氏幕府。修史为徐乾学幕府的重要学术活动之一，除了延聘学者纂修《明史》及《大清一统志》外，徐乾学还组织大批学者编纂了《资治通鉴后编》。据《四库全书总目》："是编（指《资治通鉴后编》）以元明人续《通鉴》者陈桱、王宗沐诸本，大都年月参差，事迹脱落，薛应旂所辑虽稍见详备，而如改《宋史》周义成军为周义，以胡瑗为朱子门人，疏谬殊甚，皆不足继司马光之后，乃与鄞县万斯同、太原阎若璩、德清胡渭等排比正史，参考诸书，作为是编。"③并高度评价徐乾学幕府史学的创作成果，认为"年经月纬，犁然可观。虽不能遽称定本，而以视陈、王、薛三书，则过之远矣"④。

借助政治及经济方面的有利条件，清王朝的支持者史家群体较为充分地发挥其学术组织和联系的史学功能，从而带动了清初史学的繁荣局面。

3. 在新旧政权之间动摇的史家群体——史学枢纽功能

除了以个人身份修史，直接对清初史学作出贡献之外，在新旧政权之间动摇的史家群体还是沟通民间与官方，联系私家修史与官修《明史》的重要纽带和桥梁。于此方面，无疑，清王朝的支持者群体发挥骨干作用，但令人讶异的是，那些似乎备受世俗讥讽和嘲笑，甚至在文化界难以抬头的、被认为是变节之士的、在新旧政权之间动摇的史家群体于其中也有重要影响。具体而言，在新旧政权之间动摇的史家群体的史学枢纽功能主要表现为如下方面。

第一，凭借自身学识为私人史家及其史著提供参考意见。如钱谦益，为清初学界领袖，史识渊博，为士人钦服，很多私人史家均求教于钱谦益，希望他在撰述风格、方法甚至选取史料时应该确定的中心事件等一些修史中遇到的具体问题详细指教。吉水李文孙，作《李忠文公行状》，就正于钱谦益，钱则出于史家之责任感，详细指点。钱本人早有写该行状之志，"然而命笔之期，所以迁延改岁者，以斯文之作，殊非聊尔，用以证明信史，刊定国论，其考订不得不

---

① 黄宗羲：《传是楼藏书记》，《传是楼书目》。
② 同上。
③ 《四库全书总目》卷四十七，史部编年类。
④ 同上。

详,而叙述不得不慎也。"①见李文孙之作,文直而事核,钱谦益感到万分欣慰,但也提出很多详细的参考意见,指出:

> 状所载监、抚二疏,备矣,第未详初疏在某月某日,次疏在某日,词臣南迁之疏,相去又几日。此大事也,须用史家以日系月、以事系日之例,时日分明,奏对隔别,则同堂共事,交口合喙之心迹,可不辨而了然矣。龙胡既逝,蝇头不存,造膝之谈,凭几之语,人为增损,家为粉饰。今当就彼记注,确为笺疏,无令暗中摸索,移头改面。即弘光诏书罪状光时亨之语,未尝以南迁一议,通指两家,可覆视也。时亨胁上之疏,或言专斥南迁,或言并攻监、抚。当日简牍具在,不可矫诬。此亦时事相关,当并为条析者也。嗟乎! 一代表仪,千秋知己。忠文往矣,宁有斯人? 七尺未亡,三存犹在。倘其鲠避气焰,回互忌讳,黎丘之鬼,语笑扶同,恒思之丛,形影假借。驯至孔、墨齐驱,聃、非合传,千秋青史,烂乱自我,何以逭于昌黎人祸天刑之责乎? 古人作史,期于直书。其文必先年经月纬,巧伪滋多,口众我寡,或有挂漏,反贻口实。是以临文思惧、沘笔而不敢舍然也。伏望为我再考掌故,重核阙遗,旬月之间,详书见示。请以发函之日,为授简之长,俾得策励衰迟,抖擞翰墨,发摅肺腑之菀辖,蠲除史乘之灾眚,庶几金石之托,不愧后死,抑亦可以有辞于汗青也。
>
> 又若皖城之役,单骑入左营,保全东南半壁,此事尤为奇伟。当时奏报书尺,处分条画之详,更欲详悉访求,以供撰述。古人如司马、韩、欧,论次此等事情,必须委曲描写,使百世之下,须眉咳唾,一一如见,不应草草命笔也。惟足下重图之。②

邹漪就史学纂修求教于钱谦益,钱以两言相进:"一则曰博求,二则曰虚己。"③吴炎、潘柽章也曾就史事,就正于钱谦益,钱亦一一作答。另外,谈迁之求教于吴伟业,也是该史家群体凭借其博学多识发挥其史学枢纽作用之一证。

第二,提供史料。钱谦益之绛云楼藏书,得天下之精华,为此,很多史家求教于钱谦益,以求获得史料方面的指点。钱谦益于《复吴江潘力田书》之尾,谈道:"《东事纪略》,东征信史也。人间无别本,幸慎重之。俞本《纪录》,作绛

---

① 钱谦益:《与吉水李文孙书》,《牧斋有学集》卷三十八。
② 同上。
③ 钱谦益:《启祯野乘·序》,《牧斋有学集》卷十四。

云灰烬。诸侯陆续寄上,不能多奉。"①可见,潘柽章于史料方面,得到钱谦益的帮助。顾炎武亦曾借书于孙承泽②。

　　谈迁于史料方面,亦曾就教于吴伟业。顺治十年(1653),谈迁应弘文院编修朱之锡邀请,应聘作记室,沿运河北上,全力寻找史料,亦多次请教吴伟业。谈迁"入京凡两年,在《北游录·纪邮》凡八百六十七条日记中,谈及与吴伟业过从交往及诗文有关者,凡七十条左右,占总数百分之十强"③。谈迁出身贫寒,虽有修史之志,但于史料方面,多有遗憾,"迁自恨绳枢瓮牖,志浮于量。肠肥脑满,妄博流览,尤于本朝,欲海盐、丰城、武进之后,尝鼎血指,而家本儋石,饥梨渴枣,逐市阅户录,尝重跰百里之外,苦不堪述。条积瓯藏,稍次岁月,矻矻成编,而事之先后不悉,人之本末未详。间见邸抄,要归断烂,凡在机要,非草野所能窥一二也",故求教于吴伟业,"凡有秘帙,黎隙分青,弥切仰祈。记室所抄《春明梦余录》宫殿及《流寇缘起》,乞先假,唧谢不既。"④吴伟业对谈迁有求必应,"罄之所有书籍、邸报供谈迁使用,甚至冒了危险,将恳请年余,才从侍郎孙承泽处借来其手撰的,富有史料价值的《四朝人物传》,一再地给谈迁参考。"⑤

　　第三,以史官身份推荐私史著作到史馆。毛奇龄身为史官,供职史馆,不仅大力推荐私家史著到史馆,并多次凭借私人交情,恳请私人史家拿出名山之藏,以有助于修史。作为史官,毛奇龄深刻意识到民间史书与史料对官修史书的重要性,他说:"今则史馆稠杂,除入直外,日就有书人家,怀饼就抄,又无力雇书史代劳,东涂西窃,每分传一人,必几许掇拾,几许考核,而后乃运斤削墨,侥幸成文。其处此亦苦矣。又况衣食之累,较之贫旅,且十倍艰难者耶。"修史,最艰难者,在于史料,毛奇龄于史料抓阄,领导的任务是弘治、正德两朝纪传三十篇,为后妃六篇、名臣二十五篇、杂传一篇,后又分得盗贼、土司列传,"虽此中尚有书可查,然讹舛极多,从前已刻,如吾学史料诸编,比之大海一

---

①　钱谦益:《复吴江潘力田书》,《牧斋有学集》卷三十九。
②　参见谢正光:《清初的遗民与贰臣——顾炎武、孙承泽、朱彝尊交游考论》,《清初诗文与士人交游考》,第354—355页。
③　张宗原:《谈迁和吴伟业》,《华东理工大学学报》1994年第2—3期。
④　谈迁:《上吴骏公太史书》,《北游录·纪文》。
⑤　张宗原:《谈迁和吴伟业》,《华东理工大学学报》1994年第2—3期。

沤,百不十具,他若通纪定纪法传从信种种,则又纯涉虚假,全不足凭,是以是非易决,真伪难审"①,为此,大力发掘民间史料,意义非凡。他给张岱写信,请求张岱献出所修之史书:

夫名山之藏,本待其人,久闭不发,必成物怪。方今圣明右文,慨念前史,开馆修辑,已幸多日,乃荐辟再三,究无实济,翰音鼓妖,于今可见。向闻先生著作之余,历纪三百年事迹,饶有卷帙,即监国一时,亦多笔札,项,馆中诸君,俱以启祯二朝,记志缺略,史宬本未备,而涿州相公家,以崇祯十七年(1644)邸报,全抄送馆编辑,名为《实录》,实则挂一漏万,全无把鼻。项,总裁启奏,许以庄烈皇帝本记,得附福王、鲁王、唐王、桂王诸记于其末,而搜之书库,惟南都一年,有泰兴李映碧廷尉《南渡录》,西南建号,有冯再来少司寇《滇黔诸记》,稍备考索,至鲁国隆武,始终阙然。今总裁竟以是纪分属某班,旋令起草,此正悖典殷献之时也。不揣鄙陋,欲恳先生门下,慨发所著,汇付姜京兆宅,抄录寄馆,以成史书。②

除了已成形的史书之外,尚未汇集成编的史料文献也是毛奇龄搜集网罗的对象,他写信给诸友人,请求搜集相关文献,"客冬,曾托董无庵汇征越中诸先贤誌传",又请求友人蒋杜陵,专以相托,"嘉隆后八邑名贤,祈统为汇徵寄某。"③

必须承认,清初三大群体史家除上述史学功能外,亦在其他方面发挥其应有的作用。并且,上述归于各类史家名下之功能非某一群体所独有,其他群体史家亦多所兼具,本书仅以三者之对比,取其突出者详述之,余不一一赘言。

---

① 毛奇龄:《复蒋杜陵书》,《西河文集》书七。
② 毛奇龄:《寄张岱乞藏史书》,《西河文集》书四。
③ 毛奇龄:《复蒋杜陵书》,《西河文集》书七。

第四章 清初史家的地域分布及原因分析

清初史家在地域分布上与明代和清代的文化地理分布有或多或少的出入,呈现出细微的差别。研究清初史家的地域分布特点并分析其原因,再结合明清两代文化的地域性分布特点,比较异同,对于研究史学,尤其是私家修史产生和发展以至于兴盛的原因,是颇为重要的。

第一节 清初史家的地域分布简析

在分析清初史家的地域分布特点时,为了说清历史状况的来龙去脉,笔者调查了明代和清代两段时期文化的地域分布特点。清初上承明代之末,而又下启清代中晚期,具有承前启后的特性,必然会受到明朝统治时期文化地域分布的影响,同时,又会影响到整个清代文化地域分布的特点。分析明代和清代的文化地域分布特点之后,再来研究清初史家的地域分布特点,无疑会水到渠成,大有裨益。

一、明代文化的地域分布状况

文化的发展具有传承性,清初在文化领域中的特点往往与明朝统治时期有相似之处。为了说明明清之际文化领域体现在史学方面的历史变动,笔者将明朝时期文化领域的地域分布特点做了一些基础性的研究和调查,以便为研究清初的文化发展形势提供依据。下面是有关明代文化地域性分布特点的几个参考数据。

参考数据之一为《明史》入传人物和分布密度统计。按照入传人数的多少,各地的名次排列为:

《明史》入传人物籍贯分布统计表

名　次	省　份	名　次	省　份	名　次	省　份
1	浙江	8	陕西	15	湖南
2	江苏	9	福建	16	北京
3	江西	10	湖北	17	云南
4	安徽	11	山西	18	广西
5	河南	12	广东	19	贵州
6	山东	13	四川	20	辽宁
7	河北	14	上海		

根据纪传体史书的规律,一般而言,清朝为胜朝所修的正史——《明史》中所反映的人物基本上是对明代的政治、经济产生一定影响的人物。这个统计数字所反映的明代人物的状况,可以作为一个大体上的参考,并与清初私人史家地域性分布构成比较。因为该统计数字中所涉及的人物可能会不属于学者的范畴,或者更谈不上史家的范畴,因此,整个统计数字对于史学研究来说不能说是完全确切,但是考虑到这个数字毕竟反映了明代人物地域性分布的一种基本的态势,与整个明代文化的地域性分布规律有联系,笔者仍然把它作为参考的数据之一。

参考数据之二为明代进士籍贯分布统计。按照各地进士数量的多少,其名次排列为:

明代进士籍贯分布统计表

名　次	省　份	名　次	省　份	名　次	省　份
1	浙江	6	北直隶	11	陕西
2	江西	7	河南	12	广东
3	南直隶	8	湖广	13	云南
4	福建	9	四川	14	广西
5	山东	10	山西	15	贵州

　　科举考试作为封建社会录用人才的一种衡量标准,客观上也往往代表着文化的发达程度以及地区的人才优势等多方面的内容,因此,根据上述统计,可以得出下面的结论:"从区域上看,东南沿海地区(苏、浙、沪、闽)人物最密集,长江中上游流域(赣、鄂、皖、川、湘)次之,东北、西南和西北边陲地区最少,明显显现出沿海、沿江、内地和边远几个不同的地理层次,其格局与安史之乱以来经济文化中心东渐南移的区域进程相吻合,也与中国商品化城市化的区域进程相一致。"①

　　参考数据之三为清初著名史家黄宗羲的《明儒学案》。根据黄宗羲的记述,可以统计出明代名士硕儒的地理分布状况。黄宗羲根据明代学者的文集和语录,分析宗派,确立学案,共计记录了200余位明代学者,是明代最系统的学术史专著。《明儒学案》一书中关于明代名士硕儒的分布情况统计如下:

《明儒学案》中所记明儒的地理分布情况统计表②

名　次	省　份	名　次	省　份
1	江西	7	安徽
2	浙江	8	福建
3	江苏	9	川、鄂、鲁、豫
4	陕西	10	湖南
5	广东	11	甘肃
6	河南		

　　名士硕儒的统计数字表明,江西位居全国之首,江浙地区紧随其后,而作为东南沿海的广东和福建在这一统计数字中并不占据明显的优势,甚至福建一省已经落到了排名的后面,而陕西和河南两地则排到了前列,这与前面的两个统计数据有一定的差异。

　　参考数据之四为明代儒生、文士统计表,各地的数量排列次序为:

---

　　①　陈国光:《明代人物的地理分布》,《学术研究》1998年第1期。
　　②　以上三个统计数据均参考了上文。

明代儒生、文士统计表①

名　次	省　份	名　次	省　份
1	江苏	5	山东、广东
2	江西	6	湖广
3	浙江	7	陕西
4	福建、河南	8	山西、四川

对以上数据需要加以说明的是,南直隶指的是江苏、上海和安徽地区。明太祖朱元璋建立明朝时,以应天为都城,改称南京,辖有今天的江苏、上海和安徽地区,到明成祖朱棣迁都北京后,仍以南京为留都,称为"南直隶"。

上述四种参考数据从不同的侧面说明了明代文化的地域分布状况,为研究清初史家地域分布提供了依据和思路。首先,就文化发展而言,作为文化行为个体的人,或者说学者主体,他们的数量以及地域分布无疑会影响不同领域的文化发展。史学,尤其是私家修史,与史家个体有着极为密切的关系。明代的四个统计数据实际上都说明的是有明一代人才的地理分布状况,而对于清初而言,则可以预示清初人才的储备状况。史家群体,是一批文化程度较高、学术修养较强的学者群,清初的史家地域分布,应该会受到明朝以来的人才地理分布规律的支配。

就理论上来说,应该如此,但是实际情况并非如此简单。清初史家地理分布的实际情况,除了表现出清朝自身的特点之外,还体现了史学作为文化领域中的一个范畴有其自身发展的特点,有些因素会对史学,尤其是私家修史领域产生格外重要的影响,而这些影响,在其他的学术领域中是看不到的。

按照文化的自然逻辑,上述的分析大体上应该可以同样适用于清初史家的区域分布态势:东南沿海地区密集,长江中上游地区次之,而东北、西南和西北边陲地区分布最少。上述数据勾勒了明朝文化地理分布的大致轮廓,史学

---

① 本数据参考王会昌:《明代儒生、文士统计表》,《中国文化地理》,华中师范大学 1992 年版(下同),第 162—163 页。

作为文化发展的一个门类,其基本的走势与文化发展的整体方向应该是大致一致的。由于关于明代私修史家的研究和有关统计数据还是史学界的空白,本书只能以整个文化发展的走势作为参考依据。作为数据,上述的统计数据在研究清初私家修史的过程中,可以通过数据对比,研究清初私家修史的一些问题:

1. 清初史家的地理分布与明朝文化发展的关系

明代文化发展占优势的地区为清初史家的诞生做了人才的储备,一般而言,文化繁盛之地往往也会是史家辈出的地方。对比清初史家的分布与明代人才储备的分布,可以说明文化发展对于史学的促进作用以及明代人才发展占优势地区所提供的史家储备对促进史学,尤其是私家修史发展的重要作用。但是,如果二者出现不一致,或者不完全一致,则说明在清初的文化发展史上出现了特殊性,而这种特殊性则是清初特殊的时代所赋予清初史学的特殊发展动因,也是本书所要研究的主要内容之一。

2. 清初史家地理分布与经济发展的关系

明代文化发展的走势与经济发展的走向是大体一致的。对比两朝文化地理分布与史家地理分布,可以比较出经济发展对于史学和私家修史发展的影响。清初各地经济出现不同程度的衰退,但如果这种在一定时间内出现的经济衰退对清初史家的地理分布并未造成大的影响,这说明在影响史学发展的因素中,经济并不是唯一的因素,甚至也不是最重要的因素。

二、清代文化的地域分布状况

清代的文化地域分布状况是清初文化格局的继承和发展,考察清代文化的地域分布对研究清初史学的地域性也会有借鉴作用。有关清代文化地域分布状况的第一个参考数据是在乾隆统治时期形成的统计数据。乾隆时纂修《四库全书》,收录了全国大部分士人的书籍,可以体现当时的文化地域分布,并且,其时距离清初不远,如果不考虑禁书的影响,这一数据对于研究清初文化分布状况参考价值较高。根据《四库全书总目》中对作者时代与地理分布的统计,其结果如下:

《四库全书》中作者的地理分布统计表①

名　次	省　份	名　次	省　份
1	浙江	6	山东
2	江苏	7	河南
3	江西	8	河北
4	福建	9	上海
5	安徽	10	四川

由于《四库全书》所收书籍的作者不仅仅限于清朝,所以对于研究清朝学者,尤其是清初学者状况只能提供参考和借鉴。

王会昌在《中国文化地理》一书中,考察了中国文化发展的整个走向,通过对明、清两朝文化发展状况的具体研究,他得出结论,认为清代文化发展状况基本上在继承明代特点的前提下,有了一些变化和特点。他说:"概括而论,自南宋而至元、明的 500 年间,南方文化的密集区在江、浙、赣地区;清代 260 多年,江南各地文化虽然都有所发展,但江西学风衰减,文化密集区收缩到作为极核的江、浙地区。"并且,王会昌还指出:"在南方学风弥漫于江、浙、赣的同时,沿海地区的闽、粤学风日渐兴起。福建的福州、兴化、泉州和漳州,广东省的潮州、广州和顺德等地,都是分布于入海河流三角洲平原上的沿海学风盛地,由此已经显露出近百年来我国东南沿海新月形文化带的端倪。"清代的文士、儒生的统计数据证实了王会昌的判断。

清代文士、儒生的地域分布形势是这样的,按各地人数多少顺序排列为:

清代文士、儒生统计表②

名　次	省　份	名　次	省　份
1	江苏	7	江西
2	浙江	8	山西、湖北

---

① 本统计表依据王垒:《〈四库全书〉中所收著作的作者时代与地理分布研究》,武汉大学图书情报学院硕士学位论文(1997 年)。

② 王会昌:《中国文化地理》,第 165 页。

名　次	省　份	名　次	省　份
3	安徽	9	河南、陕西
4	直隶	10	贵州
5	山东、湖南、广东	11	甘肃、广西
6	福建		

根据清代的文化分布情形,江浙地区仍旧保持着文化优势,安徽也由稍微落后的地区入列第三位,直隶地区由于位于京畿地区,提升到了第四位,而广东和福建等东南沿海地区则在文化优势上超过了原文化盛地江西,其他西北、东北、西南等边陲地区则仍保持在落后状态,文化领域内未见什么新的起色。上述统计数据除了可以说明各地区知识分子状况之外,同时也可以作为衡量当地政府官员数量的一个参考数据。按照封建社会科举取士的考核标准,文士、儒生是科举考试最主要的参与者,文士、儒生数量多的地区往往产生的官员就多,相应地,文士、儒生数量不多的地区,政府官员的数量也有所下降,这一推论对于分析清初史家地域分布特点,尤其是清初史家群体的分布特点有重要的现实意义。

总之,按照文化的传承规律,清初文化的地域分布状况会对整个清代的文化地域分布产生深远影响,甚至可以说是清代整个文化走向的奠基,就史学一门学科来说,作为文化领域范畴中的一个门类,也会受到波及。清初的私家修史发展状况是整个清代文化分布形势的前奏。但是,由于史学作为文化单一学科的特性,某些特点与之相同,而某些特点则可能与之不同。相同之处可以说明其共性,而不同之处则说明了史学发展的独特性以及对于整个文化领域的影响。

明代与清代的文化地理分布为清初的私家修史研究提供了捷径,也引发了思考,即清初的私家修史具体的地理分布形势究竟怎样呢?

三、清初史家的地域分布状况

清初史家在地区分布上具有鲜明的地域性。笔者在对清初史家总数按照群体进行数量分析的同时,对于史家的籍贯也进行了考察,下面的清初史家地域分布表就是统计的结果。根据下面的统计数据,可以基本上勾画出清初史家的地域分布状况,这种状况既有与明代和清代文化地理分布特点相符的地方,体现了文化以及学术的传承规律,另一方面也有与之相悖的地方,展示了清初史家分布的独特性。

下表为清初史家籍贯统计表(本表对于史家籍贯的处理原则为以当代地理分布状况作为考量标准,而不是按照清初的行政区划):

清初史家籍贯统计表①

序 号	省 份	人 数	百 分 比
1	江苏	71 人	32.57%
2	浙江	61 人	27.98%
3	安徽	16 人	7.34%
4	福建	11 人	5.05%
5	上海	10 人	4.59%
6	山东	6 人	2.75%
	江西		
	北京		
7	湖南	5 人	2.29%
	四川		
	广东		
8	河北	4 人	1.83%
9	河南	3 人	1.38%
	湖北		
10	山西	2 人	0.92%
11	陕西	1 人	0.46%
	广西		
	云南		
	辽宁		

---

① 本表的统计数据依据的资料包括《增订晚明史籍考》、《中国史学史》大辞典和《清代禁毁书总目》等。

对于上述的统计数据,应该说明的是清初在行政区划上基本维持了明代的旧貌。清初,今江苏省与上海市、安徽省同属于江南省,安徽与江苏分开是乾隆年间的事情。作者在调查清初史家地理分布统计表的时候,基本上依据的是现代的行政区划,但是在具体研究史家分布规律时,还必须根据清初的实际状况把江苏、上海和安徽三地作为一个地区加以研究。

通过上面的统计表可以看出,江浙地区是史家分布最多的地方,江苏和浙江两省史家数量占到了总数的 60.55%。位于长江中下游地区的上海、安徽、江西、湖南和湖北等省也在史家中占有大量的份额,这些地区与江浙地区构成了一个史家密集区,即长江中下游地区,所占百分比达到了 80% 以上。清初史家的另一个集中地区是在东南沿海的福建和广东两省,其史家份额达到了7.34%。另外,中原地区的北京、河北、河南等地史家比例同样占到了5.96%,形成了另一个史家集中地区。比较而言,文化一向滞后的西北、东北和西南地区在清初史家的份额中仍然不占优势。

具体说来,清初史家的地域分布可以概括为下述几点:

其一,江浙一带是清初史家分布数量最多的地区。江苏、浙江和上海三地史家的总数达到了 142 人,占清初史家总数的 65.14%。就清初史家群体的分类来说,江浙一带明王朝的维护者史家 90 人,清王朝的支持者史家 44 人,在各种政权之间动摇不定的史家 8 人。各类史家均达到或超过半数,无可争议地成为清初史家的密集区。并且,如果按照清初实际的地理区划,江浙地区还包括了今天的安徽省,那么在全国史家中所占的份额就更大了,该地区史家总数为 158 人,占总数的 72.48%。

其二,广东和福建位居东南沿海,成为史家密集的第二大地区。这两地的史家在数量上无法与江浙地区相比,但是,在数额上与其他地区相比则占有优势。福建和广东共计有史家 16 人,其中,明王朝的维护者 12 人,清王朝的支持者 4 人。除了安徽省之外,在总数上超过了其他各省。

其三,单以安徽省一省而言,史家数目 16 人,在清初史家的地区人数排名中也居于前列。在安徽省的史家中,明王朝的维护者 10 人,清王朝的支持者4 人,在各种政权之间动摇不定的史家有 2 人,不仅在数据上占有优势,而且以一省之地,拥有了全部的史家类型。

其四,河北和北京两地位于国家的中心地区,史家的数量也相对较多,共计 10 人,并且三种史家类型齐备,明王朝的维护者史家 4 人,清王朝的支持者史家 4 人,在新旧政权之间动摇的史家 2 人,也比较突出。

其五,江西地区在清初的史家中数量上不占优势,而且在史家的总量上居于末位。江西一地共有史家 6 人,这与江西在其他方面出现的才俊之士的数量是不相称的。按照人才储备的情况来看,江西一地在《明史》中有传记的人物数量在全国居第三位,进士数量居全国第二位,而名士硕儒的数量则高居全国之首,同样作为文化范畴的史学,江西却非常落后,史家数量不多,史书的数量也不多,其状况发人深思。

从总体上看,清初史家的地理分布基本上符合经济文化中心东渐南移的规律,但是,如果细致地探究也会发现,清初史家地域分布有很多自己的特点,在总体吻合的前提下,具体的区域分布则有自身的差异。就总的走势来看,清初史家分布基本上遵循的是由江浙三角洲地区向东南沿海推进的趋势,而京畿地区汇聚人文优势,成为史家的另一个密集区。

四、清初史家的地域分布特点

根据明代和清代文化地理分布形势,对比清初私家修史的地理分布格局,可以看出,清初史家的地域分布有以下特点。

1. 史家的地域分布与文化发达地区基本上成正比

一般而言,文化发达地区,其史学发展也要先进一些。江浙地区自宋代以来就保持了人文优势,到了清代仍然盛行不衰,文化发展中所占据的优势地位确保了江浙地区史学的繁荣。继江浙地区之后的东南沿海地区和安徽、湖南、湖北等长江中下游地区也基本上保持了自明代以来在文化领域内的上升特点,在清初的史学领域也呈现较高的增长势头。良好的文化氛围是史学发展的土壤,能确保私家修史进一步成熟和发展。

2. 私家修史的发展与经济发达地区基本上保持稳定一致,但也有例外

经济基础对于文化事业的发展具有重要作用,经济发达地区往往具备发展文化事业的优厚条件,也为清初史学的发达奠定了坚实的物质基础。明代以来经济发达的江南地区和东南沿海地区基本上处于史学发展的前沿。安徽地区经济发展的势头强劲,自然也成为文化领域内的排头兵。但是,应该注意的是,清初处于连年战乱时期,很多地方受到了战乱的影响,尤其是江浙地区

和东南沿海地区,其反抗清朝统治的情绪最为激烈,而且南明的弘光、隆武、永历以及绍武和鲁监国政权都建立在这些地区,因而受到清初战争的影响最大,但是在文化领域中的史学不仅未受到波及,反而有了超越前代的发展,这是值得研究的地方。

3. 私家修史的史家分布与名士硕儒分布不完全相应

根据黄宗羲的《明儒学案》,江西占有全国最多的名士,即便是边远的陕西地区也拥有多数的名士和硕儒,相反,安徽、广东和福建等地则不占据优势,而且,就综合的统计数据来看,江西地区一向占据人文优势,而到了清初,这种优势则丧失殆尽,一方面固然有江西本地发展上的原因,另一方面则说明了清初私家修史的发展与名士硕儒的比例没有太大的关系。同样,福建、安徽等省名士、硕儒不多,但却成为修史史家份额很多的省,也是这个原因。

4. 清初私家修史史家地域的分布于清朝文化地理分布形势影响深远

江西地区人文优势的衰落以及安徽地区文化事业的发达于清初就可见一斑:"明代江西学风最盛,有儒士、文士共 22 人,占当时全国人才总数的 20%,占南方七省的 24%;然而清代江西的人才仅约 5 人,只占全国当时人才总数的 2.4%,仅为南方 10 省人才总数的 2.9%,无论在全国或是在南方地区中所占的比例都大幅度下降,由此使得清代学风密集区的空间分布格局转移到江、浙和皖南汇聚的三角地区。"[1]通观清初史家的地域分布统计表,可以看到,在清初就已经基本上形成了清代文化分布的地域性特征。可见,史学,尤其是以私家修史所体现出来的清初史学的状况与整个清代文化分布的情形大体是一致的,史学是融合于整个时代的文化体系中的。

可以说,清初史家的地域分布格局产生的原因,既有文化发展的因素,也受到史学自身变动规律的支配,同时更受到了时代的影响,打上了时代的印记。

第二节　清初史家地域分布状况成因简析

从历史上看,明代文化地理分布会或多或少地影响清初史家地域分布状况的产生;从文化发展的角度看,清初史家地域分布状况则为整个清代文化地

---

① 王会昌:《中国文化地理》,第 167 页。

理分布的产生奠定了基础,所以,具体地分析清初史家地域分布状况产生的原因,既可以了解文化传承的因素所起的作用,又可以分析清初作为一个独特的历史时期所具备的独特性。为了具体分析的方便,本书选取有代表性的五个地区来加以研究,五地区分别为江浙地区、东南沿海地区、京畿地区、江西地区和其他地区(主要指私家修史不发达的东北地区、西北地区和西南地区)。

一、江浙地区私家修史的优势

　　根据清初行政区划的特点,这里的江浙地区包括江苏、浙江、上海和安徽四地,这一地区私家修史主要有以下优势条件。

　　1. 江浙地区的经济基础为私家修史的发展和繁荣创造了条件

　　古来江浙就是粮食产地,有"苏湖熟,天下足"的谚语。早在明朝统治时期,在江浙地区已经出现了资本主义的萌芽。而且,由于江浙地区处于长江以南,基本上未受到明末农民军战争的波及,在长江以北深受战争之苦的时候,江南却仍然可以歌舞升平。江浙地区的经济在清初的战火中也受到了一定的影响,清军扫荡江南,给江南的经济发展带来灾难性的后果,但是,由于江浙地区经济实力雄厚,发展经济的地理条件优越,因此很快就恢复了发展的势头。清朝统一全国以后,逐渐调整了政策,促进经济的恢复和发展,尤其是到了康熙朝以后,江浙地区的资本主义萌芽有了较大程度的增长。在农业生产方面,土地得到了广泛的开垦和耕种,自然资源被大量地开发和利用。江浙地区的手工业非常发达,以丝织业为例,当时全国的生产中心就在江宁和苏州,清政府在这两个城市设有织造衙门,康熙年间苏州一地就有织机 800 张,织匠 2300 人①。就商业贸易来说,与全国其他地区相比,江浙一带的商业贸易状况也很发达,刘献廷在《广阳杂记》中称"天下四聚,苏州属其一"②。除了苏州以外,江宁、扬州、杭州等地都是繁华的商业中心,吴敬梓的《儒林外史》描写当时的南京"大街小巷合共起来,大小酒楼有六七百座,茶社有一千多处"。随着工商业的发达和商品经济的繁荣,江浙一带许多旧的市镇发展为大的工

---

　　①　本统计数据依据王文清主编:《江苏史纲》,江苏古籍出版社 1993 年版(下同),第 764 页。

　　②　刘献廷:《广阳杂记》卷四,汪兆平、夏志和点校。

商业市镇,以苏杭地区而论,在康熙以前,新增市镇 37 个。经济的发展为文化的繁盛奠定了坚实的物质基础。就修史而言,士人们具备了修史的空间和时间,把大部分精力投入到史书的修纂之中;就史书本身的创作和流通来说,经济的发展刺激了印刷业和出版业,为史书的刊印和传播奠定了良好的基础;就史书最终的流向来说,江浙地区富庶的资源也为藏书家们收藏史书提供了便利条件。由此可知,江浙地区的经济优势为史家修史奠定了物质上的坚实基础。从修史之人的生活到史书形成后的流通都有坚强的经济后盾支持,从而确保私家修史走向繁荣。

2. 江浙地区良好的文化环境为私家修史提供了发展的空间

江浙地区文化发展历史悠久,自从宋代以来,就逐渐在文化领域中崭露头角,到了明代和清代,这种优势体现得更为突出。以藏书而言,宋代统治时期,江浙是雕版印刷中心,汇聚了全国的藏书家。到了元代,藏书在地理分布上,以大都和江浙最为集中,江浙地区在元代仍然是雕版印刷中心。江浙在藏书方面的优势为后来的明清两代所继承。藏书的发达体现的是文化环境的优越。江浙地区文化积淀优厚,藏书量居海内之首,为史家修史在史料收集方面奠定了良好的基础。以黄宗羲为例,他曾经广泛地浏览江南藏书楼的藏书,据全祖望的《二老阁藏书记》记载:"太冲先生最喜收书,其搜罗大江以南诸家殆遍,所得最多者,前则澹生堂祁氏,后则传是楼徐氏,然未及编次为目也。"①根据对藏书家的统计分析,清代但凡收藏宏富、典籍精善的大藏书家,大部分出自于江浙两地。清代江浙地区有藏书家 526 人,占全国藏书家总数的 57%,达到了一半以上。② 藏书为史家修史提供了资料储备,而人才优势则为江浙地区私家修史的发展提供了创作主体。就修史的人才储备而言,江苏和浙江两省在明代儒生和文士的统计表中分别占据第一和第三的位置,说明明代已经为清初的私家修史提供了充足的人才储备。就书院而言,江浙地区的书院源远流长,以安徽一地来说:"根据各种方志统计,安徽共有书院(包括部分精舍、书院、书屋等)354 所,其中宋建 19 所,元建 29 所,明建 133 所,清建 173

---

① 转引自周少川:《藏书与文化》,北京师范大学出版社 1999 年版(下同),第 93 页。
② 本统计数据依据周少川的《藏书与文化》第 173 页的统计表。

所。"①但是,值得一提的是,在明代以及明代以前,江浙地区的修史风气从未像清初这样风靡一时,吸引了众多学者的加盟,而且,以清初私家修史的发展为契机,形成了著名的以史学为支柱的浙东学派,除了文化先进的基础性因素之外,必然还有其他因素在起决定性的作用。

3. 江浙地区抗清运动的推动是该地区私家修史发达的重要原因

清朝人主中原以后,当李自成的农民军尚在进行抗清运动的同时,长江南北的明朝官吏就开始筹划在明朝的留都南京拥立明朝宗室建立南明小朝廷。在江浙地区的南明政权,除了在南京的弘光政权之外,在浙江绍兴建立了鲁监国政权,这两个南明小朝廷的存在,极大地激励了南方士人,使得江浙地区成为反抗清朝统治的前沿。许多名士参加到抗清斗争中去,如江南的名士陈子龙、夏允彝及其子夏完淳等在松江起义,会合太湖义军攻打苏州,失败后,又劝说降将、清朝的提督吴胜兆反正,后因被清军察觉而失败。著名学者王佐才、顾炎武、归庄等起兵昆山,力抗强敌,坚守城池,与清军进行了英勇的斗争,坚持作战达四个月之久。对于江浙地区的反清斗争形势,梁启超先生描述为:"那时清廷最痛恨的是江浙人。因为这地方是人文渊薮。舆论的发纵指示所在,反满洲的精神到处横溢。"②江浙地区殉节之士颇多,为忠义史学提供了丰富的素材。据钱澄之《田间文集》记载:"自甲申国变以来,海内士大夫义不负国而死者,指不胜屈,而江以南尤盛。至于江北数郡,死者寥寥。"③

对于私家修史来说,一方面,抗清斗争以及抗清志士的光辉事迹成为修史的良好素材,以此背景修纂的史书有《扬州十日记》、《江阴城守记》、《濑江纪事本末》、《江上孤忠录》、《嘉定县乙酉纪事》、《嘉定屠城纪略》等;另一方面,许多抗清志士在抗清斗争失败以后,尤其是在清朝的统治日趋巩固以后,开始用私家修史的方式回顾自己亲身参与的斗争,将这些斗争写进史书之中,如黄宗羲曾在鲁监国政权任左副都御史,对于鲁监国事迹比较了解,在《行朝录》中对于鲁监国的事迹记载得最为详尽。李清曾经在弘光政权任大理寺左丞,

---

① 白新良:《安徽书院考述》,《史学集刊》1993 年第 2 期。
② 梁启超:《中国近三百年学术史》,第 19 页。
③ 钱澄之:《孙武公传》,《田间文集》卷十一。

他在大理寺左丞任上,对于弘光朝的章奏诏谕都非常熟悉,因此在弘光朝廷灭亡以后,李清归隐松江,杜门修史,他所修的《南渡录》:"其书起于崇祯十七年四月丁亥福王至自淮安府,讫于乙酉七月唐王即位于福州,改元隆武,遥上帝尊号曰圣安皇帝,二年五月帝遇害于燕京。每条皆先大书为纲,而后系以事,映碧服官南都,事多参决,故所记较他书为详。其追谥建文太子诸王及革除殉节诸臣、开国诸臣、正德死谏诸臣、天启死狱诸臣,皆为所建白,故所载尤明备。"①而另外一位史家瞿叔献②,根据全祖望考证,"是书(指瞿叔献所修史书《天南逸史》)殆为瞿留守族人所为,故多称先太师。又间称嫁轩,而述留守之言,称之为弟。犹言在留守幕府,为之理钱局事,则亦尝仕于桂矣。而予考庚寅桂林百官簿,无其人也。其自称是年入蜀不果,又往来恭城,颇与永国公曹志建善,且自言乙酉几死于詹世勋,则是预于太湖集师之役者也。"③亲身参与抗清斗争是史家们修史的重要动因。

可以说,江浙地区在清初的社会环境和历史上的人文优势确保了其该时期在私家修史领域居于领先地位。

二、东南沿海地区史家增多的原因

清初的东南沿海地区,尤其以广东、福建两省为代表,在占有史家的份额方面表现得较为突出,广东和福建两省史家总数为16人,其中明王朝的维护者史家12人,清王朝的支持者史家4人,这一数据当然不能与人文鼎盛的江浙地区相比,但就全国范围来讲,仍是佼佼者。东南沿海地区的私家修史优势的产生,有以下原因。

1. 经济基础

东南沿海地区经济的发展无疑是史家和史书繁荣的经济基础。广东和福建两省的经济呈上升状态,为印刷业以及出版业的兴盛提供了物质保障。下面是清代藏书家地域分布统计表④。

---

① 李慈铭:《受礼庐日记》中集,转引自谢国桢:《增订晚明史籍考》,第485页。
② 据杨凤苞考证,瞿共美与瞿叔献为同一人,此说法亦得到谢国桢先生的赞同,因缺乏直接的史料作为依据,最终的结论尚不清楚,本书仍以杨凤苞的考证为主,但录之以存疑。
③ 全祖望:《天南逸史》"跋",《鲒埼亭集外编》卷二十九。
④ 本统计数据依据周少川的《藏书与文化》第192页统计数据。

清代藏书家地域分布统计表

地域	浙江	江苏	安徽	福建	北京	山西	广东	山东	上海
人数	267	247	158	74	36	34	26	17	12
地域	湖北	江西	四川	河北	河南	陕西	湖南	辽宁	贵州
人数	9	9	8	6	5	4	4	3	3

根据这个统计数据可以看出,广东和福建两地的藏书业仅次于江浙地区,位居全国的第二位,这个数字说明的是清代藏书家的数量,但却从一个侧面反映出与藏书业相对应的出版业和印刷业的分布状况。广东和福建两省经济较为发达,文化行业也相对兴盛,为私家修史提供了物质条件。

2. 抗清斗争的激励

同江浙地区一样,广东和福建也是南明另外几个政权的聚集地,包括广东的永历政权、福州的隆武政权以及继之而起的绍武政权,另外,在台湾建立政权的郑成功与这两省之间也有密切的交往,广东和福建是清初的另一个抗清基地。并且,由于广东和福建地处偏远的东南沿海,清朝统治的影响在一定时间和范围内较江浙以及京畿等内陆地区稍小,史家,尤其是具有反清思想的史家有较为宽松的环境,他们可以与内陆地区的同道互相交流,而且可以更加自由地关注时事动态,这样一来,客观上东南沿海地区的私家修史条件稍显优越。以屈大均为例,他身怀复兴明朝的志向,而且明确地诉诸笔墨。他死后史书遭到清朝的严禁,但他本人能够得以优游于林下,并从事自己喜爱的私家修史,应该说与他所居住的环境有一定的关系。东南沿海地区远离朝廷教化,很多明朝遗民都曾经赴闽、粤游历,可见,当地对于遗民的政策比较宽松,修史的环境稍微优越一些。

3. 清初东南沿海地区的历史为修史提供素材优势

清初东南沿海地区活跃的抗清力量及其事迹为当代史的修纂提供了素材。当地学者往往以当地的斗争为素材创作史书,如南沙三余氏所修《五藩实录》,记载唐王、桂王以及郑成功起兵南澳、背父报国的事迹尤为详细,与史家本人身在广东,对于永历以及隆武和郑成功的事迹较为熟悉有关。郑亦邹所修《平闽事略》以及夏琳所修《闽海纪要》等都与史家本人身在福建,对于当地的斗争形势有着深入的了解有密切的关系。并且,福建和广东的史家有一个共同的特点,即修史以当代史为主,他们所修的史书多是涉及明末清初的历史,或者是战争,或者是人物的事迹,由此更可以证明抗清斗争形势对于史书创作的影响。

三、京畿地区私家修史呈现上升趋势的原因

史家统计数字显示,北京及周围地区清初的私家修史呈现出上升的趋势,其主要原因是北京地区的文化和地理的优势。京城历来是政治文化的中心,享有人文优势,而临近的京畿地区作为"近水楼台",会受到一些政府政策上的照顾。

1. 经济的恢复与飞速发展

清初的北京经历了明清鼎革之际战火的洗劫,曾经有过百业凋敝的局面。但是,清廷建立对全国的统治后,恢复全国经济,北京作为帝都,毫无疑问获益最多,就全国范围来讲,北京地区的经济恢复速度是比较快的。一方面,北京作为封建帝王的都城,需要为皇亲贵族提供挥霍享用的物资,为此,经济必须领先一步;另一方面,北京又是全国的经济、政治和文化中心,其面貌是社会安定和经济繁荣的标志,故而恢复京城的繁华至关重要。随着北京经济的恢复和发展,文化事业也相应地兴旺起来,在政治安定、社会繁荣的环境中,史家可以专心修史。

2. 文化事业的兴旺发达

经济的发展为文化方面的兴盛奠定了基础。就藏书来说,北京地区的藏书家数量呈现上升的趋势,虽然总体上北方的藏书风气远不如南方,"但由于其(北京)重要的政治、文化位置,仍然成为全国重要的图书集散地和交流中枢。"①作为私家藏书重要来源的民间刻书业在北京并不发达,但是图书营销业非常繁荣,据叶德辉《书林清话》记载:"京师为人文荟萃之区,二百余年,厂甸书肆如林。"②另据李文藻《琉璃厂书肆记》,仅琉璃厂一带书坊就有几十家之多。藏书风气以及图书营销业的发展客观上也刺激了史家修史的热潮。

---

① 周少川:《藏书与文化》,第182页。
② 叶德辉:《都门书肆之今昔》,《书林清话》卷九。

3. 就历史记述来说,北京具有史料方面的优越性

北京地区的史家亲身经历了王朝鼎革的历史变动,对于明清交替这一段历史有深刻的体会,因此,在清初,京畿地区也形成了一个小规模的史家文化圈。清初私家修史的内容与北京发生的事件往往有或多或少的联系,比如孙承泽的《畿辅人物志》、徐应芬的《燕都纪变》等,北京地区的史家凭借自己所处的地理优势,又受到时势的影响,产生了一批私史著作。

4. 清朝政治文化政策对于北京的私家修史也有积极影响

清初为了官修《明史》的需要,也为了促进文化事业的发展,在全国范围内广泛征集书籍,聚集到北京,并由内府刊行了一批,对于京畿地区的史家来说,查找史料的机会较多。另外,官修《明史》以及其他一些大型的文化活动如编纂《古今图书集成》等聚集了全国的名士和修史的名家,客观上带动京畿地区史家修史的潮流。

四、江西地区私家修史落后的原因

通过史家数量的对比以及清代文士、儒生的统计表可以看出,江西的人文优势发展到了清代,开始落后了,不仅不能够维持在文化领域的领先地位,甚至开始远远落后于江浙地区和新崛起的东南沿海地区,这就不能不让人深思,江西地区文化突然落后的原因何在?

笔者拟以史学为例,思考并分析江西地区自清初以来出现的文化发展滞后现象的原因。

1. 江西地区经济发展的滞后给文化发展造成消极影响

明朝末年和康熙前期的频繁战事,给江西地区经济造成严重破坏,导致田园荒芜、人口减少、城乡凋敝。在三藩之乱平息之后,针对江西地区残破的经济形势,清政府不得不认真召集流徙之民,垦荒种植。当时的官员指出,江西"自遭诸逆变叛,人民死徙,田土荒芜,伤残蹂躏之状,荡析化离之残,什倍他省"①。此后,江西垦荒移民日趋增多,又出现了人多地少的状况。另外,江西地区的地理形势,山区较多,农耕地较少,可开发资源有限。总之,清初江西的

---

① 康熙:《西江志》卷一百四十七,《请除荒疏》,转引自许怀林:《江西史稿》,江西高校出版社1998年版(下同),第533页。

经济发展较为缓慢，影响了文化事业的发展。

2. 就私家修史来说，江西地区的史学发展有断续性特点

历史上的江西在私家修史方面以名家居多而闻名全国，出现了很多史学名家，比如宋代的欧阳修，明代的陈邦瞻等，但是就整个史学的发展来说，这种史学的繁荣局面断断续续，并未保持长期持续的发展。以明清两代而言，在整个文化领域中，江西省的理学在明代较史学更为发达，理学家的数量也远远地超过了史学。江西一地在明代出了很多理学名儒，在清初也以"易堂九子"而享誉海内，但是，在史学上则不突出，没有形成优势。因理学家崇尚"先经后史"，主张在研习经学的基础上研究史学，故而，理学的繁荣在一定程度上抑制了史学的发展。可以说，江西地区在史学基础方面根基不甚牢固，于清初学术领域专注于其他方面，故未能跟上其他地区私家修史繁荣发展的步伐。

3. 江西省在清初政治舞台上影响的低落对于私家修史的消极影响

清代江西籍的进士人数，与明代相比，大大减少了。进士人数减退，官宦集团的代表人数跟着减退。"《明史·列传》中的江西籍人约 408 人，《清史稿·列传》中江西籍人只有 104 人；明代宰辅中的江西人 18 位，清代则只 5 位。数量减少，在政治舞台上的影响自然低落。"①根据江西地区史家统计可以看出，江西共有 6 位史家，其中明王朝的维护者 5 人，在新旧政权之间动摇的史家 1 人，没有清王朝的支持者史家，这无疑与江西地区缺乏官宦集团的代表有关。另外，由于在政治舞台上的影响低落，有关当代史的信息来源渠道相对减少，史家们纵有修史之心，但是苦于缺乏史料，也只能望洋兴叹了。

4. 江西省文化事业在清代遭到了地方官府的严禁，致使史学领域白色恐怖气氛弥漫，影响了清初私史的传播和流传

根据雷梦辰的《清代各省禁书汇考》，江西省通过十七次奏缴图书四百五十二种②，另据黄爱平《四库全书纂修研究》中的统计数字，从乾隆三十九年（1774）八月到乾隆五十八年（1793）长达十九年的时间里，江西省一共查缴禁书 27485 部。③ 乾隆时期禁毁图书造成恶劣影响：其一，许多当时的图书被完

---

① 许怀林：《江西史稿》，第 577 页。
② 雷梦辰：《清代各省禁书汇考》，北京图书馆出版社 1989 年版，第 87 页。
③ 黄爱平：《四库全书纂修研究》，中国人民大学出版社 1989 年版，第 74 页。

全毁掉,今人已经无法看到,可以预计,当中有一批是私家修史的史书。根据雷梦辰的记载,其中江西人的著作有彭士望的《彭躬庵集》、郭良铺的《存菊草》、《三清石》、黎祖功的《不已集》、戴有孚的《辛壬录》、张贞生的《正气录》等,其中,一批江西史家的著作很可能被禁毁。其二,清初江西籍史家由于害怕其史书遭到禁毁,不敢以私史示人,造成史书流落于民间,没能与世人见面。可以说,乾隆修四库全书时期禁毁书籍的政策,加之江西地方官吏执行得过分卖力,这些在一定程度上造成了史家寥落,江西史书未能普遍流传下来。

概而论之,江西地区清初私家修史发展的相对迟滞与落后有其政治及人文的双重因素。

五、其他地区史家分布状况之成因

位于关外的东北地区在清初还属于开发的初期,在文化发展上较关内迟缓,在文化上处于劣势,而且,由于东北地区属于清朝的发祥地,在政治上基本没有受到明清鼎革历史变动的影响,因此,东北地区在这次私家修史的高潮之中未能占据一席之地。唯一的一位辽宁籍史家杨捷私修《平闽记》,是以南方地区的战事为内容的。西南地区的四川、广西、云南等地相对来讲则有一定的史家分布,除了在文化的继承和发展上较东北地区有优越性之外,另一方面,也与这些地区受到清初一些历史事件的影响有关。比如四川地区曾经受到张献忠农民起义军的冲击,地方经济文化为此而受到严重影响,这种影响也波及史学界,四川地区的史家修史的主要内容之一就是记述张献忠的农民军事迹。如费密的《荒书》就是根据自己在四川时对张献忠农民军的见闻修纂的,其内容以张献忠进入四川、建立大西政权为主:"溯夫天启辛酉,土酉奢寅,叛乱始兆,然弗半载,旋被戡夷,厥时惟川西州邑,小有焚掠,川东南北,略未有创也,父老犹以为大戚。由今观之,献逆戮人之多,剧于黄巢,戡儒之惨,汰与嬴政,而川东北之民,又被暴虐于西山寇十三家贼,此固帝囿天荒,西土烝黎未有之奇酷也。"①四川地区所遭受的灾难强烈地刺激了费密修史的欲望,促使他在生活稳定之后将自己所了解的这一段历史修成史书,传于后世。边远地区的史家修史的内容往往都与当地发生的历史事迹息息相关,罗谦的《残明纪事》

---

① 费密:《荒书》"自序"。

记录永历政权事迹,始于崇祯十六年(1643)永历由衡州移驻粤西,终于顺治十八年(1661)永历颠簸缅甸、发生"咒水之祸";李云芳的《平定耿逆记》则记录耿精忠叛乱始末,二者所修史书都是根据当地所发生的历史事件而修纂成书的,可见,历史事件的发生对于修史的促动。

　　通过对各地史家分布形势的分析,可以看出,影响清初史家分布的最关键性的因素是发生在清初的历史事件,大的历史事件的发生往往会刺激或影响到当时当地的文人士子,促使他们拿起笔来,记载史事,褒贬人物,抒发情感,从而形成体裁、风格各异的史书,经济和文化发达的江浙地区如此,位居全国政治经济文化中心地位的北京地区如此,经济后来居上的东南沿海地区如此,经济文化不是十分发达的边远地区如云南、广西也是如此。王朝鼎革以及清初所发生的一系列的历史事件成为清初私家修史发展和发达的良好契机,当地学者往往以本地的历史事件为切入点,根据自己所掌握的历史资料私修史书,从而促成了清初私家修史的繁荣。

　　文化渊源和经济基础也是影响史家地域性分布的另一主要因素。文化因素通过史家储备以及史料来源两个方面对私家修史直接产生影响,而经济因素则通过史书的刊印和传播以及史家生活保障等方面对私家修史间接发生影响,因此,文化背景好的地区以及经济发达地区往往成为私家修史活跃的地区。

　　地区自身发展的特点以及地区治理方面的特点也会影响到私家修史的发展。修史传统源远流长的地区往往会保持修史的人文优势,保持和发扬私家修史的优良传统;而传统上史学不发达的地区则往往会维持原状。另外,地方政府对于修史的态度也成为影响私家修史的一大因素。地方官对修史重视,甚至本人积极从事修史活动往往会刺激当地私家修史的发展;相反,如果地方官对于修史持消极甚至是否定的态度,则会阻碍私家修史的发展。

第五章　清初私家修史的发展脉络

经过近八十年的发展,清初私家修史取得了令人瞩目的成就,史家辈出,史书众多。从清初私家修史自身的发展态势来说,受清初政治、文化等因素的影响,其运行轨迹呈现出阶段性的发展特征。根据私史纂修的数量情况、史家参与程度、私修史书与官修史书状况对比以及史书质量等因素,清初私家修史可以分为三个阶段。分别为顺治元年(1644)到康熙十八年(1679),康熙十八年到康熙五十年(1711),康熙五十年到康熙六十一年(1722)。在这三个不同的发展阶段中,受官方统治政策、抗清斗争形势、史学自身发展要求以及史家群体流动特点等客观因素的影响,清初私家修史呈现出不同的风貌。

第一节　私家修史的持续发展阶段(1644—1679)

自从顺治元年(1644)清朝统治者入主中原,到康熙十八年(1679)诏举博学鸿儒,并将在全国范围内征集来的 50 名学者选入翰林院,编修《明史》,可称为是清初私家修史的第一个发展阶段,即继承明末以来的私家修史的传统,又是私家修史持续发展的阶段。这一阶段的史学界的特征是:私家修史发展强劲,官修史书则处于缓慢发展的状态。

一、持续发展阶段的态势与特征

从发展源流来看,清初私家修史的发展始于明末,到清朝初年已经持续发展了一段时间,与之相比,史学领域内的另一重要的史书修撰形式——官修史书,则于明末以来一直处于迟滞状态。毕竟,明朝末年内忧外患交织,于史学的建树暂不在统治者的考虑之中。因此,从官修与私修发展的历程以及继承性因素来说,清初私家修史的基础好于官修,起步较早,积累较多,便于其在清初史学界占据优势。显然,明清之际的战乱与朝代鼎革的政治震荡,非但没有阻碍私史发展的势头,反倒成为促进其发展的动力,激发了更多史家修史的热情。入清之后,私史纂修继续了明末以来的发展势头,并以迅猛的速度占领史学界的前沿。在大约35年的时间里,史家们创作了大量的私修史书。清初私家修史的名篇多出自于这一时期,如谈迁的《国榷》、张岱的《石匮藏书》、谷应泰的《明史纪事本末》、孙奇逢的《甲申大难录》、查继佐的《罪惟录》、吴伟业的《绥寇纪略》、傅维鳞的《明书》、计六奇的《明季南略》与《明季北略》等。

比较而言,官修史书在这一时期仍处于迟滞落后状态。顺治元年(1644)到顺治二年(1645)的官修《明史》充其量为表现统治者的政治姿态,未见明显的修史成果。康熙四年(1665)曾经重开史馆,但是由于全国还没有完全平定,官修《明史》仍旧处于萌芽阶段,没有实现质的飞跃。直到康熙十八年(1679)大规模开设明史馆,纂修明史的工作才得到应有的重视,并步入正轨。因此,无论从史学成果来看,还是从史家参与的热情角度分析,在顺治元年到康熙十八年的35年的时间里,私家修史呈现出超越官修史书的发展势头,居于史学界的前沿。

具体考察,顺治元年到康熙十八年的私家修史又可以分为两个阶段:从顺治元年到顺治十八年(1661)"庄氏史狱"为第一阶段;从顺治十八年"庄氏史狱"到康熙十八年(1679)为第二阶段。

在第一阶段,清王朝刚刚进入中原,统治尚未巩固,对于全国的统治还没有实现,因此还没有精力从事文化方面的检查和监督。在这一阶段中,统治政策以怀柔为主,对于私家修史也基本上处于开放的状态,没有过多限制其发展,因此,私家修史发展速度很快,主要体现在两个方面。

第一,继承和巩固明末以来私家修史的发展态势。不少史家的史书酝酿于明末而纂成于清初。比如谈迁的《国榷》,就是继承了明末修史的成果。《国榷》第一稿在1626年即已经完成,但是不幸,1647年书稿被盗,搜集二十余年的资料也毁于一旦,谈迁曾悲叹:"噫,吾力殚矣。"但又矢志不渝,"遂走百里之外,遍考群籍,归本于实录,其实录,归安唐氏为善本,槜李沈氏、武塘钱氏稍略焉,冰毫汗茧,又若干岁,始竟前志。"①谈迁凭借惊人的毅力和决心重

---

① 谈迁:《国榷》"自序"。

新爬梳史料,搜集资料,将史书重写,并最终完成于清初。谈迁的初稿现在已经无法看到,但是通过他在清初的历史活动,可以看出,对于《国榷》,谈迁根据自己在清初掌握的历史资料,进行了增补和删改的工作。可以说,谈迁《国榷》的成书已能反映出清初私家修史对于明末以来的私家修史成就的继承与发展。同样,从其他史家以及史书上也可看出清初私家修史于明末的继承和发展的关系,比如张岱的《石匮藏书》,纂修起于1628年,完成于1655年,始于明末,成于清初。邹漪的《启祯野乘》,从1642年即开始搜集资料,最终成书于清统治者入关后的第二年,即1645年。史书的创作时间表现出清初私家修史于明末的继承关系,此外,清初史家针对明末以来的私史发展历程已有初步的研究和反思,可见,清初的私修史书是建立在继承明末史家成果的基础之上,并根据明清鼎革的时代特点进一步阐扬和发挥。

　　第二,史家受到易代的刺激而修成大量史书。清军进入中原,明王朝统治大厦轰然倒塌,一时之间,国仇家恨交织,刺激了很多文人学者投身于修史的行列中,出现了史家辈出、史书激增的发展局面。早在顺治元年(1644),就有陈济生著《再生纪略》,冯梦龙辑《中兴实录》,邹漪刻《启祯野乘》一集①。修纂成书于顺治二年(1645)的私史有夏允彝的《幸存录》②,杨士聪的《甲申核真略》③,程源的《孤臣纪哭》④,陈邦策的《国变录》,程正揆的《甲申纪事》等。成书于顺治三年(1646)的史书有夏完淳的《续幸存录》⑤,文秉的《甲乙事案》,华廷献的《闽事纪略》,史惇的《恸余杂记》,黄宗羲的《四明山寨记》等。在以后的几年中,又陆续有朱子素的《东塘日札》(1647),张自烈的《孤史》(1647),黄宗羲的《日本乞师记》、《海外恸哭记》、《赣州失事》、《绍武争立记》、《舟山兴废》、《沙定州纪乱》、《赐姓始末》等(1649,见《黄梨州先生年谱》),钱肃润的《南忠记》(1650),吴伟业的《绥寇纪略》(1652)⑥,傅维鳞的

---

①　其修纂时间参考《明清江苏文人行录》,上海古籍出版社1981年版,第580、582页。

②　1645年清军攻陷南京后,明江南总兵吴志葵率军在吴淞附近的海上抗清,夏允彝父子参加了这支抗清队伍,后吴军败,夏允彝父子避居华亭曹溪,其《幸存录》就是这段时间修成的。

③　见杨士聪《甲申核真略》"自序":"弘光乙酉五月五日,题于当湖舟次。"

④　《孤臣纪哭》记录史家在甲申之变后半月之内的见闻,推测史家约写于甲申前后。

⑤　夏完淳在《续幸存录》"自序"中称,完成于"隆武二年丙戌年九月",即顺治三年九月。

⑥　朱彝尊在《曝书亭集》卷四十四中称:"梅村吴先生,以顺治壬辰舍馆于嘉兴之万寿宫,方辑《绥寇纪略》。"可见《绥寇纪略》作于顺治壬辰,即顺治九年(1652)。

《明书》(成书于顺治九年,1652①),孙奇逢的《甲申大难录》(1652),方以智的《两粤新书》(1652),钱士馨的《甲申传信录》(1653②),于颖的《今鲁史》(1653),张岱的《石匮藏书》(1654③),高宇泰的《雪交亭正气录》(1655④),丁耀亢的《出劫纪略》(1656),谈迁的《国榷》(1657),邹漪的《明季遗闻》(1658),谷应泰的《明史纪事本末》(顺治十五年,1658),张煌言的《北征纪略》(1659)等。基本上,到顺治十八年(1661)以前,私家修史在继承明末私家修史成果的基础上,发展迅猛,形成了第一个高峰。这一阶段,史家修史主要表现为:其一,内容上具有一致性,即史书内容与史家个人的经历丝丝入扣,密切相关,当代人修当代史的特色表现得非常明显;其二,史家修史的时间都不算长,表现出鲜明的时代特色,在当时天崩地陷的紧迫形势下,史家们感受到自己所肩负的使命,认识到修史的紧迫,大多能根据自己的见闻及感受,修成史书,因其修史时间往往较为短暂,故其史书也多是篇幅短小之作(张岱与谈迁的史书因发起较早,成书于清初,篇幅虽大,但却是长时间积累的产物);其三,史家们修史依据的主要史料来源于本人的见闻或者经历,这与动荡的社会以及连年的战乱有密切的关系。官修史书此时也仅仅处于起步阶段,清朝政府虽然对官修史书表现出了浓厚的兴趣,但是由于全国的战事尚未完全结束,还没有精力考虑修史的事情。官修史书处于停滞不前的状态,既从心理上刺激了史家们个人修史的积极性,又从侧面烘托了私家修史的发展和成就。在这一阶段中,对私家修史有突出贡献的是明王朝的维护者史家群体,他们是私家修史创作的主体。

　　值得注意的是,从顺治元年(1644)开始,到顺治十八年(1661)这大约18

---

　　① 见傅维鳞《明书》卷一百七十,《叙传》:"大清鼎运肇兴,文明大启,顺治三年岁丙戌开进士科,维鳞获中式,选改庶吉士,入内翰林国史院。明年丁亥授编修,改内翰林秘书院,又五年晋左春坊左中允兼内翰林弘文院编修,鳞得分修《明史》,所纂不过二十余年,止类编是胪,不旁采,土无庸多。鳞以清署余暇,素餐抱愧,乃搜求明兴以来行藏印抄诸本与家乘文集碑志,得三百余部,九千余卷。"可以推知,傅维鳞的《明书》起于顺治九年,即1652年。

　　② 钱士馨在《甲申传信录》"自序"中自称"自丁亥至癸巳之秋,更七载而后勒成一书",可见其修史时间为顺治四年(1647)到顺治十年(1653)。

　　③ 根据张岱《石匮藏书》"自序":"余自崇祯戊辰遂泚笔此事,十有七年而遽遭国变,携其副本,屏迹深山,又研究十年而甫能成帙。"由此可以推知,张岱的史书起于崇祯元年(1628),成于顺治十一年(1654)。

　　④ 见高宇泰《雪交亭正气录》"自序",成于乙未春日,即顺治十二年(1655)。

年的时间里,史家修史呈现出波浪式发展的态势。顺治元年(1644)到顺治三年(1646)为史书创作的高潮期,私家修史激增,顺治四年(1647)以后,史书的创作基本上处于平稳发展的时期,而到了顺治十四年(1657)以后,私家修史稍显沉寂。究其原因,颇耐人寻味。一方面,足以表明明清鼎革的历史大变动成为史学发展的催化剂,催生了一批史家与一批史著,在巨大的历史变动面前,多数史家选择修史以传名于不朽;另一方面,私史发展在十余年间的波浪式前进昭示着史学自身发展的正常轨迹。当历史事件刚刚发生之时,在史学界内部往往人各操觚,史家们纷纷通过修史来记述本人视角内所了解到的历史事实,而不暇于对历史事件进行细致的考证,对历史资料进行全方位的调查和研究,故而史书蜂出。但是,当关于同一历史事件的记述越来越多的时候,史学自身会通过积累而产生沉淀。史家们逐步开始思索史学记录的真实性与完整性,由于不同的史书具有不同的记述风格和不同的侧重点,而究竟以怎样一种方式记述最能展现历史的真实风貌,对历史资料如何进行爬梳和甄别最能反映历史的要求,这些问题都令史家们陷入思索,此时,史家修史已不再盲目,更不急于表明他们对历史的见证。已有的众多的史书成果给了他们经验,并促动其用更多的时间去思索、搜集和整理他们所了解的历史资料。比如钱士馨在修《甲申传信录》的时候,就参考了一些前人的史书,如《国变录》、《甲申纪变》、《国难记》、《闻见纪略》、《变记确传》、《燕都日记》等,钱士馨所修史书不仅史料更加丰富,而且在质量上更胜一筹。其书基本上按照纪事本末体的体裁,分为十节,分别记述李自成始末、吴三桂借兵始末、伪太子案始末和左懋第北使殉节始末等,内容更为真实,脉络也更为清晰。可见,史书数量上的减少从某种意义上说也是史学沿着良性循环方向发展的一种反映。

不容否认,官方的统治政策对于知识界的修史心理也有一定的制约和影响。到顺治十四年(1657),清朝统治者已经意识到士人群体对社会的影响,并时刻警惕着士人的言论对其统治所造成的威胁。顺治十四年(1657),发生了江南乡试舞弊案,又称为江南科场案,可视为清廷对士人群体发出的警告。顺治十七年(1660),顺治帝下旨禁止士子结社,对士人的群体活动开始实行压制。顺治十八年(1661)三月和五月,先后发生奏销案和哭庙案,知识界再次受到来自统治层的震动。官方的统治政策果然产生了一定的影响,此后,史学界沉寂了一阵子,到顺治十八年,史家们修成的史书数量稍减。

　　无论如何，与第一阶段相比，自从顺治十八年（1661）以后到康熙十八年
（1679）修成的史书数量已经稍显减少，这一时期的史书主要有朱克生的《明
代宝应人物志》（康熙元年，1662），陈弘绪的《南昌郡乘》（成书于康熙二年，
1663），刘心学的《四朝大政录》（康熙七年，1668①），王霖耀的《全桐纪略》（康
熙八年，1669②），计六奇的《明季北略》、《明季南略》（康熙十年，1671③），马
骕的《左传事纬》、《绎史》，王夫之的《永历实录》，黄宗羲的《明儒学案》④、邹
漪的《启祯野乘二集》以及约成书于康熙十八年之前的戴笠、吴殳的《流寇长
编》⑤等。这些史书的问世证明，庄氏史狱虽然对清初的私家修史造成了一定
的影响，在一些史家的心理上造成一定程度的恐慌，但是并未从根本上阻止私
家修史的继续发展。可见，庄氏史狱的发生具有一定的偶然性，当时清朝政府
的惩戒措施并不是主要针对私家修史，而是根据案件所做的特殊处理，正如孟
森先生所指出的："清初禁网尚疏，有志著作之人，裒集明代史实，并不甚知有
忌讳。庄氏乃家富遭忌，又修史之名太震，致掇奇祸。"⑥

　　庄氏史狱之后，清廷开始严野史之禁。康熙二年（1663），又发生了孙奇
逢的《甲申大难录》案，有人以书中对清廷入关措辞欠恭顺为借口将孙奇逢告
上官府，经过一系列的检查，最终确定并无忌讳悖逆之言辞，孙奇逢也被无罪
释放。这些事件多多少少影响了史家修史的情绪，但是并未从根本上动摇私
家修史的持续发展。总的看来，顺治元年到康熙十八年（1679），清初私家修
史保持了发展的势头，处于持续发展阶段。

---

　　① 姜胜利：《清人明史学探研》，南开大学出版社1997年版，第127页。
　　② 王霖耀在《全桐纪略》的"自序"中所标时间为康熙八年（1669）。
　　③ 计六奇在《明季南略》和《明季北略》的"自序"中都署为康熙十年（1671）。
　　④ 黄宗羲的《明儒学案》自称写成于康熙丙辰之后，即康熙十五年（1676），但是并未
刊刻。
　　⑤ 《流寇长编》即戴笠、吴殳所修《怀陵流寇始终录》，据其书，始于崇祯元年
（1628），终于康熙三年（1664），其成书时间应当在康熙三年之后。又根据谢国桢的考证：
"戴笠，字芸野，初名鼎立，字则之，吴江人，冒沈姓。弱冠受知章之炘，以冠邑军得县庠
生，撰流寇长编。会庄氏史祸起，人以著述为讳，笠如故，与顾炎武、潘耒交。"（谢国桢：
《增订晚明史籍考》，第264页）又根据戴笠的生平，卒于1682年，可见《流寇长编》成书的
时间当是在顺治十八年到康熙十八年之间。
　　⑥ 孟森：《书明史钞略》，《明清史论著集刊》，中华书局2006年版，第141页。

二、庄氏史狱与私家修史

"庄氏史狱"是清初私家修史发展的一个关键性的转折点。这次史狱规模较大,持续时间较长,造成的影响较坏。顺治十八年(1661),庄氏史狱案发,到康熙二年(1663)五月,杭州城内的弼教坊,七十名江浙地区的文人、名士被凌迟、重辟和处绞。一时之间,学界震动。据朱彝尊记载:"先太傅赐书,乙酉兵后,罕有存者,予年十七,从妇翁避地六迁,而安度先生九迁,乃定居梅会里,家具率一艘,研北萧然,无书可读。及游岭表归,阅豫章书肆,买得五箱,藏之满一椟。既而客永嘉,时方起《明书》之狱,凡涉明季事者,争相焚弃。问囊所储书,则并椟亡之矣。"①收藏史书者尚且胆战心惊,修史者的惶恐心理可见一斑。有学者研究认为:"清初的庄氏史案,在清代学术史、政治史上都开了一个极坏的先例,即封建统治者可以从一己的政治需要出发,而肆意践踏学术,摧残人才。这种文化上的短视,经过雍正、乾隆间的封建专制而推至极端,文字冤狱,遍于国中,终于酿成思想界万马齐喑的沉闷局面。"②具体谈到庄氏史狱对清初私家修史的消极影响,主要为以下几点。

首先,庄氏史狱直接影响到一批私史的成书与流传。

直接受史狱而未能成书者多部。有吴炎、潘柽章主持编写的《明史记》③。顾炎武《书吴、潘二子事》云:"苏之吴江有吴炎、潘柽章,二子皆高才,当国变后,年皆二十以上,并弃其诸生,以诗文自豪。既而曰:'此不足传也,当成一代史书,以继迁、固之后。'于是购得《实录》,复旁搜人家所藏文集奏疏,怀纸吮笔,早夜矻矻,其所手书,盈床满箧,而其才足以发之。"④潘耒《松陵文献序》云:"亡兄与吴先生(吴炎)草创《明史》,先作长编,聚一代之书而分划之,或以事类,或以人类,条分件系,汇群言而骈列之,异同自出,参伍钩稽,归于至当,然后笔之于书,其详且慎如此,庶几不失古人著书之意。"⑤吴潘二子之史

---

① 朱彝尊:《曝书亭著录序》,《曝书亭集》卷三十五。

② 杨林:《试析庄氏史案对清初私家修史的影响》,《清史研究》1992 年第 2 期。

③ 吴炎、潘柽章等人所修的《明史记》到顺治十一年(1654)已经有部分成稿,但由于吴、潘二人死于庄氏史狱,《明史记》未能成书,中途夭折。

④ 顾炎武:《书吴、潘二子事》,《亭林文集》卷五。

⑤ 潘耒:《松陵文献》序,《遂初堂集》卷七。

书,史料翔实,诠错得当,未能成书,而历浩劫,为清初史学之遗憾。顾炎武受庄氏史狱影响很大,由于害怕触犯清廷忌讳,而且顾曾把史料借给吴炎等人,史狱后史料无存①,加之生活不安定,故放弃了编纂有明一代信史的夙愿。他在写给潘耒的信中说:"吾昔年所蓄史事之书,并为令兄取去,令兄亡后,书既无存,吾亦不谈此事。久客北方,后生晚辈,益无晓习前朝之掌故者。令兄之亡,十七年矣。以六十有七之人,而十七年不谈旧事,十七年不见旧书,衰耄遗忘,少年所闻,十不记其一二。又当年牛李洛蜀之事,殊难置喙。退而修经典之业,假年学易,殊无大过。不敢以朝野之人,追论朝廷之政也。"②甚至还为潘耒写下了"犹存太史弟,莫作嗣书人"③的凄切之句。吴潘二人为修史曾与钱谦益商讨,并深得其赞许,钱谦益一生以史官自居,修史为任,最终史书未成,固然由于绛云楼之火,史料付之一炬,但庄氏史狱的残酷恐怕也不无影响。

　　受史狱影响而遭搁置,或藏之名山,影响其流传者为数更多。费密《荒书》④,曾因为史狱而搁置。查继佐的《罪惟录》本名为《明书》,因受庄氏史狱的影响而不得不更名为《罪惟录》,修史者辗转流离,备极辛苦,而史书之作不辍,"此书之作,始于甲申,成于壬子中,二十九年,寒暑晦明,风雨霜雪,舟车寝食,疾痛患难,水溢火焦,泥涂鼠啮,零落破损,整饬补修。手草易数十次,耳采经数千人,口哦而不闻声者几何件,掌示而不任舌者几何端,以较定哀之微词,备极辛苦。兼以他诡误而连狱,方椟藏而无山。"⑤受史狱牵连,出狱后能不改修史之志向,终成其书,查继佐此举足以不朽,而《罪惟录》不能端正本名,令作者只能仰天长叹:"若夫《罪惟录》得复原题之日,是即左尹得复原姓名之日,静听之天而已。"⑥其后,查继佐本人及其门人对修纂一事更是守口如瓶,不敢对人透露,更不敢刊刻,直到临终前查继佐才痛下决心,对此书进行最后的整理,无奈体力与精力均大不如前,整理只能草草结束,故《罪惟录》一书

---

① 据顾炎武《书吴、潘二子事》云:"二子所著书若干卷,未脱稿,又假余所蓄书千余卷,尽亡。"(《亭林文集》卷五)

② 顾炎武:《亭林文集》卷四,《与次耕书》。

③ 顾炎武:《顾亭林先生诗笺注》卷十一,《寄潘节士之弟耒》。

④ 费密的《荒书》"初属草时,值乌程难作,不遑终其卷"(费密《荒书》"自序"),直到康熙十八年清政府广泛征集有关明朝史料时才重新整理旧稿,完成全书。

⑤ 查继佐:《罪惟录》"自序"。

⑥ 同上。

只有稿本存世①。史书篇章结构未能完全整理，内容也多颠倒错乱，至乾隆时，文字狱盛行，收藏者惧罪，多所涂改，具张宗祥跋文："是书谏议传，无杨涟等，隐逸传仅至孙一元，奸壬传无马士英，阙帙至多。盖原书每传不连写，又经后人任意装订，先后倒置，无目录可查，故虽阙而不知也。"②改易书名，深自晦匿，《罪惟录》虽幸而流传至今，却面目全非，给后人的整理与使用带来困难。幸得张元济苦心整理，才使得《罪惟录》虽历劫无算，终免沉沦③。此外，应该还有相当一部分史书因不见于记载，在史学史上没能留下应有的轨迹。

其次，庄氏史狱阻碍了史家之间的修史交流。从事修史之私人史家，自我隔绝于世，不敢暴露，更不敢于同行之间探讨和交流。查继佐与谈迁著书年代相同，居又同里④，"所不同者，查豪放结客，谈抱朴守约耳；何以二人若不相识，各无一语及之也。意者谈氏载庄氏史狱之前，早已谢世；而查氏既经史狱，幽囚二百日之后，虽奋笔成书，不欲表暴于世，深闭固拒，以史为讳，即知谈氏之书，亦惟有铁函深井，藏之已耳，敢引以贾祸耶。"⑤全祖望记述林时对修史，尤强调其隐蔽性，"公讳时对，字殿飚，学者称为茧庵先生，浙之宁波府鄞县人。以崇祯己卯、庚辰连荐成进士，授行人司行人。赧王起南中，以史科给事中召。南都亡，从戎江干，累迁至都察院右副都御史。逾年事去，杜门不出，乃博访国难事，上自巨公元夫，下至老兵退卒，随所见闻，折中而论定之。先公尝曰：吾年十五，随汝祖拜公床下，语予：'野史之难信者有二：彭仲牟《流寇志》伪错十五，出于传闻，是君子之过；邹流绮则有心淆乱黑白，是小人之过；其余可以类推。'先公问曰：'然则公何不著为一家以存信史？'公笑而不答。盖是时公方有所著而讳之。然自公殁后，所谓《茧庵逸史》者阙不完。"⑥史家各据

---

①　如查继佐"自序"所言，《罪惟录》起于甲申，成于壬午，而沈起《查东山年谱》却讳言，"乙未先生五十五岁，讲学敬修堂，始著《罪惟录》，历二十年始成。"康熙元年，查继佐受到庄氏史狱波及，次年获释。至查去世前一年，沈起年谱记载："乙卯先生七十五岁，春，《罪惟录》成。"

②　张宗祥：《罪惟录》"跋"。

③　据张元济跋文，整理之前的《罪惟录》，"阅时既久，虫鼠为虐，大者或连篇累牍，首尾不完；小者亦零乱散片，破碎支离，装工无识，妄相凑合，文义乖舛，不可卒读，反复追寻，梦丝稍治，此不可谓非艺林幸事。"

④　谈迁居硖石紫薇山西南麓也是园，查继佐自粤归浙筑敬修堂于杭州，又筑幽居于硖石沈山东麓万石窝，紫薇山即西山，沈山即东山，查氏暮年以东山为号，以所居之地为名。

⑤　张宗祥：《国榷》"跋"。

⑥　全祖望：《茧庵逸事状》，转引自谢国桢：《增订晚明史籍考》。

传闻,史料发掘不广,本为私家修史本先天之不足,迫于史狱影响,各自隐讳,不互相交流,难免会影响到对传闻以及史事的判断和论定,这是庄氏史狱于清初私家修史的深层影响。

综上,庄氏史狱确给清初私家修史造成了一定的恶劣影响,但对其破坏程度作定论时仍应慎重。"然而,同样有趣的是,尽管1661到1663年发生的庄氏史狱造成了浙江七十多位学者的惨祸,但17世纪60年代的修史工作并未因此顿减。"①毕竟,史狱的爆发带有一定的偶然性,与此后雍正、乾隆朝的文字狱相比,庄氏史狱并非清朝统治者对知识界刻意吹求,有心罗织,当时统治政策基本上仍然以怀柔为主。对史家而言,罹祸者与惧怕因此而罹祸者毕竟还只是少数,尽管有死亡的阴影笼罩,仍有相当一批史家毅然决然地继续纂修史书。对遗民来说,修史为存身立命之根本,以生命之魂谱写史书,并坦然徜徉于文化的白色恐怖之中恰恰是遗民生存价值的体现。故查继佐虽亲历史狱仍能续修《罪惟录》不辍,根据沈起《年谱》记载,查继佐从狱中获释后即开始继续以前的修史工作:"乙巳先生六十五岁,始杜门手辑,前稿名《先甲集》,近稿名《后甲集》,著《鲁春秋》上下两卷。"②其弟子沈起,明知查继佐因修史而受连累入狱,仍醉心其业:"尝拟撰《明书》,谓明不亡于流寇,而亡于厂卫,断自成化十二年秋,始设西厂,绝笔焉。晚节以穷死。"③有明确修史意图的沈起,可惜未竟其书。

非遗民史家,亦以气节相标榜。以邹漪为例,甲申乙酉之间,刻《启祯野乘初集》,三十四年后,又作《启祯野乘二集》,且于自序之中标榜气节,"慨自世道衰微,廉耻渐灭,臣弑其君,子弑其父,士卖其友,弟子背其师,妻妾委弃其夫,不知忠孝节义为何物,"因此钩稽条贯,诠次成篇,"或亮节清风,品崇山岳;或鸿猷伟绩,业沛江河;或厚泽深仁,著龚黄之遗爱;或直言敢谏,追徵黯之嘉谋;或艺苑流芬,经经纬史,翰墨昭回云汉;或沙场灑血,断头决腹,忠贞喷薄

---

① Lynn Ann Struve, *Uses of History in Traditional Chinese Society: The southern Ming in Ch'ing Historiography*, p. 103;见司徒琳:《传统社会中史学之功用——清代史学史上的南明》,第103页,原文为:"Equally interesting, however, is that much work continued unabated in the 1660s, in spite of the Chang T'ing-lung seditious history case of 1661 – 1663, which resulted in the execution of no less than seventy Che-kiang literati"。

② 沈起:《查东山年谱》。

③ 孙静庵:《明遗民录》卷十一。

日星；乃至故国遗民，旧邦吉士，剖肝孝子，截发贞妻，皆得论定焉。"①可见，蓬勃发展的清初私家修史，亦并未因此中断。

三、官修《明史》对私家修史的促动

除史狱之外，官修史书在这一阶段亦有逐步发展，从而在官方文化政策方面给予私家修史一定的促动和影响。从官修《明史》的发展历程来看，康熙十八年之前尚未进入实质性实施阶段，而清廷修史的意向和举措却已经露出端倪。耐人寻味的是，清朝政府于修纂《明史》方面的谕令与政策，从多方面相应带动了清初私家修史的持续发展。

首先，官修史局的建立与发展的迟滞刺激了一批史家私修史书的兴趣。顺治二年（1645）五月，以内三院大学士冯铨、洪承畴、李建泰、范文程、刚林、祁充格为总裁，正式开局修史，但成果并不显著。谈迁《北游录》记录当时修《明史》成果是"《明史》成，止编年"②。乾隆初，史官杨椿回忆顺治朝修史成果，"仿《通鉴》体仅成数帙"③而已，甚至还传出总裁冯铨担心天启实录中记载本人劣迹，于是窃取销毁的丑闻④。可见，史局初设，并未得到统治者的充分重视，充其量仅是政治姿态而已。但官修《明史》作为朝廷的政令，却引起朝野上下士人阶层的广泛兴趣。华亭遗民吴骐"于学靡所不窥，凡六经子史百家，以至天下舆图险阻，民户饶瘠，兵甲强弱，无不洞悉"，他"性好阐扬幽美"，闻里中钱金甫与修《明史》，于是寄书与之商讨，提出自己对史事的意见和看法："知执事撰先朝《景帝本纪》，伏惟景帝功在社稷，而当时《实录》取媚英庙，遂于景帝极其訾詈。夫景帝虽藩支，然以高祖视之，此安我宗庙者也。"⑤

另外，史官工作不多，仅按年分段抓阄，各依抓得之年抄略《明实录》。因史职轻闲，多有闲暇，一些史官得以利用史馆的史料便利，私修史书。如傅维鳞，为清丙戌科（顺治三年）进士，顺治四年（1647）任翰林院编修，参与过明史

---

① 邹漪：《启祯野乘二集》"自序"。
② 谈迁：《北游录·纪闻下》"修史"条。
③ 杨椿：《孟邻堂文钞》卷二。
④ 朱彝尊：《曝书亭集》卷五、《书两朝从信录后》："熹宗实录成，藏皇史宬，相传顺治初，大学士涿州冯铨复入内阁，见天启四年纪事，毁已尤甚，遂去其籍，无完书。"
⑤ 孙静庵：《明遗民录》卷十。

馆分修《明史》工作，因"所纂不过二十余年"，且"止类编实录，不旁采"，觉清署余暇，有愧史官之名，故广搜"明兴以来行藏印抄诸本、家乘、文集、碑志"，共三百多种，九千余卷，参照明朝实录，考订异同，纂成《明书》一百七十一卷①。刘心学之《四朝大政录》作于康熙七年，"其时《明史》未终，而谷应泰明朝纪事本末初刊行，是书盖补正纪事而作也。"②官修《明史》未出，明代史事不能论定，是刘心学修《四朝大政录》的主要原因。

其次，官修《明史》为搜求史料号召民间史家打消疑虑，呈送史书。顺治五年(1648)九月庚午，"谕内三院：今纂修明史，缺天启四年、七年实录，及崇祯元年以后事迹，著在内六部、都察院等衙门，在外督抚、镇按，及都布按三司等衙门，将所缺年份内一应上下文移有关政事者，作速开送礼部，汇送内院，以备纂修。"③康熙四年(1665)，重开史馆，再次重申广泛征集有关史料，康熙帝亲自发布谕旨："其官民之家，如有开载明季时事之书，亦着送来，虽有忌讳之语，亦不治罪，尔部即作速传谕行。"④广征天下史料，不论忌讳，鼓励了一批私人史家修史及呈报的热情。孙承泽捧读康熙谕旨之后，"时职养病山中，因检旧日钞存，辑成十八卷(即《山书》)，装成七本等因，呈送前来。"⑤邵廷采《西南纪事》、《东南纪事》受到《明史》的促动，据他自己介绍："见冯再来先生随笔云：己未，上敕史馆，奉有'福、唐、鲁、桂四王，许附怀宗纪年'之命。因虽不揣，辑《西南纪事》一卷。中间抱病，又迫生徒课业，未得一心编录。丁丑戊寅，假榻东池两水亭，复辑《东南纪事》一卷。"⑥吴伟业的《绥寇纪略》借此之机，得以传出足本⑦。可见，官修史书处在征集史料的准备阶段，在全国范围

① 傅维鳞：《明书》卷一七一，《叙传二》。
② 刘台垣《四朝大政录》识，转引自谢国桢：《增订晚明史籍考》，第107页。
③ 《世祖章皇帝实录》卷四十。
④ 《圣祖仁皇帝实录》卷六十四。
⑤ 孙承泽：《山书》"附注"。
⑥ 邵廷采：《思复堂文集》卷七《谒毛西河先生书》。
⑦ 朱彝尊：《跋绥寇纪略》言："梅村吴先生，以顺治壬辰舍馆嘉兴之万寿宫，方辑《绥寇纪略》，以三字标其目，盖仿苏鹗《杜阳编》、何光远《鉴戒录》也，一曰渑池渡，二曰车箱困，三曰真宁恨，四曰朱阳溃，五曰黑水擒，六曰毂房变，七曰开县败，八曰汴渠垫，九曰通城击，十曰盐亭诛，十一曰九江哀，十二曰虞渊沉。于时，先生将著书以老矣，越岁有迫之出山者，遂补国子祭酒，非其志也。久之其乡人发雕是编，仅十二卷而止焉。虞渊沉中下二卷，未付枣木传刻焉。明史开局，求天下野史。有旨勿论忌讳，尽上史馆，于是先生足本出……"《曝书亭集》卷四十四。

内对史料和史籍的搜求,促进了私家修史的开展。

可以说,康熙十八年之前清初私家修史的持续发展局面受到了双重因素的影响,明清鼎革的刺激为催生史家与史著的催化剂,而官修《明史》的迟滞发展则带动更多的史家投入史学领域,二者共同促动,为私家修史带来强劲的发展动力。

第二节　私家修史的维持发展阶段(1679—1711)

从康熙十八年(1679)到康熙五十年(1711)是清初私家修史的维持发展阶段。一方面,第一阶段所具备的发展势头此时已经稍减;另一方面,此时私家修史在史学界已经不再独领风骚,官修史书逐渐取代了私家修史的地位,成为史学界的主角。

一、维持发展阶段的态势及特点

首先,官修《明史》日益受到清代统治者重视,逐步走入正轨。康熙十七年(1678),在全国范围内征召博学鸿儒,诏曰:"自古一代之兴,必有博学鸿儒,备顾问著作之选。我朝定鼎以来,崇儒重道,培养人才。四海之广,岂无奇才硕彦,学问渊博,文藻瑰丽,追踪前哲者?凡有学行兼优,文词卓越之人,不论已仕、未仕、在京三品以上及科、道官,在外督、抚、按,各举所知,朕亲试录用。其内、外各官,果有真知灼见,在内开送吏部,在外开报督、抚,代为题荐。"①第二年,康熙亲自在体仁阁测试博学鸿儒,取五十人,"俱入史馆,纂修《明史》。"这次开史馆与顺治二年(1645)以及康熙四年(1665)的情形已经大不相同,前两次只是出于政治上的策略,实际行动不多,而康熙十八年(1679)大规模地开设史馆,正式的官修史书开始运作。在史馆内外就官修《明史》的取材、体例等问题进行了大讨论,并且又在官、私方面广泛征集史料。甚至派人到大儒黄宗羲、李清的家中去抄录史料。经过一系列的准备工作之后,从康熙十九年(1680)到康熙二十三年(1684)间纂修者各自提供了《明史》的初稿,此后,官修《明史》进入修改阶段。"史馆修史,目的非常明确,那就是要建立

_____

① 《清史稿》卷一百零七,中华书局点校本,第3175页。

一种'政治—学术'模式，即通过历史研究这样的学术行为来表达政治意图，垄断对历史的解释权。"①从发展历程来看，统治者对官修《明史》以及史馆修史的关注是一贯的，并随着社会局势的趋于稳定而日益增强。

其次，私家修史借助官修史书的种种便利，得以维持其发展局面。清代史馆史无专官，史官具有相对的流动性，很多私人史家以私人身份得入史馆修史。入清以来，私人史家对官修《明史》均从不同方面表现出极大的兴趣。著名的遗民史家万斯同、潘耒等以私人的身份加入到史局之中，他们认为："一代是非，能定自吾辈之手，勿使淆乱，白衣从事，亦所以报故国也。"②另外，康熙十八年博学鸿儒特科是官方统治政策上对于知识分子的一种优容，而五十名博学鸿儒被征入史馆，则体现出官方对于修史的一种鞭策。清朝政府重视官修《明史》对于民间的私家修史来说也是一种鼓励。尤其，为了收集到充分的史料，政府亲自派人到民间学者的家中征集史料也刺激了一部分史家修史以报送朝廷的热情，比如费密的《荒书》就是在这种心境下修纂成书的。谢国桢先生在考订邹漪所修《启祯野乘二集》时认为："是书撰于康熙十八年，当三藩之变，已渐底定，清廷笼络人士，诏开鸿儒之时，明季大夫，已趋附新朝，而流绮序中有云：'慨自世道衰微，廉耻渐灭，臣弑其君，子弑其父，士卖其文，弟子背其师，妻妾委弃其夫，不知忠孝节义为何物。'盖清初文网未密，故能发为斯论，其言实有所指，有其立论虽近于迂腐，而仍不失为气节之士。"③庄氏史狱的白色恐怖过后，清廷在文化领域中并未继续加密文网，使得史家们仍有修史的空间。而官修史局的重新开馆，又刺激了另外一批史家，即清王朝的支持者史家群体的修史热情。

从另一个角度来说，官修史书不尽如人意的状况也成为刺激一些史家修史的动因。在这一阶段官修史书产生了初稿，却迟迟未在全国范围内公布定稿，并且，史家们经过一段时间的观察发现，由于官修史书的主体思想是为新兴的统治阶级服务，在史书的体裁上会受到多方面的限制，而且政府向民间征集史料的时候，也会出现一些漏洞。戴名世对此有所觉察："前日翰林院购遗

---

① 王记录：《论清代史馆修史、幕府修史及私家修史的互动》，《史学史研究》2007 年第2期。

② 黄嗣艾：《南雷学案》卷七，《万石园先生》。

③ 谢国桢：《增订晚明史籍考》，第 124 页。

书于各州郡,书稍稍集,但自神宗晚节,事涉边疆者,民间汰去不以上,而史官所指名以购者,其外颇更有潜德幽光,稗官碑志,记载出于史馆之所不及者,皆不得以上,则亦无以成一代之史,甚矣其难也。"①民间的史家一开始极其关注官修史书的发展,将其奉为圭臬,但是官修史书迟迟不能与世人见面,而且从官修史局中透露出来的一些消息又让民间的史家大为失望,这种状况就成为清初私家修史得以维持发展的动因。温睿临在《南疆逸史》的"凡例"中记录了修史的原因,最初是史家万斯同在参与修《明史》的过程中发现了官修史书的缺陷,他认为:"明史以福唐桂附入怀宗,纪载寥寥,遗缺者多,倘专取三朝,成一外史,及今时故老犹存,遗文尚在,可网罗也。"于是嘱咐温睿临:"鼎革之际,事变烦多,金陵闽粤,播迁三所,历年二十,遗事零落,子盍辑而志之!"②由于万斯同生前没有实现自己的愿望,于是温睿临念及亡友眷眷之言,不忍违背其雅意,就遵从万斯同的意愿,以私家修史的形式修成《南疆逸史》,以补充官修史书的缺陷。另外,清初最初的几十年形成的史书,其缺点日益暴露,也成为史家们修史的契机。仅以《南疆逸史》一书而言,就搜集了史书四十八种,温睿临在修史的过程中还参考了万斯同所写的传记,综合各书之长,补充各书之短,"合而订之,正其纰缪,删其繁芜,补其所缺,撰其未备。"③

　　但毕竟,作为清初私家修史维持发展的阶段,这一时期形成的史书数量已经颇逊于前。据统计,修成的史书主要有黄宗羲的《续时略》(1679④),邹漪的《启祯野乘二集》(1679⑤),黄宗羲的《行朝录》(1683),徐秉义的《明末忠烈纪实》(1682⑥),叶梦珠的《续编绥寇纪略》(1688⑦),《汗青录》(书前有康熙二十七年小引,可知成于康熙二十七年,1688),杜登春的《社事始末》

①　戴名世:《戴名世集》卷一,《与余生书》。

②　温睿临:《南疆绎史》"凡例"。

③　温睿临:《南疆逸史》"凡例",其参考史书的统计数字也依据于此。

④　根据钱茂伟《梨洲史学初探》,《宁波师院学报》1989 年第 4 期。

⑤　根据邹漪在《启祯野乘二集》"自序"中所言:"予于甲申乙酉之间,刻有《启祯野乘一集》行世,距今第三十四年,沧海横流,农圃之暇,荟萃诸家誌传墓表而排缵之,复得若干卷。"可知,《启祯野乘二集》距离《启祯野乘一集》的时间为三十四年,即康熙十八年(1679)。

⑥　根据傅以礼的考证:"则秉义之撰是书,必在康熙二十一年至三十三年乞假归里之时也。"(谢国桢:《增订晚明史籍考》,第 422 页),可见徐秉义修史书当在 1682 年。

⑦　叶梦珠在《续编绥寇纪略》"自序"中标为康熙二十七年,即 1688 年。

（1692①），沈佳的《存信编》（约成书于康熙三十至四十年，即1691—1701②），温睿临的《南疆逸史》（康熙四十一年，即1702），邵念鲁的《东南纪事》、《西南纪事》（1697—1699③）等。

从史书的内容来看，这一时期形成的史书多借鉴前此形成的私史作为参考史料。康熙二十七年（1688），叶梦珠修成《续编绥寇纪略》，除了借鉴吴伟业的《绥寇纪略》之外，还参考了另外一些私史。据作者序言介绍："余友倪子宣远、林子广平年来与余先后同下帷于筒里之清河氏，出示《滇蜀纪闻》及《楚中遗事》二三编，皆孙、李流蔓诸事，梅村所不及纪者。云得诸同郡先达忍斋张司李。忍斋于顺治之季成进士，宦滇南，今上改元而归里。帙中所载，大概本诸邓凯《也是录》。凯于永明王称帝时，为东宫扈从，事皆身历，幸而不与渡河之难。迨永历君殁，而凯尚为僧，忍斋宦滇时候，宜及见之，其所纪载当必有据，余故采而论次之。仿梅村原本之体，分为四卷，参以《甲申传信录》，附纪散事以为续编。"④

在史料方面，除了已经流传的私史之外，很多史家利用了史馆采择的史料。徐秉义修《明末忠烈纪实》就大量利用了官方掌握的史料，徐秉义及其兄弟徐元文、徐乾学都曾经任过《明史》馆的总裁⑤，他们有大量的机会接触到官方采集的史料，因此，所修史书，"矜慎详核，足称信史"。毛奇龄任职《明史》馆，负责修纂《流贼传》，当他看到在官修《明史》中，有关农民军的事迹往往分散在各传之中，于是就利用私家修史的形式单独修成《后鉴录》，虽然在内容上多不出官修《明史》的范围，但是首尾详备，便于寻检。

就私家修史来说，文字狱的影响仍然存在，并且有强化的趋势。据史家戴名世记载，当时的史学界染指私修史书的人已经越来越少："昔者宋之亡也，

---

① 根据周中孚《郑堂读书记》，"书成于康熙壬申"，即康熙三十一年（1692）。
② 朱希祖《明季史料题跋》："其书为编年体，记载永历时事最为详备，观其全书自注中有引《象郡纪事》、《行朝录》、《两粤新书》、《行在阳秋》，又言邓凯《也是录》，则其著书必在刘、杨、黄、邓之后，而在温氏（指温睿临）之前，盖清康熙三四十年时所作也。"
③ 根据姚名达的《邵念鲁年谱》："念鲁著《东南纪事》，在康熙三十六年至三十七年（1697—1698），著《西南纪事》，则在康熙三十八年（1699）。"
④ 叶梦珠：《续编绥寇纪略序》。
⑤ 徐元文于康熙十八年（1679）为明史监修总裁官，徐乾学于康熙二十年（1681）左右总裁明史，徐秉义于康熙三十八、三十九年（1699，1700）总裁明史。

区区海岛一隅如弹丸黑子,不逾时而又已灭亡,而史犹得以备书其事。今以弘光之帝南京,隆武之帝闽越,永历之帝两粤,帝滇黔,地方数千里,首尾十七八年,揆以春秋之义,岂遂不如昭烈之在蜀,帝昺之在崖州,而其事渐以灭没。近日方宽文字之禁,而天下所以避忌讳者万端,其或孤庐山泽之间,有廑廑志其梗概,所谓存什一于千百,而其书未出,又无好事者为之掇拾,流传不久,而已荡为清风,化为冷灰。至于老将退卒,故家旧臣,逸民父老,相继澌尽,而文献无征,凋残零落,使一成败得失,与夫孤忠效死,乱贼误国,流离播迁之情状,无以示于后世,岂不可叹哉。"戴名世所处的时代,有志修史的史家已经不多:"余凤昔之志,于明史有深痛焉,辄好问当世事,而身与士大夫接甚少,士大夫亦无有以此为念者,又足迹未尝至四方,以故见闻颇多,然而此志未尝不时时存也。"① 可见,私家修史发展到这一阶段,已经出现史家逐渐凋零、史坛趋于沉寂的状况,即便有一二修史之家,也是孤居于山泽之中,其书不得流传于世。

总之,这一阶段的私家修史已经不能够完全离开官修史书,独立发展,其史家群体以及所形成的史书往往与官修史书产生这样或者那样的关系。而且,随着时间流逝,遗民日趋消亡,已经不再是史书创作的主体,史家数量趋于减少,私史著述亦不多。

二、遗民的消亡与私家修史

遗民是一种时间现象,仅存在于王朝鼎革的特定时空中。人的生命毕竟有限,明末清初之遗民久经忧患,在这一时段中,已经渐次凋零,著名的遗民史家如张岱(卒于康熙十八年,1679)、顾炎武(卒于康熙二十一年,1682)、李清(卒于康熙二十二年,1683)、吕留良(卒于康熙二十二年,1683)、傅山(卒于康熙二十三年,1684)、王夫之(卒于康熙三十一年,1692)、黄宗羲(卒于康熙三十四年,1695)、刘献廷(卒于康熙三十四年,1695)、屈大均(卒于康熙三十五年,1696)、万斯同(卒于康熙四十一年,1702)、潘耒(卒于康熙四十七年,1708)等接连亡故。到康熙统治的末年,清朝对关内的统治已经有近八十年的光景,从时间上分析,不仅那些生于明末的学者已经离开人世,即便是那些

---

① 戴名世:《戴名世集》卷一,《与余生书》。

生于清初的学者也已经到了老迈之年了。明朝遗民作为一个社会构成群体正逐渐从清朝的历史舞台上消失。

并且,"遗民现象的'时间性'(亦一种有限性)还体现于'不世袭'"①。遗民作为一种社会身份,是不世袭的,遗民的后裔并不坚持其祖先的主张,而是逐渐采取了与清王朝合作的态度。正如钱穆所说:"弃身草野,不登宦列,惟先朝遗老之身而止。其历世不屈者则殊少。既已国亡政夺,光复无机,潜移默运,虽以诸老之抵死支撑,而其亲党子姓,终不免折而婢膝奴颜于异族之前。此亦情势之至可悲而可畏者。"②由于遗民不世袭,遗民的后裔不必为遗民,因此作为清初私家修史的主体,遗民的消亡无疑会对其产生极大的影响。

一方面,明朝遗民是清初私家修史的主体,他们占据清初史家群体中最大的份额,他们是清初社会最具修史热情的群体,遗民阶层在社会上的衰亡对于史家群体来说是最大的损失;另一方面,遗民的相继辞世在思想上也极大地影响了史书的创作,遗民阶层在时间的流逝中消失,他们所倡导的思想和主张也渐趋被后人遗忘。人们在思想上逐渐消除了对清王朝的抵触情绪,由激进的反清思想逐渐转化为对清王朝的接纳和支持,史书作为反清工具的历史作用也渐趋消弭。相反,史书传统上作为王朝宣扬教化工具的作用日趋凸显出来,史书在功能上的转变对于私家修史来说也是抑制其发展的重要因素。

因此,明朝遗老的相继辞世不仅造成了史家群体的弱化,而且同时也标志着反清思想以及对于明王朝的眷恋怀旧等观念在史学界的弱化,而这二者是清初私家修史繁盛的重要因素,这两个重要因素的消失造成私家修史逐渐走向衰亡。

首先,维护明王朝的史家群体不再是私家修史的主体,而清王朝的支持者,尤其是那些加入到官方史馆中的史家成为私家修史的重要力量。他们一方面在史局之中就以史书的创作为职;另一方面,在官方的史局中又接触到了大量在民间无法接触到的历史资料,为自己私下里的史书修纂奠定了基础。在康熙十八年入史馆任编修的五十名编修之中,大部分有私修史书问世,其中朱彝尊、潘耒、毛奇龄、吴任臣、周庆曾、尤侗等人又是其中的佼佼者。他们在

---

① 赵园:《明清之际士大夫研究》,第 373、381 页。

② 钱穆:《中国近三百年学术史》,商务印书馆 1997 年版,第 2 章第 71 页。

承担官修史书任务的同时,整理史料,着手私家修史的工作。

其次,遗民的凋零亦影响到清初史学发展的方向,明朝历史逐渐淡出史家的视线。遗民修史,有强烈的政治倾向性,为故国修史以报故国之心拳拳,并且,遗民多经历明清鼎革之忧患,耳闻目睹历史事件的发生,多能根据亲身经历,采择见闻,发愤修史。受其影响,清初私家修史以明代历史为主流。遗民的消亡,时势的转换,使得私家修史暂时走向沉寂。

总之,遗民的消亡标志着清初私家修史失去了意志最坚强,立场最坚定,用力最勤的群体,而这一群体史家的流逝也将清初私家修史渐渐带入到衰落阶段。

第三节　私家修史的衰落阶段(1711—1722)

康熙五十年(1711)到康熙六十一年(1722)期间,私家修史走向衰落。私史领域史家寥寥无几,史学成果为数甚微,曾经盛极一时的私家修史已经风光不再,走入低谷。

一、衰落阶段的态势与特点

康熙五十年(1711),戴名世《南山集》案发,成为清初私家修史的另一个坐标点,标志着私家修史走向衰落。从史书数量上来看,这一时期形成的史书主要有焦袁熹的《此木轩纪年略》①、杨陆荣的《三藩纪事本末》(康熙丁酉,1717②)、陈元模的《朝野纪闻》(康熙六十年,1721③)和杨陆荣的《殷顽录》(康熙六十年④)等数种。与此同时,无论在朝与在野士人的注意力均随着社会与学术风气的转变而发生转移,从事私史修纂的史家亦为数不多。

从史学自身的发展规律来看,延续明末以来的发展趋势,经过了近七十年

---

① 据《四库全书总目》,焦袁熹的《此木轩纪年略》始于康熙甲午,即康熙五十三年(1714),成书当在此后。

② 根据《四库提要史部纪事本末类》,此书"成于康熙丁酉",即康熙五十六年(1717年)。

③ 根据姜胜利:《清人明史学探研》,第148页,"(康熙六十年)是岁,陈元模撰成《朝野纪闻》四卷。"

④ 根据杨陆荣《殷顽录》"自序","康熙辛丑"即康熙六十年。

的争鸣与发展,私家修史已经基本完成其历史任务,史料发掘殆尽,史家日渐凋零,难以继续其维持发展的势头。明清鼎革的时代刺激已经无法作为私家修史的主要动力,促动入清后的第二代、第三代篡修私史。随着时局的平稳以及文化发展的繁盛局面,官修史学居于主导地位,私修史学则陷入发展史上的衰落。

与官修史书比较来说,私家修史已经游离出史学发展的中心地带,走向边缘。乔治忠研究官修与私家修史的发展关系,认为:"清代官方与私家明史学的彼消此长大体经历了三个阶段,清初至康熙中是私家明史学兴盛而官方刚刚起步的时期,其中包含着私家明史学中反清意识与官方政权的冲突;康熙中至嘉庆末是私家明史学由冷清至沉寂,而官方明史学兴盛发达的时期,其中包括着官方对私家明史学的主动阻扰;嘉道之际至清末是官方明史学终止而私家明史学复苏、振兴时期,其主流是私家明史学的立场、观点认同于清廷,但出现了脱离官方控制和革命党人利用明史学反清的新现象。官方和私家明史学彼消此长的发展大势,表明了二者之间有着对立、排抑的关系,而形成这种彼消此长状况的原因则是多方面的,其一是政局和国情的制约,其二是学术风气的发展演变,其三是官、私在明史学上的学术竞争,其四是官方文化专制政策的张弛、文网疏密变化。"①

尤其是政治上,随着清朝政局的稳固,统治者从频繁的军事行动中解脱出来,加强对思想领域的控制,从一定程度上代表言论自由,并品评政治的民间私修史书无疑首当其冲,受到冲击。康熙五十年(1711),发生了震惊史学界的重大事件,即戴名世的《南山集》案,无疑雪上加霜,加快了私家修史走向沉寂的历程。

二、戴名世《南山集》案与私家修史

《南山集》案发与顺治末年庄氏史狱有一定的相似性,均为清初历史上有名的针对史家的一次影响巨大的文字狱。但由于其所处时代有别,史家群体变化颇大,史学发展的走势不同,因而两起史狱对私家修史产生的影响亦有所不同。就史狱本身的恶劣程度而言,庄氏史狱可能远超戴名世《南山集》案,

---

① 乔治忠:《清代官方史学研究》,(台湾)文津出版社1993年版,第226页。

而从对私家修史以及封建史学的长远影响来看,后者则超越前者,推动清初以来的私家修史走向没落。戴名世《南山集》案之所以成为清初私家修史走向没落的转折点,不仅由于史狱本身的消极影响,更源于此时文化界盛行的文字忌讳之风。

1. 《南山集》案发前的文字忌讳之风

随着清朝统治走向稳固,对士大夫阶层的控制趋于严密,康熙二十七、二十八年以来,江南士绅阶层首先受到政治气氛的冲击。如戴名世所言:"岁戊辰、己巳以后,十余年来,江南缙绅之体陵夷极矣。其祸始于一二家之横,致得重罪,他处遂多效之。官吏务以挫辱士大夫为能,逢迎上官,皆得美擢。里巷奸民以诈财为生者,不于其党类而于缙绅,以为谨慎不敢与我抗且辩也,一抗且辩,则诉之于官,而彼之折辱更甚矣。至于诸生,犹官吏之草芥视之者,而彼等犹且自相矜重,偶有一遇挫辱,遂群起告讦,或哭于文庙,或相要约不赴试,卒不能取胜,斥逐者累累,因致死伤者亦多。彼于缙视之不啻努力,况若辈乎。"①士大夫之家既于政治上遭受歧视与迫害,敌视者于行为上的指责必然渐趋深化,波及文字,毕竟,文字是士人阶层存身立命的根本所在。

《南山集》案发前,戴名世已经敏感地意识到朝野上下的文字忌讳之风气:"文字之忌讳,至今日为已极,亦亘古所未有也。自场屋之文与士大夫往还问答之书及一切应酬文字,皆以吉祥之辞相媚悦,而古人所造之字,其可删去不用者,不可胜数矣。不特文字忌讳也,即字形亦多忌讳。如'函'字从'了',今人以了为不祥,改而从'羊',其不通多类此。"对文字的敏感,成为上层社会的通病,戴名世甚至提及一官僚为他讲述的一个令人既好气又好笑的故事:"一同仁为尚书,时时共事,因得熟悉其性情。每阅簿书文卷,望见有字意不吉,如衰、病、死、卒、休、废、悲、哀、伤、叹、罚、黜、凶、恶、噫、嘻、嗟吁、鸣呼等字,即以手推远之,而身作远避状,连呼曰:'看不得! 看不得!'摇首蹙额,向地呕吐,痰从喉出,神气皆辞,良久乃定。"②此人为京官,历官至吏部尚书,尤能代表京师统治阶层内部弥漫的文字忌讳风气。自然,这种文字忌讳之风愈演愈烈,并逐渐波及史学领域。

①　戴名世:《戴名世遗文集》,第141条,王树民、韩明祥、韩自强编校。
②　同上书,第136条。

2. 《南山集》案及其对清初私家修史的直接影响

戴名世《南山集》案发，无疑是文字忌讳之风的恶性发作①。康熙五十年（1711）十月十二日，都察院左都御史赵申乔参劾翰林院编修戴名世："妄窃文名，恃才放荡。前为诸生时，私刻文集肆寇游侠，倒置是非，语多狂悖。逞一时之私见，为不轻之乱道，徒使市井书坊翻刻贸鬻，射利营生。"②在案件审理过程中，愈益复杂，三年后由康熙亲自朱批定罪，戴名世被以"大逆"罪处斩，当时政界和学术界的知名人士如尚书韩菼、侍郎赵士麟、淮阴道王英谟、庶吉士汪汾等 32 人都被卷入，连康熙最宠信的大臣张伯行也几乎难以幸免。

戴名世《南山集》一案在对私家修史影响的程度上要远远超过庄氏史狱。作为清初著名的史家，戴名世的悲惨遭遇令史学界悲愤怅惘。戴名世的史学造诣得到同时代学者以及后代学者的称誉，梁启超在《中国近三百年学术史》中指出："大抵南山考证史迹，或不如力田、季野，而史识史才，实一时无两。其遗集中《史论》、《左氏辨》等篇，持论往往与章实斋暗合，彼生当明史馆久开之后，而不慊于史馆诸公之所为，常欲以独立私撰明史。又与万季野及刘继庄、蔡瞻岷，相约偕隐旧京，共渱一史。然而终年躯肌潦倒，晚获一第，卒以史事罹大僇，可哀也！其史虽一字不成，然集中有遗文数篇，足觇史才恃绝。盖南山于文章有天才，善于组织，最能驾驭资料而铸冶之，有浓挚之情感，而寄之于所记之事，且蕴且浅，恰如其分，使读者移情而不自知。以吾所见，其组织力不让章实斋，而情感力或尚非实斋所逮。有清一代史家作者之林，吾所颔首，

---

①　关于戴名世《南山集》案的起因，史学界有多种看法。徐文博、石钟扬《戴名世论稿》（黄山书社 1985 年版）认为，"'《南山集》案'的发生，则有着颇为复杂的思想政治斗争方面的背景"（第 33 页），"康熙统治中晚期，大规模的民族反抗和武装叛乱已经因镇压有方而平息下去，国内的总形势发生了有利于清廷的变化，巩固政治统治和统一思想舆论，将政权建设向前推进一步，已经成为康熙所面临的主要任务"（第 41 页），而《南山集》问题的暴露，说明了民族意识深远影响的存在，"思想、政治，乃至于军事，往往是互为作用，相互促进的，康熙当然害怕民族意识的影响与武装斗争余火的结合，所以，他抓住《南山集》问题大做文章，在有形和无形的对抗之间，预先精心制造一个惨案，以显示出一股阻碍交流的震慑力量"（第 41 页）。何冠彪《戴名世研究》（香港大学中文系 1987 年）则从促成《南山集》案的三大外在因素分析其起因，分别为"'旧东宫'指摘《南山集》'妄论正统之论'"，"赵申乔参奏"、"同僚排挤"三方面分析，认为"'《南山集》案，可能是党争和个人恩怨造成的结果"（第 259 页）。笔者认为，《南山集》案的发生，为清初政治及文化发展的综合产物，而清初以来的文字忌讳之风恶性发展则为促成该文字狱发展的重要原因。

②　《清圣祖实录》卷二四八，康熙五十年十月丁卯。

惟此二人而已。"清初史学的一大巨星,就此陨落。

　　作为史狱本身,此案并没有出现大的杀戮,最终康熙皇帝仅仅判决斩首戴名世一人,与庄氏史狱大规模的血腥杀戮相比要轻得多,但是,这次史狱与庄氏史狱相比,清廷有意罗织的成分增多了。《南山集》中固然有一些犯忌的言语,但"更主要的是戴名世用散文形式,写了不少上乘篇章,《南山集》收入的如《鹦鹉赞》、《盲者说》、《钱神问对》、《讨夏二子檄》等,深刻尖锐,冷嘲热讽,可以说是杂文体裁的典范。这些文字反映了当时一批读书人对现实社会的种种不满情绪,揭露了官场、人际关系等诸方面的腐败与黑暗,直接刺痛了统治层的神经中枢。所以,制造这起案狱,本意是想给这批不甚驯服、有独立思想的士子一点教训,进行一次清洗"①。《南山集》的案情一次又一次地被加码,达到无以复加的"大逆"地步。

　　戴名世生于清初,不同于明末遗老,本人也没有排斥满族的思想,他甚至对清朝天子歌功颂德:"今天子盛德神功,彪炳宇宙,自御极以来,削除僭乱,平定四海,凡有征伐,悉奉庙算指授,往无不克,复躬统六师,肃清沙溪。六合之内,八极之表,莫不稽颡叩阙,来献其琛。"②作为生长在清朝的学者,戴名世对于清朝的统治并无抵触之心,他私修史书只是出于史家的责任感,和对于忠孝节义等封建伦理道德的褒扬,因此,在他的史书中对于涉及明遗民的地方,不免会发泄一些他本人对于现实社会的不满,结果招致了灾难。

　　与遗民居于史学主流的时代已经大不相同,康熙晚期士人的神经显得更为脆弱和敏感。戴名世《南山集》案血淋淋的教训震撼了整个学术界,清廷的目的达到了,史家们备感惊恐,修史热情化为冷灰,私家修史的数量也急剧减少。

　　3.《南山集》案与其他社会、文化因素的综合作用

　　应该看到,《南山集》案之所以能在文化阶层内部产生广泛影响,并给私家修史带来沉重打击,是结合了当时其他一些社会、文化因素,为此,《南山集》案可看做私史走向没落的助推剂。到康熙晚期,在史家群体方面,作为明王朝维护者的史家群体经历时间的磨炼,早期的遗民多已离世,遗民的后裔则

---

① 郭成康、林铁钧:《清朝文字狱》,第136页。
② 戴名世:《戴名世集》卷三,《辨苗纪略序》。

太部分采取与清朝妥协的态度,在修史的热情和积极性等方面也大不如前。就史书的发展规律来看,史书蜂出,人各操觚的时代已经成为过去,史家们将注意力更多地放在对过去形成的史书进行深思和更加深刻的研究方面,甚至有一部分史家已经将研究的主要内容转向了史书的考证、校勘等工作,这客观上也造成了史书数量上的减少。在这一阶段中,拖沓很久的官修《明史》逐渐有了眉目,史学界的学者通过种种途径对于史书的状况有了一定程度的了解,对于《明史》所提供的结论表示一定程度的信服,从而也影响了史家们的修史热情。如杨陆荣修《三藩纪事本末》的时候就明确表示:"是编杂采劫灰、浮海、甲子、江人事、江难、也是、遗闻、编年、遂志等书,然一以王大司马(指王鸿绪)奉旨分编之史传为正,故与野史所载微有异同。"①因此,在康熙五十年(1711)到康熙六十一年(1722)这一时间段中,清初私家修史衰落了。

综上,从发展脉络来看,顺治元年(1644)到康熙十八年(1679)属于私家修史的持续发展阶段,其发展的动力主要来自于私家修史的内部,继承了明朝末年以来的发展势头,并受到清初动荡的社会局势的影响;康熙十八年(1679)到康熙五十年(1711)是清初私家修史维持发展的阶段,由于王朝的统治走向稳定,官方统治政策以及官修史书的影响逐渐波及私家修史,私家修史的发展势头受到阻碍,但仍维持了发展的情形,并开始走向成熟和总结时期;从康熙五十年(1711)到康熙六十一年(1722)是清初私家修史的衰落阶段,原本有利于私家修史发展的因素逐渐失去了作用,私家修史受到官修史书以及官方统治政策的压制,走入低谷。

通过清初私家修史发展、成熟到衰落的脉络可以进一步证明,对于私家修史发展起决定性作用的几个因素,即社会局势、官方统治政策、官修史书的发展以及私家修史自身发展的需要和私家修史的史家队伍等,这些因素的消长变化决定了私家修史发展的规模、发展的速度以及最终的衰落。

---

① 杨陆荣:《三藩纪事本末》"凡例"。

第六章　清初私家修史的史学成就

对比春秋战国时期、魏晋南北朝时期、两宋之际以及明末的私家修史,清初私家修史继承明末以来的史学发展潮流,受王朝鼎革之刺激,其发展持续七十余年,取得了令人瞩目的史学成就。

第一节　私史的修纂、刊刻与传播

在清初近80年的时间里,形成了大量的私修史书。全祖望曾说"明季野史,不下千家",以形容当时私史纂修之盛。岁月荏苒,史书辗转流离,存世之私史已无当日之数。根据目前笔者掌握的史家状况分析,清初从事私史纂修的史家有200余人,按最保守的数字统计,即每一位史家至少有私史一部,则清初私史至少有200余部,而清初史家史学著述往往不止一种,多有数种之多,于此可以想见,清初史家至少为史学宝库创造500部以上的私史。

一、私史修纂之盛

首先,从清初一部分藏书家的书目中,可以探究私史的数量状况。"往者士大夫喜谈明季遗闻,搜讨逸史。计六奇撰明季南北略,成于康熙十年,温睿临撰南疆逸史,成于康熙四十年左右,当时虽有庄氏史狱之事,而未有禁书之令也;故徐乾学传是楼书目、徐秉义培林堂书目、黄虞稷千顷堂书目,颇存明季之书。"①

朱彝尊《竹垞行笈书目》中记录有关清初私史约18种,分别为《三垣笔记》、《安南志略》、《春明梦余录》、《南渡录》、《崇祯纪略》、《畿辅人物志》、

---

① 谢国桢:《增订晚明史籍考》"自序"。

《安南事略》、《后鉴录》、《流寇志》、《中州物考》、《崇祯遗录》、《蜀难叙略》、《蜀寇纪略》、《殉难诸臣考》、《孤臣泣血录》、《虎口余生》、《崇祯长编》、《崇祯殿阁表》等。

徐乾学《传是楼书目》记录有关清初私史约30种,分别为文秉的《定陵注略》、《烈皇小识》、《甲乙事案》,夏允彝的《幸存录》,黄宗羲的《行朝录》,谈迁的《国榷》,谷应泰的《明史纪事本末》,邹漪的《启祯野乘》,夏驷的《交止平寇本末》,吴伟业的《绥寇纪略》,徐秉义的《明末忠烈纪实》,顾祖禹的《读史方舆纪要》等。

徐秉义的《培林堂书目》记录清初私史约计80种,分别为文秉的《先拨志始》、《甲乙事案》,姚宗典的《存是录》,吴应箕的《两朝剥复录》,夏允彝的《幸存录》,彭孙贻的《流寇志》,邹漪的《明季遗闻》,杨士聪的《甲申核真略》,孙奇逢的《甲申大难录》,吴邦策的《国变录》,徐芳烈的《浙东纪略》,杨山松的《孤儿吁天录》,沈荀蔚的《蜀难叙略》等。

另外,据官方相关书目,亦可以考证清初私史之盛。《四库全书总目》中共计载录清初私史48部,计1624卷,详见下表:

《四库全书总目》中载录清初私史详表

序　号	著　者	书　名	卷　数	四库全书总目出处
1	徐乾学	《资治通鉴后编》	184卷	史部编年类
2	李学孔	《皇王史订》	4卷	史部纪事本末类
3	焦袁熹	《此木轩纪年略》	5卷	史部纪事本末类
4	吴伟业	《绥寇纪略》	12卷	史部纪事本末类
5	冯甦	《滇考》	2卷	史部纪事本末类
6	谷应泰	《明史纪事本末》	80卷	史部纪事本末类
7	马骕	《绎史》	160卷	史部纪事本末类
8	高士奇	《左传纪事本末》	53卷	史部记事本末类
9	高士奇	《永陵传信录》	6卷	史部纪事本末类存目
10	不著撰者	《高庙纪事本末》		史部纪事本末类存目
11	杨陆荣	《三藩纪事本末》	4卷	史部纪事本末类存目
12	万斯同	《历代史表》	53卷	史部别史类
13	姚之骃	《后汉书补逸》	21卷	史部别史类

序　号	著　者	书　名	卷　数	四库全书总目出处
14	陈厚耀	《春秋战国异辞》	54 卷	史部别史类
15	傅维鳞	《明书》	171 卷	史部别史类存目
16	吴绥	《廿二史纪事提要》	8 卷	史部别史类存目
17	李凤雏	《春秋纪传》	51 卷	史部别史类存目
18	潘永圜	《读史津逮》	4 卷	史部别史类存目
19	文秉	《先拨志始》	2 卷	史部杂史类存目
20	蒋平阶	《东林始末》	1 卷	史部杂史类存目
21	管葛山人	《平寇志》	12 卷	史部杂史类存目
22	冯甦	《见闻随笔》	2 卷	史部杂史类存目
23	李仙根	《安南使事记》	1 卷	史部杂史类存目
24	夏骃	《交山平寇始末》	3 卷	史部杂史类存目
25	杨捷	《平闽记》	3 卷	史部杂史类存目
26	毛奇龄	《武宗外纪》	1 卷	史部杂史类存目
27	毛奇龄	《后鉴录》	7 卷	史部杂史类存目
28	方象瑛	《封长白山记》	1 卷	史部杂史类存目
29	黄宗羲	《明儒学案》	62 卷	史部传记类
30	孙奇逢	《中州人物考》	8 卷	史部传记类
31	陈鼎	《东林列传》	24 卷	史部传记类
32	万斯同	《儒林宗派》	16 卷	史部传记类
33	沈佳	《明儒言行录》	10 卷	史部传记类
34	高士奇	《扈从西巡日录》	1 卷	史部传记类存目
35	高士奇	《松亭纪行》	1 卷	史部传记类存目
36	曹溶	《崇祯五十宰相传》	1 卷	史部传记类存目
37	孙蕙	《历代循良录》	1 卷	史部传记类存目
38	孙承泽	《畿辅人物志》	20 卷	史部传记类存目
39	孙承泽	《四朝人物略》	6 卷	史部传记类存目
40	孙承泽	《益智录》	20 卷	史部传记类存目

序　号	著　者	书　名	卷　数	四库全书总目出处
41	赵吉士	《续表忠记》	8 卷	史部传记类存目
42	毛奇龄	《胜朝彤史拾遗记》	1 卷	史部传记类存目
43	陈鼎	《留溪外传》	18 卷	史部传记类存目
44	陈允锡	《史纬》	330 卷	史部载记类
45	吴任臣	《十国春秋》	114 卷	史部载记类
46	汪楫	《中山沿革志》	14 卷	史部载记类存目
47	顾炎武	《历代帝王宅京记》	20 卷	史部地理类
48	孙承泽	《天府广记》	44 卷	史部地理类存目

由于清初私史为重点禁毁对象,故到乾隆时期仍留存的私史书目,当远在此之上。

这些史书,有的在明末就已经开始酝酿,直至清初才完成,如张岱的《石匮书》、谈迁的《国榷》等;有的史书形成于明清鼎革之际,完全是史家受到历史大变动刺激的产物,如陈济生的《再生纪略》,冯梦龙的《甲申纪事》、《中兴实录》,杨士聪的《甲申核真略》,文秉的《甲乙事案》等;有些史书是以清朝官修《明史》为契机而形成的史书,如毛奇龄的《后鉴录》,费密的《荒书》,徐秉义的《明末忠烈纪实》等;有些史书则是在总结前一阶段私家修史成果的基础上形成的,如温睿临的《南疆逸史》,叶梦珠的《续编绥寇纪略》,杨陆荣的《殷顽录》等;有些史书则是清初士人为了发泄心中失意与不满的产物,如戴名世的《孑遗录》等;有些史书则是史家为了维护个人的家族利益或者是为了维护个人名誉而修成的,如杨山松的《孤儿吁天录》,高谦的《中州战略》等。这些内容多样、思想各异的私修史书丰富了清初的史坛,将明朝末年以来的私家修史推向了高潮。

二、清初私史的刊刻与传播

与私史修纂之盛况相比,清初史书在刊刻和流传方面往往不尽如人意。顺治年间,受当时政治经济形势以及社会动荡的影响,史家们的史书几乎没有刊刻和发行的机会。"顺治元年,江西张自烈赴金陵,复至建阳麻沙,谋刻所著书不成,还居弋阳。"①可见,时局不稳、社会动荡和经济萧条严重影响了史家们刊刻私史。谈迁和陈鼎的史书遭到窃贼的光顾,一方面固然是由于书商们以刻书为利,另一方面也表明家世清贫的史家们在经济萧条的社会大背景下往往无力刊刻史书。顺治年间修成的私史如《罪惟录》、《石匮书后集》、《国榷》、《崇祯遗录》、《怀陵流寇始终录》、《甲申传信录》、《国变录》都是以稿本或抄本形式流传的,这些史书借助于私人藏书家的努力最终流传于后世,而相当一部分史书则未能刊刻,被史家们藏于家中,最终湮没无存。

　　经过清初一系列经济方面的调整,时局渐趋稳定,经济有所恢复,史家们的史书也开始刊刻。据清初著名学者王士禛在《渔洋读书记》中记载,当时他看到的已经刊刻的史书有19种,分别是李清的《南北史合注》、《南唐书》,万斯同的《补历代史表》,许重熙的《殿阁部院大臣年表》,周瓒的《南公庵稿》,雷士俊的《通鉴纪事本末摘要》,朱克生的《补汉纲目》,马骕的《绎史》,姚宗典的《崇祯纪事》,黄汝良的《野史蒙搜》,万斯同的《宋季忠义录》,李喧享的《云中节义录》,陈僖的《上谷殉节纪事》,王埏的《孝行录》,蔡氏的《江右齿录》,王士禛的《南台故事》,朱彝尊的《日下旧闻》,张贞的《杞纪》,田雯的《黔书》,朱彝尊的《经义存亡考》。通过王士禛的记载可以看出,当时市面上流行了一批史书,即在清朝进入北京最初的十几年,文网不是十分森严,史家们刊刻史书有一定的余地。

　　然而,经过庄氏史狱之后,史书的刊刻就不那么简单了。庄氏史狱中,列名参订的学者除了查继佐、范骧、陆圻三人因事先出首,并经人搭救脱罪开释外,其余四十人全被凌迟处死,凡抄写书稿、刻字工匠及校勘装订者皆被处死,甚至一些买书者也难逃一劫。这种大规模的血腥屠杀对于史书的刊刻是致命的,此后刊刻史书更加不易。就连著名学者黄宗羲所修的史书《明儒学案》也经过二十年方才刊刻成书②。刻书本来就已经不易,而刊刻的史书存留后世更加艰难。康熙时期大开史馆,在全国范围内征集史书,一批史书送呈史馆之后在民间就成为绝响,而另外一批史书则成为乾隆时期修《四库全书》的牺牲

---

① 《明清江南文人行录》,第584页。
② 黄宗羲的《明儒学案》写成于康熙十年(1671),而刊刻于康熙三十年(1691)。

品。根据《清代禁毁书总目》记载,在乾隆时期遭到查禁的史家有邹漪、潘柽章、王世德、孙承泽、赵吉士、钱谦益、曹溶、陈盟、谈迁、周亮工、杨士聪、金日升、张煌言、钱秉镫、徐世溥、周钟、黄景昉、吕留良、李世熊、吴甡、郑亦邹、冯梦龙、茅元仪、方以智、陈子龙、左昊、夏允彝、夏完淳、文秉、屈大均、孙奇逢、钱肃乐、黄宗羲、戴名世、李清、瞿共美、吴应箕、龚鼎孳、吴伟业、顾炎武、李逊之、陈济生、彭孙贻、朱彝尊等,他们的史书也遭到了禁毁或者抽毁的命运。因此,清初私家修史的成就并没有完全保留下来,相当大一部分湮没无存了。

值得注意的是,清初私史的数量虽多,但也存在着良莠不齐、质量不一的状况,史学价值高的私史与价值不高的私史鱼龙混杂,有必要在具体的研究时予以区分。

第二节　史书体裁的更新

清初私家修史为中国古代史学宝库贡献的财富,不仅体现于数量,而且,清初私史,于史书体裁方面亦有较大更新,促进了史书体裁体例走向成熟完善,并为后世对史书修纂进行科学研究提供了便利条件。清初史家不仅根据时代及学术发展的需要,创造出如学案体等新的史书体裁,而且对已有史书体裁,如纪传体、纲目体等亦能根据历史发展特点,实现其内部体例和记述内容等方面的创新。

一、新的史书体裁的出现

清初史家,已能注意到史书体裁方面的经营,并有多部史著为此作出了卓越贡献,其中最突出者,当属黄宗羲的《明儒学案》,"首创学术史的体裁,记述明代学术以王阳明为主,旁及诸家,系统整然。"①其书记载了有明一代近三百年学术思想发展的概况,堪称我国封建社会最完备的一部学术思想史著作。全书62卷,将明代214名学者按照时代顺序,分各个学派组织起来,采集有明一代学者文集、著作、语录,分析宗派,成立学案。黄宗羲首先在《明儒学案》"凡例"内交代了修史之原则:"大凡学有宗旨,是其人之得力处,亦是学人之

---

① 刘节:《中国史学史稿》,第352页。

入门处。天下义理无穷,苟非定以一、二字,如何约之使其在我? 故讲学而无宗旨,即有嘉言,是无头绪之乱丝也。学者而不能得其人之宗旨,即读其书,亦犹张骞初至大夏,不能得月氏要也。"①在这样的编撰原则指导下,黄宗羲创立了学案体的结果框架,即通过学案前的序言、学案中学者个体的评传以及传主言论的节录三个部分展示学派的总体特征与发展概貌。后世学者评价:"这是我国封建社会史学家所创立的最后一种史书体裁,也是史学发展的必然产物,在我国史学发展史上有着重要的地位。"并认为:"用这种学案体来编撰学术史有明显的四大长处:第一,由于同一个学派放在同一个学案之中,因而每个人的学术渊源、师承关系都可以得到充分反映。第二,学术思想的发展变化都得到反映,既得知师承关系,又了解发展变化。因为有的学派,往往是同中有异,异中有同;有的虽同出一源,可是发展到后来却分道扬镳。第三,由于每个人的主要著作要点均已摘录,故对每个人的学术宗旨、思想特点,都基本上得以了解。第四,便于研究一个时代学术发展的大势和学风的盛衰,全书学案的设立,基本上体现出一个时代学术思想发展的特点,自然也就便于了解一个时代学术发展的主流及主要代表人物。"②

黄宗羲首创的学案体已经得到史学界的公认,另外,朱彝尊的《经义考》,顾炎武的《天下郡国利病书》、《肇域志》,以及马骕的《绎史》也被推为推陈出新之作。《绎史》在史书体裁方面的改进赢得了史学界的广泛赞誉。马骕在史料的组合和编纂体裁方面体现了创新精神,以往史书或编年,或纪传,或纪事,自成一家,各有长短,马骕有鉴于此,在编纂《绎史》时以纪事本末为主,又综合编年、纪传、学案等体,灵活运用,"纪事则详其颠末,纪人则备其始终",将先秦诸代纵横交织的历史,多角度立体地展现在读者面前,泾渭分明,又浑然一体。《绎史》的编纂形式连四库馆臣也由衷折服,赞叹曰:"但史例六家,古无此式,与袁枢所撰均可谓卓然独创,自为一家之体矣。"③刘节认为,这部书已经有"似乎现在的通史分期方法而且其书的内容兼包政治、经济、学术三个方面。比一般纪事本末已经扩大不少,再加此书有表、有图、有志,可以说把

---

① 黄宗羲:《明儒学案·发凡》。
② 仓修良:《史家·史籍·史学》,山东教育出版社 2000 年版,第 420、425 页。
③ 马骕:《绎史》"附录",《四库全书总目·绎史提要》。

各方面的问题都注意到了。"①"《绎史》融合了多种史书体裁,创造了新的综合的史书体制"②,即在保存纪事本末体按事立篇特点的同时,又吸收了编年体"年经事纬"的特点和纪传体"以人物为中心"的特点,创造了记事、记人、图表、书志集一书的新的史书体裁。马骕进行的新综合体裁的创新对史学界有启发之功,后世很多学者在此方面继续发扬,甚至对当代学人修史,亦有积极影响。

另外,朱彝尊的《经义考》,其书自二百八十一卷以后,分承师、宣讲、立学、刊石、书壁、镂版、著录、通说、家学、自叙等目,每目有一卷到五卷不等,"已经隐然有经学史,经学通论之用意。"顾炎武的《天下郡国利病书》和《肇域志》,"其实是明代以前的中国社会史长编,也是一种创新的体裁"③。

二、已有史书体裁的变革和完善

清初史家不仅致力于新的史书体裁的创新,对已有史书体裁亦能因时制宜,勇于革新。查继佐的《罪惟录》对传统的纪传体史书进行了更新。《罪惟录》一书中仅志的种类就达 32 种,与《明史》相比要多出 17 种。一方面,《罪惟录》保留了志书的既定种类,如天文、五行、历、地理、礼乐、艺文、兵、科举等志;另一方面查继佐在志体上也作了大胆的尝试与创新。在 32 志中,查继佐把有的旧志翻新,一志化为多志,如《食货志》化为《土田志》、《屯田志》及《贡赋志》三志,《仪卫志》化为《锦衣志》、《兵志》二志,有的志书类目,查继佐仅存其形,而把其中的部分内容翻为新志,如《河渠志》之外,又另设《漕志》;此外,查继佐还别出心裁,设了很多新志,如《陵志》、《经筵志》、《宗藩志》、《外志》等。姑且不论查继佐志的类目设定与变革是否完全恰切,其对志书的种类和内容大规模更新,体现了查继佐不囿前规、勇于革新的首创精神,从这一点来看,是很值得称道的。另外,查继佐在类传方面也进行了更新,以便容纳明代的更为丰富的历史内容,更好地反映当时的历史状况。

吴伟业的《绥寇纪略》在史书体裁上也非常有特色:"它既非纪传,也非编

---

① 刘节:《中国史学史稿》,第 351 页。
② 陈其泰:《马骕的史学成就》,《史学与民族精神》,学苑出版社 1999 年版,第 346 页。
③ 刘节:《中国史学史稿》,第 351 页。

年,而是每卷取一个重要人物或事件为中心,以三字标目,把有关材料组织进去,兼及其他。……以文人之笔为史,欲避免刻板枯燥之弊,采取了唐苏鹗《杜阳杂编》撰录奇闻轶事的写法,结构剪裁,煞费苦心,确有过人之处。至于文笔之流畅,议论之痛切,自不待言。"①

文秉的《甲乙事案》按照时间顺序记述崇祯十七年(1644)四月南京兵部尚书史可法誓师北伐到次年十二月鲁监国上福王等谥号之间发生的历史事件。按照文秉本人所作序言,其书是仿照纲目体修纂的,但是,也有所发展和创新。文秉自称:"记事之后,僭加发明,又□附录之条,以存事迹之备考者。"②文秉在纲目体的基础上,加以议论,用以表明史家本人对于时事的看法,又使用附录的形式,以补充进新史料,为纲目体的进一步发展与完善进行了大胆尝试。

另外,清初史家史学体裁方面的创新还表现在新的史学因素在旧有史书体裁方面的体现。张星曜于康熙二十九年(1690)撰《历代通鉴纪事本末补后编》,以旧有编年体史书辑录历代因佛教而引起的祸乱。利用史书的形式,张星曜站在基督教的立场上与佛教展开论战,以基督教的精神来修史,这是新的史学因素的应用。

清初史书体裁上的更新对后世史学影响很大,一些新的体裁和史书内容等方面的创新得到后世史家的继承和利用,其中全祖望继续发展了《明儒学案》的成就,续写《宋元学案》,为学案体的进一步发展以及在史学界发挥影响奠定了基础;继马骕之后,李锴从雍正八年(1730)到乾隆十年(1745)著成《尚史》七十卷,其书仿照马骕的《绎史》,引用原文,注明出处,用纪传体记录自黄帝到秦朝末年的史事。因此,可以说,清初私家修史对于史书体裁的更新活跃了史学,发展了史体。

同时,应该承认,清初史家对于史书体裁的更新随意性较强,缺乏严谨和科学的规范。毕竟,他们在清初动荡的社会环境中,很难沉下心来做周密的思考,对史体的种种更新与改造也在尝试的过程中,尚未形成明确的观点和论断,对此我们不能苛求,这是时代造成的局限。

---

① 李学颖点校《绥寇纪略》"前言"。
② 文秉:《甲乙事案》"小叙",《南明史料八种》本。

第三节　史家认识的深化

经过自明末以来近百年的发展,并且受到明清之际民族危机的震动,促进了清初史家对史学做较为深入的思索。清初史家对历史人物、历史事件和修史活动本身的分析更加全面和透彻,对史家个人的责任与使命亦有清醒认识。

一、深化对修史要素的认识

清初史家的史学实践与积累结出累累硕果,他们对历史人物、历史事件以及修史行为本身等史学要素均有较为深刻的认识。清初史家已能通过对各种历史现象的叙述转向对其内在联系的研究和探索。戴笠在总结明朝灭亡的历史原因时已经注意多方面地联系历史实际,全方位地总结和研究历史,认为明朝灭亡于"祖功宗德、天时人事均有之,非尽流贼之罪"①。为此,戴笠详细地分析了农民军推翻明朝统治的历史原因,由宏观到微观,总结了四十八条原因,对农民军以及明朝灭亡的历史进行了深刻的反思,反映出清初史家成熟的史学分析和研究观念。

在对历史问题的观察和分析上,清初史家也颇具理性精神和辩证色彩。也就是说,"他们超越了具体现象的局限,开始用开放和发展的眼光去具体分析历史本质的丰富的显现过程。"②王夫之在评论正统论的时候,已经超出了清初正统问题争论本身,而是将目光投向更久远的历史,从正统的源头去寻找答案。黄宗羲在评论历代的政治制度时,也已经把历史本质当成一种客观的逻辑力量,把它与具体历史现象特别是王朝的兴替区别开来。并且,在记述历史的过程中,史家们已经有意识地把他们在史学思想上的新认识灌注于其中,比如王夫之的正统论思想在他所修纂的史书《永历实录》中有所体现,他对正统观点大胆怀疑的态度使得他敢于把南明永历的事迹当成正史去记述,甚至公开承认自己把永历当成正统,以为皇帝修实录的形式为永历朝修史。

对修史,清初史家亦能深思熟虑,详细论证其进程并明确史家应具备的立

---

① 戴笠:《怀陵流寇始终录》"自叙"。
② 张岂之:《中国近代史学学术史》,中国社会科学出版社 1996 年版,第 39 页。

场与甄别史料的原则和方法。戴名世认为：

> 且夫作史者必取一代之政治典章因革损益之故，与夫事之成败得失，人之邪正，一一了然洞然于胸中，而后执笔操简单，发凡起例，定为一书，乃能使后之读之者如生于其时，如即乎其人，而可以为法戒。譬如大匠之为巨室也，必先定其规模，向背之已得其宜，左右之已审其势，堂庑之已正其基。于是入山林之中，纵观熟视，某木可材也，某木可柱也，某木可栋也，榱也，某石可础也，阶也。乃集诸工人，斧斤互施，绳墨并用，一指挥顾盼之间，而已成千门万户之巨观。良将之用众也，纪律必严，赏罚必信，号令必一，进止必齐，首尾必应，运用之妙成乎一心，变化之机莫可窥测，乃可以将百万之众而条理不紊，臂指可使，兵虽多而愈整，法虽奇而实正。而吾窃怪夫后世之为史者，规制之不立，法律之茫然，举步促缩，触事脆脆，是亦犹之寻丈之木，尺寸之石，而不知缩位置，五人十人之众而驾御乖方，喧哗扰乱而不可禁止，又安望其为巨室而用大众乎哉！此吾所以谓作史之难其人也。

> 且夫为巨室者，群工杂进，而识其体要，惟度材是任者，大匠一人而已。用兵者，卒徒最多，偏裨虽猛勇，而司三军之命者，大将一人而已。为史者虽徵文考献，方策杂陈，而执笔操简，发凡起例者，亦不过良史一人而已。而吾又怪乎后世之为史者，素不闻有博通诸史之学也，素未知有笔削之法也，分编共纂，人人而可以为之，一人去又一人来，往往一书未成，而已经数十百人之手，旷日逾时，而卒底于无成。①

对私家修史的作用以及价值，清初史家也进行了初步的思索，戴名世认为：

> 夫史之所以藉以作者有二，曰国史也，曰野史也。国史者，出于载笔之臣，或铺张之太过，或隐讳不详，其于君臣之功罪贤否、始终本末，颇多所不尽，势不得不博徵之于野史。而野史者，或多徇其好恶，逞其私见，即或其中无他，而往往有伤于辞之不达，听之不聪，传之不审，一事而纪载不同，一人而褒贬各别。呜呼！所见异辞，所闻异辞，所传闻异辞，吾将安所取正哉？书曰："三人占，则从二人之言"。吾以为二人而正也，则吾从二人之言，二人而不正也，则吾仍从一人之言，即其人皆正也，而其言亦未可尽从，夫亦惟论其世而已矣。

---

① 戴名世：《史论》，《南山集》卷十四。

一事也必有一事之终始,一人也必有一人之本末,综其终始,核其本末,旁参互证,而固可以得其十之八九矣。子曰:"众好之,必察焉;众恶之,必察焉。"察之而有可好,亦未必遂无可恶者,察之而有可恶,亦未必遂无可好者,众不可矫也,亦不可徇也,设其身以处其地,揣其情以度其变,此论世之说也。吾既论其人之世,又谙作野史者之世,彼其人何人乎?贤乎,否乎?其论是乎,非乎?其为局中者乎,其为局外者乎?其为得之亲见者乎,其为得之逖听者乎?其为有所为而为之者乎,其为无所为而为之者乎?观其所论列之意,察其所予夺之故,证之他书,参之国史,虚其心以求之,平其情而论之,而其中有可从有不可从,又已得其十之八九矣。呜呼!史之难作如此,而自古以来诸家之史不能皆得而无失,此吾所以谓作史之难也。①

透过历史事件以及历史人物的表面去揭示其深层原因,并依据史学发展的历程以及私家修史发生发展的特点辩证地看待与其他史书修纂形式之间的关系,这些都标志着清初史家的认识已经走向深化。

二、增强自觉自律意识

清初史家强调私家修史的作用以及史家的责任和义务,这说明他们对于史学主体的认识也有所深化。这主要表现在两个方面:

其一,清初史家具有强烈的修史自觉性,他们不仅凭借敏锐的感官对时局的发展表示深切关注,而且随时搜集和记录史料,以备将来修史之需。他们各尽其能,各展其才。一部分史家利用自己的为官之便,通览官方史料,不出门而知天下事,如傅维鳞、徐秉义等;有些史家利用自家的藏书优势,平时又注意勤力搜集,也能占有丰富的史料,如钱谦益、高承埏等;有些史家在史料方面利用的就是历史事件当事人的优势,如费密、郑廉等;在不具备其他途径的时候,有些史家就勤于察访,利用事件亲历者所提供的口述史料。在利用修史时机、自觉修史方面,清初史家也是值得称道的。史家们都已经自觉地意识到自己对于历史和记录历史所应当承担的责任,其中明王朝的维护者史家群体更是把国史未成作为明朝灭亡后继续苟活人世的理由,他们没有因为清初社会的动荡有丝毫的迟疑,而是将自己对于明朝的感情以及对于当时社会状况的看

---

① 戴名世:《史论》,《南山集》卷十四。

法及时地诉诸修史的活动,自觉地承担了史家的责任。比如冯梦龙,在明清鼎革之际已经垂垂老迈,但是鼎革的社会变乱使得他立即认识到此刻记录历史的重要性,在他人生的最后几年里,他完成了《甲申纪事》,可以说,冯梦龙的史书是用他一生的体验修成的。夏允彝和张煌言的史书则产生于抗清作战的间隙中,几乎在史书完成之后,他们就在斗争中失去了生命,可以说,其史书是用斗争的热血写成的。吴炎修纂《明史记》,对于史家责任的自觉认识已经非常明确:"明兴三百年间,圣君、贤辅、王侯、外戚、忠臣、义士、名将、循吏、孝子、节妇、儒林、文苑之伦,天官、郊祀、礼乐、制度、兵、刑、律、历之属,粲然与三代比隆,而学士大夫,上不能为太史公序述论列,勒成一书,次不能为唐山夫人者流,被之声韵,鼓吹风雅。今予两人故在,且幸未老,不此之任,将以谁俟乎?"①清初史家的自觉意识非常明确,他们不等不靠,凭借私人之力在史坛上辛苦耕耘,为清初史学的发展贡献了力量。

其二,对于修史,清初的史家不仅有责任感,而且能将责任感落到实处,在修史的过程中贯彻了坚强的自律意识,在选择和鉴别史料的过程中采取了谨慎严谨的态度,一丝不苟,以确保史书的质量。叶衮声称,自己所修的史书"失之略者有之,失之诬者余其免也"②;张岱修史的原则是"事必求真,语必务确,五易其稿,九正其讹,稍有未核,宁阙勿书"③;李逊之修史"但就邸报朝钞传及诸家文集所载,摘其切要,据事直书。间或旁托稗官,杂缀小品,要与于毋偏毋徇,毋伪毋讹,若夫传疑未确者,宁阙而不录,庶几窃附识小之义,存一代之轶事乎"④;王世德在修纂《崇祯遗录》时,对于所录闻见"凡野史之伪者正之,遗者补之";郑廉利用史料的原则是"不信耳而信目",即便有些史料不完全是自己亲眼目睹,也尽量力求真实,以避免道听途说,以讹传讹;杨士聪修史的原则是"记笺旧备,籍具真传,考榷新加,字无虚设"。⑤

清初史家对史学及史家自身均有较为客观的认识,并注意全面分析历史事件产生的原因,总结历史经验,其认识的深化促进了史学臻于成熟和完善。

---

① 吴炎:《今乐府》"序",转引自谢国桢:《增订晚明史籍考》,第1039页。
② 叶衮:《明纪编遗》"自序"。
③ 张岱:《石匮藏书》"自序"。
④ 李逊之:《三朝野记》"自序",中国历史资料研究丛书。
⑤ 杨士聪:《甲申核真略》"自序",转引自谢国桢:《增订晚明史籍考》,第354页。

第四节　史学理论的阐发

　　清初史家虽然没有形成专门性的史学理论著作,但是史家们通过私史纂修的实践,在史学思想和史学理论方面仍然有所阐发,并积极地研究修史具体的方式和方法,提出了一些进步的观点。

一、积累总结修史经验

　　明末以来的史学实践经验为清初史家所重,并成为他们探讨和论述的对象。顾炎武从史料——明实录的流传角度追述了自明末以来私家修史兴盛的历程:

　　先朝之史,皆天子之大臣与侍从之官承命为之,后世莫得见。其藏书之所,曰皇史宬。每一帝崩,修《实录》,则请前一朝之书出之,以相对勘,非是莫得见者。人间所传止有《太祖实录》。国初人朴厚,不敢言朝廷事,而史学因以废失。正德以后,始有纂为一书附于野史者,大抵草泽之所闻,与事实绝远,而反行于世。世之不见《实录》者从而信之。万历中,天子荡然无讳,于是《实录》稍稍流写传布。至于光宗,而十六朝之事具全,然其卷帙重大,非士大夫累数千金之家不能购,以是野史日盛,而谬悠之谈遍于海内。①

　　杨士聪从史书内容的角度总结清初史书多讹误的原因,认为:

　　称核真者(指杨士聪所修私史《甲申核真略》之得名),以坊刻之讹,故加核也。坊刻类以南身记北事,耳以传耳,转相舛错,甚至风马牛不相及者,其不真也固宜。然综前后诸刻而论之,有三变焉。其始国难初兴,新闻互竞,得一说则书之不暇择者,故一刻出,多有所遗,有所误,有所颠倒,此出于无意,一变也。既而南奔伪官,身为负涂之家,私撰伪书,意图混饰,或桃僵李代,或渊推膝加,且谬谓北人未免南来,一任冤填,罔顾实迹,此出于立意,又一变也。十七年之铁案既翻,占风望气者实烦有徒,归美中珰,力排善类,甚至矫枉先帝,创为收葬之言,掊击东林,明立逢时之案,捉风捕影,含沙射人,此阴险之极,出于刻意,又一大变也。夫书三写,则以鲁为鱼,以帝为虎,犹无意也,岂有立意、

----

　　① 顾炎武:《书吴、潘二子事》,《亭林文集》卷五。

刻意而就中虚实尚可究诘乎？①

　　戴名世则根据多年之实践，总结出修史之难，在于历史的真实性难以把握。他指出："昔者圣人何为而作史乎？夫史者，所以纪政治典章因革损益之故，与夫事之成败得失，人之邪正，用以彰善瘅恶，而为法戒于万世。是故圣人之经纶天下而不患其或蔽者，惟有史以维之也。史之所系如此其重，然而史之难作久矣，作史之难其人又久矣。"②设身处地从史家所面临的问题与处境出发，戴名世关于修史之难的阐述深入而浅出，平实感人。

　　"今夫一家之中，多不过数十人，少或十余人。吾目见其人，吾耳闻其言，然而妇子之诟谇，其衅之所由生，或不得其情也，主伯亚旅之勤惰，或未悉其状也。推而至于一邑一国之大，其人又众矣，其事愈纷杂而不可诘矣。虽有明允之吏，听断审谳，犹或有眩于辞，牵于众，而穷于不及照者。况以数十百年之后，追论前人之遗迹，其事非出于吾之所亲为睹记。譬如听讼，而两造未列，只就行道之人，旁观之口，参差不齐之言，爱憎纷纭之纶，而据以定是非曲直，岂能以有当乎。夫与吾并时而生者，吾誉之而失其实，必有据其实而正之者；吾毁之而失其实，其人必与吾争辩而不吾听也。若乃从数十百年之后，而追论前人之遗迹，毁之惟吾，誉之惟吾，其人不能起九原而自明也。孟子曰：'尽信书则不如无书。'吾于诸家之史亦云。然则史岂遂无其道乎哉。"③为此，戴名世提出应注意史料的裁择去取，以确保史书的真实性。

　　钱谦益则从古代史学发展的历程分析清初史学的不良风气："仆尝观古之为文者，经不能兼史，史不能兼经，左不能兼迁，迁不能兼左，韩不能兼柳，柳不能兼韩。其于诗，枚、蔡、曹、刘、潘、陆、陶、谢、李、杜、元、白，各出杼轴，互相陶冶。譬诸春秋日月，异道并行。今之人则不然，家为总萃，人集大成。数行之内，苞孕古今。只句之中，牢笼风雅。今人之视古人，亦犹是两耳一口也，何以天之降才，古偏驳，今偏纯？何以人之学术，古偏俭，今偏富？何以斯世之文章气运，古则余分运气，今则光岳浑圆，上下千载，吾不知其何故也？兼并古人未已也，已而复排击之以自尊。称量古人未已也，已而复教责之以从我。摧史

　　①　杨士聪：《甲申核真略》"凡论"。
　　②　戴名世：《史论》，《南山集》卷十四。
　　③　同上。

则晔、寿、庐陵折抑为皂隶，评诗则李、杜、长吉鞭挞如群儿。大言不惭，中风狂走，滔滔不返，此吾巨源他日之忧也。”①在此基础上，钱谦益提出：“今诚欲挽回风气，甄别流品，孤撑独树，定千秋不朽之业，则惟有反经而已。何谓反经？自反而已矣。吾之于经学，果能穷理析义、疏通证明，如郑、孔否？吾之于史学，果能发凡起例、文直事核如迁、固否？吾之为文，果能文从字顺、规摹韩、柳，不偭规矩，不流剽贼否？吾之为诗，果能缘情绮靡、轩翥风雅、不沿浮声、不堕鬼窟否？虚中以茹之，克己以厉之，精心以择之，静气以养之。如所谓俗学之传染，与自是之症结，如镜净而像现，如波澄而水清。于是乎函道德、通文章，天晶日明，地负海涵，彼欲以萤火烧山，蜉蝣撼树，其如斯世何？其如千古何？”②

清初史家对于修史的学术思考涉及私史兴盛的原因、私史产生问题的症结、史学界的学术风气等问题，不仅开阔了清初史学研究的视野，而且推动清初私家修史走向史学发展的高潮。

二、客观讨论史书体裁

史书体裁是修史实践过程中史家必然要面临的问题，清初史家不仅在创新史书体裁体例方面作出杰出贡献，而且，对已有史书体裁亦能客观辩证地看待。

潘耒认为，编年与纪传二体，各有所长，不可偏废：“自隋唐以来编书者，马班以下诸家之书谓之正史，荀袁以下诸书谓之编年之史。夫编年仿于《春秋》，依于《左传》，年月日事相系，其体甚古，其例甚精，而不得谓之正史，何也？唐志正史著于录者七十五家九十六部五千余卷，而编年止四十一家四十八部九百余卷，何其盛衰相去之远绝也，无乃左右史之失其职而致然欤？抑人情喜新乐异，纪传易于瑰奇，编年近于平实，作者多舍此而取彼欤？纪传于一人之本末，一事之终始为详，编年则比事属辞，删繁举要，若纲在纲，二体各有偏长，一经一纬，异同足以相参，是非足以相正，学者必备考而兼通，废一焉不

① 钱谦益：《答徐巨源书》，《牧斋有学集》卷三十八。

② 同上。

可也。"①

彭孙贻则客观评价分析和比较了《史记》、《汉书》二史,认为:

班固《汉书》丰缛密缴,详略得宜,以较《史记》极为精粹,然为《汉书》易,为《史记》难。《史记》变编年为纪传,古无此例,自迁创之,为纪、为史家、为传以经之,为表、为书以纬之。《汉书》综《史记》之成,补子长之缺,不能出范围,且后起者易为功,持其断肠,择其疵谬,此易易也。然班固之佳,在于不别创条例,即就《史记》之体以成一代之书,至于霍光等传,其奇伟不在史迁下。史汉文章也,《史记》不全乎其为史,《汉书》则真史也,刻划纤悉,使邱明载笔,不能过之。

评论史表的作用,彭孙贻兼论其缺陷,指出:"三代十二诸侯六国世表,古所未有,子长创其体,后之作史者多因之,总不出其范围。六国十二诸侯,头绪繁多,以表贯通之,编年为纬,分国为经,览者不纷,甚善也。然当至秦灭六国,亦称帝之年,止此后海内一家,罔非帝制,年表何为? 此真蛇足矣。"②

这些关于史书体裁的讨论,来源于史学实践,是清初史家史学耕耘和研究的产物,同时亦指导其实践,为其修史提供了理论基础。

三、明确提出修史理论

落实到具体的修史问题,清初史家也多有讨论,并明确提出各自的观点和看法。

关于史家修史的心态问题,彭孙贻认为:"作史不可高人见解,有意为高则持论必奇,每至厚诬古人,读史不可无高人心眼,不能高人则依文牵义,往往见给于作者。作史当如布帛菽粟,可施于日用,始足为万古之常经。左氏公毂好为诡异之说,以见奇史,迁效之,文章虽奇,持义无当,又其识趣鄙陋,津津利达,不重行检,又远逊公毂左国,读者不可不知。"③

而潘耒则明确表示,史家修史,态度须审慎,他提出:"作史犹作狱也,治狱者一毫不得其情则失入失出,而天下有冤民。作史者,一事不核其实则溢美

---

① 潘耒:《重刻汉纪序》,《遂初堂文集》卷六。
② 彭孙贻:《茗香堂史论》。
③ 同上。

溢恶,而万世无信史。故史笔非难,博闻多识为难,博闻多识非难,参伍而折中之为难。以司马子长为《史记》,而刘知己辈时摘其讹,以欧阳永叔为《唐书》,而吴缜历纠其谬,则讨论之功或未尽也。"①史家之笔需慎之又慎,如同审案断狱一般,史家要详细考究,熟悉事件发生的来龙去脉,评价分析历史人物要认真负责。为此,关于修史的方法,潘耒推崇司马光创立的长编法,认为:"司马温公作《通鉴》,先之以丛目,次之以长编,编年之体于是大备。"②

关于史书修纂的语言风格问题,史家们多倾向于质朴、自然,避免过多的文辞修饰,以文害史。

潘耒探讨了文与史之间的关系,他认为:

呜呼! 史学之废,文人为之也。史以载事,事欲其核,事苟核矣,文即不胜无害,事未核而缘饰之以文,失实乱真,贻误千载,弊孰甚焉。昔人以旷世之才作一书,尝三四十年而后成,岂其文辞之难耶? 网罗事迹,博考而精裁之,是为难耳。今之自命为文人者,方其读史,专求文章之波澜意度,用以资其为文,一旦操史笔,亦惟求工于文词,而事迹之虚实,记载之牴牾,有所不暇记。若然,则苟据一家之书,稍加润色,即可成史,何须父子世为之,温公何用集天下博达之士十九年而后成《通鉴》耶?③

谈到历史文章的撰述风格,潘耒提出:

文章风格,万有不同,语其大凡,略有三种,有花叶之文,有条干之文,有根柢之文。竞华泽,尚藻采,纂组雕镌,标新立异,是谓花叶之文,辞工矣而未深乎义也。考典制,论事理,辨博而不浮,疏通而致用,是谓条干之文,义畅矣而未几乎道也。若夫人穷天人之渊源,阐心性之闿奥,羽翼经传,综贯百家,此则根柢之文,道备而辞与义无不该焉。④

其他史家也纷纷提倡自然之文,朴实之文,以保证史书的真实性和准确性。屈大均提出:"嗟夫! 文之至者莫妙于自然,自然之至者,不见其气,并不见其理,如日月之光,然光可见也,而其所以光不可见也。光,气也,理者,所以

---

① 潘耒:《国史考异序》,《遂初堂集》卷六。
② 同上。
③ 潘耒:《松陵文献序》,《遂初堂集》卷七。
④ 潘耒:《毛氏家刻序》,《遂初堂集》卷八。

光者也,不见其所以光而理化,理化而其气与之俱化,是之谓天地至文。"①

　　汪琬指出:"昌明博大,盛世之文也;烦促破碎,衰世之文也;颠倒悖谬,乱世之文也。今幸值古文之时,而后生为文往往昧于辞义,叛于经旨,专以新奇可喜,嚣然自命作者。嗟乎! 人文与天文、地文一也。"②汪琬还称专事新奇为"文中之妖与文中之贼"。

　　清初史家开始思索具体的修史问题,并根据自身的修史实践及体验提供解决方案,虽然,这些修史的理论多为枝节,零碎而不成系统。毕竟,它们诞生在清初相对动荡的时世之中,史学也处于焕发青春之时,学术的总结以及理论的升华尚待来日。

第五节　史料文献的著录与留存

　　清初史家各有怀抱,从不同侧面记述了个人所见所闻,很多内容与明末清初的重大历史事件相关,因此,清初私史成为内容丰富的史学宝库,为清初史料文献的留存作出了不朽贡献。

一、明末清初史事之著录与留存

　　谢国桢先生谈及明季野史稗乘的价值,曾慨然而叹:"然则野史稗乘不几可废乎? 曰野史稗乘安可废耶! 考证旧闻,订补正史,多赖稗乘。明代实录,天启一朝中之四年、七年为冯铨所盗窃,残缺不全,崇祯一朝,实录独阙。沈国元之撰《两朝从信录》,为补泰昌天启两朝;孙承泽之撰《山书》,即备崇祯实录之缺。清修明史始于顺治二年,开馆于康熙十七八年间,至乾隆四年始成,历时几近百年。当时纂辑之士,多为一时名宿,但以易代之时说胜国之事,忌讳孔多。万斯同明史原稿,既经王鸿绪臆改,修订之后,至乾隆四十二年更重订译名,纪传亦有所改订,明史事实更失其真。其专记南明之书,若《南疆逸史》、《小腆纪年》等书,亦均有可订补之处,非藉野史稗乘,何以能得其真,故

---

① 屈大均:《黄太史文集序》,《翁山文外》卷二。
② 汪琬:《文戒示门人》,《汪尧峰文集》卷一。

明季稗乘,可以补订旧闻者,举其大要,约有八端。"①谢先生认为,明季野史可以从明末政事、党争、农民起义、清初开国事迹、南明王朝史事、殉明人物传记、清军南下暴行、清初统治政策等八个方面补充史料,

　　清初私家修史为后世史学研究提供了丰富的资料,因所修史书多以明史为主,所以其主要的比较对象也就是官修史书《明史》。二者比较起来,清初的私家修史在以下几方面较官修《明史》资料丰富。

　　第一是有关明末满族的历史。但凡涉及明与后金的历史,都为清朝统治者所忌讳,很难见于官修史书的记载,但清初的私家修史却对此并无避讳,据实直书,比如谈迁的《国榷》就是如此。"清修《明史》,隐去了建州女真事迹,从猛哥帖木儿直到努尔哈赤这段历史,几乎是个空白,因为清朝对这段历史讳莫如深,而《国榷》则毫不避讳,从头据实而书,从建州女真之兴起,考证其原委,评述其世系,不但建州诸卫和努尔干都司的设置年月,以及往后各卫首领的承袭,都一一予以记载,足补清史之缺。"②

　　第二是有关明清鼎革之际抗清斗争的历史。在明清鼎革之际发生了大量的抗清斗争,对于这一段历史,官修《明史》的记载往往不全面,甚至一些对清初抗清人物的事迹、志书亦语焉不详。清初史家钱澄之在记述中曾谈及当时志书中关于殉节之士记载罕见,可见,清朝修成的方志对清初节义之士的记述不多。"仆昔流离闽中,以吟咏纪事,凡所传闻,即为诗志之,有《哀江南》、《续哀》、《广哀》及《悲赣州》诸杂诗,俱录入《生还集》。已,在岭外,复值乱亡,亲见死事诸君子,皆系以诗,亦散见《两粤集》中。近丙丁间再游闽,为建宁当事属修郡志,各县以节义上者寥寥;问之,则当事不欲以丙戌秋死难者入志。仆力争之,仅存数人,犹是仆所熟知数人而已。"③而私修史书则可以补充官修史书的不足。如王秀楚的《扬州十日记》,应廷吉的《青燐屑》,朱子素的《东塘日札》、《嘉定县乙酉纪事》、《嘉定屠城纪略》,周廷英的《瀬江纪事本末》,徐世溥的《江变纪略》等,修纂史书的史家们亲身参与了抗清斗争,身历其境,故记述至为详细,是官修史书所不能与之比拟的。

---

① 谢国桢:《增订晚明史籍考》"自序"。
② 仓修良:《谈迁的生平和在史学上的贡献》,《史家·史籍·史学》,山东教育出版社2000年版,第361页。
③ 钱澄之:《复陆翼王书》,《田间文集》卷五。

　　第三是有关农民起义军的历史。私家修史的著作往往保存了有关明末农民起义军的丰富史料，如计六奇的《明季南略》和《明季北略》，"从李自成进入北京后，基本上按日记载，远较他书为详，并可补《明史》之不足。经初步分类统计，在《北略》24 卷 674 篇（篇数据中华书局点校本）中，全文或主要记载农民军事迹的竟有 441 篇之多，占总篇数的百分之六十五以上。《南略》虽然是记述南明史事，但在 16 卷 446 篇中，记载农民军事迹的也有 33 篇之多。占总篇数的百分之七强。"①另外如《流寇长编》、《绥寇纪略》等私修史书都是专门记录农民军历史的私修史书。

　　第四是有关南明政权的历史。清初史家中有很大一部分曾经做过南明政权的官员，甚至有一部分史家本身就身为南明政权的史官，他们对于南明的历史非常熟悉，在记述南明历史方面条件优越，因此，清初私修史书保存了有关南明的大量史料。如李清在弘光政权官至大理寺中丞，对弘光朝的诏令奏议非常熟悉，所修纂的《南渡录》在记载当时朝臣言行方面具有较高的史料价值。"映碧先生（指李清）持论最平，无明季门户之习。在陪京掖垣时，小朝之诏谕章奏，皆其手亲简料者，故纪载核而不诬，褒贬公而不谬。"②另外，钱秉镫的《所知录》分隆武和永历两个时期，分别记述隆武两年间及永历前四年的政治、军事史实，钱本人曾任南明隆武朝廷推官，后任永历朝礼部精膳司主事，应临轩特试授翰林院庶吉士，迁编修，管制诰，其史料"或得诸目击，或得诸章奏，或得诸从戎士大夫之口"③，谢国桢先生赞之曰："饮光身历亲睹，为记隆武、永历两朝最直接之资料，堪备南明史事之征。"④此外，王夫之的《永历实录》、周齐曾的《闽粤春秋》、黄宗羲的《行朝录》等都为留存南明历史作出了卓越的贡献。

　　第五是为明朝官修史书所避讳的历史。经历了明清鼎革的历史大变动，一些有关明王朝的宫廷秘闻，朝廷忌讳的历史事件流传于民间，此时已经不再受到明朝政府的控制，有关这一方面的史料也被史家们收录进了史书。清初史书中出现最多的是有关建文帝的下落，如在《罪惟录》中，史家查继佐在《惠

---

①　魏得良：《计六奇与〈明季南、北略〉》，《史学史研究》1992 年第 4 期。
②　杨凤苞：《秋室集》卷一，《南渡录》跋，转引自《南渡录》附录。
③　钱秉镫：《所知录》"自序"。
④　谢国桢：《增订晚明史籍考》，第 525 页。

帝逸纪》中对建文帝的下落记载了23种说法,并作按语,一一指出其不确实之处。明朝一些皇帝的秘闻也成为清初私家修史的主要话题之一,如查继佐《罪惟录·宣德逸纪》中记载宣德帝"斗鸡走马,圆情蠲首,往往涉略。尤爱促织,亦豢驯鸽,万姓颇为风俗,稍渐华靡"①。明朝统治的灭亡解除了对有关明朝历史的禁忌,所以清初史家们相对有了自由言论的机会,史书中对于这些有关明代皇族的秘闻以及有关明朝政治统治方面的一些功过是非的记载,较明末史书而言当然要详细得多了。

二、史学文献的著录与留存

清初史家亦为史学文献的著录与保存作出了贡献,不仅大量的历史事实依赖清初私史得以流传后世,很多史学方面的著述亦赖其得以留存。吴晗先生曾经对谈迁的《国榷》做过史料方面的统计,仅从前三十二卷看,就征引明人著作达一百二十多家,全书参阅私家著述及方志等共三百余种。温睿临的《南疆逸史》光是参考当时的私家修史的史书数量就达四十余种,"其间记载有详略,年月有先后,是非有异同,毁誉有彼此,乃取万季野明末诸传及徐阁学《明末忠烈纪实》诸传,合而订之,正其纰缪,删其繁芜,补其所缺,撰其未备,以成是编,其他未见之书,尚俟再考,然大略具是矣。"②以查继佐的《罪惟录》为例,清初私家修史所征引的史料主要有以下几种。

第一是野史稗乘。查继佐深入民间,采集多方面的野史杂谈,慎加选择后,收入到《罪惟录》中,或加查考,以订其讹,或加论辩,以证其疑。

第二是时人笔记。对于明朝历史人物自撰的笔记,查继佐通读后予以引用,增强了史料的真实性和说服力。如引用时政人物李贤所作《日录》,程敏政的《武功传》,熊廷弼所作《经略全集》及《续草》、《续牍》等,此外还有如吴与弼所作的跋、陈建所作史论等。利用历史人物自己的叙述来考证历史,解决疑难,是《罪惟录》的一大特点。

第三是官方资料。查继佐在明亡之前只是一介书生,接触到官方记载的机会不是太多。在鲁监国任兵部职方郎中时也曾接触过一些官方文献。在

---

① 查继佐:《罪惟录》志卷三十二,《外志》。
② 温睿临:《南疆逸史》"自序"。

《罪惟录》中多次提及实录记载及官员的上疏,其来源大概一方面是作为有心人的大力搜集,另一方面则是在南明任官时利用职务之便所得。此外,据《查东山年谱》记载,查继佐与黄宗羲来往甚密,从他那里得便阅览史料也是可能的。

第四是清初私史。清初私史有的经查继佐引入《罪惟录》,如庄廷鑨《明史》即为一例。陆莘行在《陆丽京雪罪云游记》中曾作过记载:"父(陆丽京)入(查继佐)书室,见案头果有此书。"①并且,在《罪惟录》中,查继佐曾引用朱国桢的观点,"朱太史以志渊实谢诗,谓军籍弗连,且证其遗匾,百是余疑而为俞。搞寓县志之事败而正学无伪胤。国桢信笔,诸可一概抹也。"②由于查继佐文名在外,又有编撰明史之志,许多志同道合的学者也都投文求教,共同商讨切磋,"山阴前辈张宇子留心明史二十余年,汰繁就简,卷帙初备,欲移其草,就先生共为书。"③由此可知,查继佐在撰写《罪惟录》过程中也引用了大量的时人著述。

第五是采访历史事件当事人的笔录。查继佐曾经携笔遍走海内,四处访问遗老,考察战场,记录了许多事件的当事人所提供的资料。这种口碑史料和亲身的经历和见闻成为宝贵的史学财富。

总之,清初私家修史为史学界留存了大量的文献资料和修史的经验,在修史实践、史家认识以及史学思想等方面均有建树,为后世史学的进一步发展奠定了良好的基础。但是,对于清初私家修史来说,还有一些历史偶然性因素造成的遗憾。根据记载,清初本应修成而没有修成的史书主要有:

第一,顾炎武所修的明朝史书。因为他本人的史料大多借给吴炎和潘柽章,流散于"庄氏史狱",受此影响,顾炎武本人没有大部头的史书问世。

第二,吴炎、潘柽章等人所创办的史学团体所修的明代史书。由于吴、潘二人死于"庄氏史狱",史书没能与世人见面。

第三,钱谦益所修史书。钱本人花费大量的金钱和时间从事明代史料的收集工作,并立志为明朝修史,但由于清朝统治建立之后,他因政治立场不坚

---

① 陆莘行:《陆丽京雪罪云游记》,转引自辜鸿铭等:《清代野史》第三辑,巴蜀书社1998年版。

② 查继佐:《抗运诸臣列传》,《罪惟录》列传卷九。

③ 查继佐:《东山外纪》,嘉业堂丛书本。

定而遭受时人之讥讽,判断史事、评价历史人物均无从措手,最终绛云楼藏书毁于一炬,其史书也没能完成。

第四,万斯同与刘献廷所修史书。万与刘加入官修史局之后,深感官修史书无法全面再现历史之弊病,曾经欲联手以私家修史的形式重修《明史》。康熙二十八年(1689),刘献廷辞职南归江苏老家,临行前,约万斯同一起回去修史,"不如与我归,共成所欲著之书"①。万斯同表示同意。戴名世曾说:"继庄尤留心于史事,购求天下之书,凡金匮石室之藏,以及稗官、碑志、野老、遗民之所记载,共数千卷,将欲归老洞庭而著书以终焉。"②刘南归后,虽曾积极为私修明史做资料准备,但康熙三十四年(1695)不幸事未果而人先逝。万斯同失去好友,深受打击,私修明史终告失败。后温睿临受其修史思想的影响,修成《南疆逸史》,部分地完成了万斯同的心愿。

第五,谈迁所修史书。根据谈迁本人的记载,他在修成《国榷》之后,曾经立志用纪传体的形式修成一部明代史书。他在写给友人李楚柔的信中透露出这一思想:"顷者益究先朝史,凡片言只行,犁然有当于心,录之无遗。拟南还后作纪、传、表、志,三年为期,不敢辄语人,私为足下道也。"③可惜没能成书即死于贫困之中。

第六,戴名世所修史书。戴本人立下志愿,修成完整的《明史》,并做了大量的准备工作,在平时零星史事的记载方面备下工夫,可惜,因《南山集》触逆朝廷,其史书也未能成书。

第七,黄宗羲本准备修《明史》,因官修《明史》而辍笔④。

上述均为史学名家,在史料收集、利用以及史书的修纂等方面均有理论和实践基础,可是,由于这样或那样的原因,他们的史书最终没能问世,可以说这是清初私家修史的一大遗憾。除了上述缺憾之外,应该还有更多的史家之私史或因史家个人的穷困,或因官方文化政策的刺激,而被扼杀在摇篮之中。另有一些业已完成的私史受时世影响,遭兵火、虫蠹以及人为焚毁,从而陨落在

---

①　全祖望:《刘继庄传》,《鲒埼亭集》卷二八。

②　戴名世:《送刘继庄还洞庭序》,《戴名世集》卷三。

③　谈迁:《北游录·纪文·寄李楚柔书》。

④　据李逊之给黄宗羲的书信中提到黄立志修纂明史的情况,"因知老翁闭户著述,从事国史,将成一代金石之业"(《南雷文定·附录》)。

文化发展的历史长河之中。

当然，对清初私家修史的成就也应辩证来看。由于私人史家多出于个人闻见，查找史料以及论证史实等方面均难免有缺憾，因此，清初私人史家的创作既有存留史实的一面，也难免有记录不实之处，给后人利用带来很多不便。早在清初就有人怀疑有些史籍记录不实。万经（1659—1741）曾经对清初一些史籍中举例的关于流贼、清人毁灭明帝陵寝的记载表示怀疑："国史综其大纲，野史补其缺略，然传闻失实，不可尽信则一也。如《胜国憨帝遗录》载：'十七年三月甲辰，李自成陷昌平，毁十三陵。'余核之，实止昭、定二陵。……夫有明事，其近者也，犹难信如此，况其远者乎！"①学者何冠彪对此事详加考察，认为："流贼焚毁十二陵事，不过为一项失实的传闻，却广泛载录在清初的史籍中，包括脍炙人口的《国榷》、《石匮书后集》、《明季北略》等书在内。由此可见，不论其作者如何具有良史之才，其书如何具有史学价值，但过往留存下来的史事委实太多，作者不可能逐一审订。异说纷纭的史事，容易惹人瞩目，自然特别用心；众口一词的说法，则易为人忽略，人云亦云，在所难免。于是书中史实与误说并存，以讹传讹的记载，不一而足，作者本身固未能察觉，而读者亦难于分辨。如是这般，流贼焚毁十二陵的讹传，至今流传不已。"②

晚清学者对清初私史亦有比较全面客观的评价。桐城人萧穆评价吴应箕《留都见闻录》，认为：

其序述九事，确有根据，一则可以增人见闻，一则可补正史及明季诸稗编之缺，惟官政内述孟津王铎为南礼部尚书，至山东为土贼所得，见其体肥，欲杀而食之，哀求以家人代，王遂以是怖病不起云云。考王铎以崇祯十七年三月补南京礼部尚书，未赴任而李自成陷都城，后来福王即位于江宁，铎至，补为次辅。乙酉五月，大兵克扬州，豫王至江宁，福王走芜湖，留铎守南京，铎乃通礼部尚书钱谦益等上表迎降豫王。寻至北京，历任礼部尚书管宏文院学士，加太子太保晋少保，至顺治九年，奉旨祭告西岳，及江都事竣，乞假归里，卒于家。先生以乙酉秋起兵，应金文殿公声于绩溪黄山之间，旋即兵败，与金公先后殉

节,盖王铎由北京至江宁,道出山东遇图贼之怖病之事,容或有之,先生此辑盖在甲申乙酉间,据彼时之传闻如是。至铎到南京,当在甲申之冬,福王补为次辅,及乙酉夏迎降豫王以后之事,先生均不及知之也。先生所编,必传于后世,阅者或有不知王铎后半生之事,特补志所编之末以明之。①

　　史家私人修史,闻见不广,且清初时局相对动荡不安,南北之间信息流通相对缓慢。史家多据传闻,难以核实,故而清初私史多有舛误,有官名、人名之误,有职官、谥号之误,有地名之误,甚至有张冠李戴、道听途说者,为此,在肯定清初私家修史功绩的同时,也要看到,私人所记录的历史,客观上也造成了一定程度的清初历史记载内容的混乱与不实,这一方面是因清初史学存在的历史环境所决定的,另一方面则是私家修史自身不足的反映。

---

　　①　萧穆:《留都见闻录》跋。据吴应箕《留都见闻录》下卷载:"孟津王公铎,至山东未土贼所得,见其体肥也,欲杀而食之,哀求以家人代,王遂以是怖病不起。"仅凭传闻,难免造成记录失实。

第七章　私史创作走入低谷及其流风遗韵

清初私家修史发展到康熙末年，走向了衰亡。清初私家修史的衰落体现在三个方面：一是作为修史主体的史家数量的减少，到康熙末年，史坛上从事私家修史的史家只有寥寥数人，与繁盛时史家蜂出的局面已经无法相比；二是史书数量的减少，到康熙末年基本上已经没有私史著作问世；三是私家修史已经不再在史学界占主导位置，官修史书代替私家修史成为史学界的主导。史家们逐渐将视角转向了校勘、考据等其他史学领域，比较而言，官修史书占据了史学界的主导地位，成为清代史学发展的主导力量。

第一节　私家修史走向衰亡的原因

清初私家修史走入低谷是历史的必然，如同前三次私家修史的高潮一样，在乱世里异常繁盛的私家修史在王朝统治步入正轨、社会局势趋于稳定的时候衰落了。清初私家修史走向衰亡，其原因是多方面的。

一、创作主体的转变与史学研究重心的转移

"史学往往反映世变，世变愈急，史学的变化愈大。"①清初私家修史的发展是明清鼎革的产物。随着明遗民群体的消亡，清初私家修史的史家群体也产生了重要变化。遗民的消亡标志着朝代鼎革之际立场最鲜明的群体已经从历史舞台上退出，与之相伴，立场暧昧不明，于政治上有多向选择的群体也渐渐从历史舞台上消失了踪迹。清代史学的主角，于政治立场方面几乎很难有

---

① 刘龙心：《学术与制度——学科体制与现代中国史学的建立》，(香港)远流出版公司2002年版，第82页。

较大的区别,一致成为清王朝统治者的拥护者。当然,河海山泽之中,也有少许选择离世隐居的政治见解不同的士人群体的存在,但无疑在政治及文化领域内都非主角。

到康熙统治的晚期,私家修史的创作主体为清代士人群体,政治立场及出处的选择已经不能作为划分群体的标准和依据,史家之间的区别在此回归到同一王朝内部,有仕与隐之别,有专业与业余之分,有史学内部不同见解之分等。同时,易代所造成的对不同群体士人的刺激亦不能作为促进修史的动力,私家修史的创作主体的观念与意识均发生了重要变化,发奋修史之志向为其他的史学兴趣点所代替。史学发展逐渐依赖于官方的扶植,并且在官方史学的引导下走向不同的发展方向。

雍乾之后,史学发展的走向日趋明确,学者们皓首穷经,从事校勘、训诂、考据,而纂修史书则渐趋为人所遗忘。台湾学者杜维运总结考据学的产生时,曾经把官方提倡的编书、校书、刻书、编纂书目的工作视为重要原因,认为:"读史之际,每每感觉到清盛世康雍乾三代的学术工作与考据学的发展有最密切而最直接的关系,不管是清官方或私人所主持或提倡的学术工作,似乎都是考据学苗壮成长的温床。清康雍乾三代的学术工作,大致可包括编书、校书、刻书、编书目种种,都是由官家或私人延聘学人主持之,如官家的修图书集成、四库全书,大批学人都在其中工作;私人如秦蕙田的修五礼通考,孙星衍卢雅雨的养士刻书,阮元毕沅幕府中的招致学人编书,都是轰轰烈烈的学术工作,就是扬州盐商,也附庸风雅,留心学术,全祖望、惠栋、戴震都曾在盐商家中做客。当时官家和私人确是醉心于编书、校书、刻书、编书目的学术工作,形成了一种纯学术研究的风气。大批的学人,有工作做,生活问题获得解决;有安定而恬静的环境,可以专心致志地研究;四周围都是书,校书、刻书、编书,与书结了不解之缘;左右都是知书的人,随时随地都会谈到书的问题。考据学是书本子的学问,在这种有书有人有研究环境的情形下,考据学的发展到极盛,自然是顺理成章的事。所以说清康雍乾三代的学术工作是促成考据学发展至极盛的最密切最直接的原因,比说考据学为对王学的反动,为对文字狱的逃避,似乎更为中肯。"①

---

① 杜维运:《清盛世的学术工作与考据学的发展》,(台湾)《大陆杂志》第二八卷第九期。

随着史书修纂主体的观念和意识的变化以及整个社会文化环境的感染，大部分清代士人失去了私修史书的兴趣，使得私史的创作主体急剧衰减。

二、官修史书的进步与发展

官修史书的发展对于私家修史来说有一定的积极影响，使得一些史家能够有机会接触到官方史料，并利用在史局任职的机会从事私家修史的工作，从而将官修与私修结合到一处。但是，官修史书的发展和完善对于私家修史也造成了一定的消极影响，直接导致清初的私家修史走向了衰亡。

为胜朝修史对新兴的封建王朝来说有着多方面的意义：一方面可以借机宣扬武功，表明本朝已经确立了天命所归的正统地位；另一方面也可以借机宣扬教化，成为新兴王朝政治统治的宣言；而且，清朝统治者极力倡导修《明史》的目的之一就是借此来控制私人修纂明史。清王朝入主中原以后，为明朝修史就成为迫在眉睫的首要任务之一。从顺治到康熙、雍正、乾隆，四代皇帝鼎力打造官修《明史》，可见，清代君主对于此事的重视程度。如果从顺治二年（1645）下诏算起，到康熙十八年（1679）大规模地开设明史馆，雍正十三年（1735）定稿，乾隆四年（1739）刻版，前后历时95年。《明史》的修纂，用时之长，动用人力之多，以及参考资料之丰富都是历史上空前的。

长时间和大规模地官修《明史》，对于私家修史造成深远之影响。官修史局网罗了全国各地的史家和学者，除了一部分坚持气节、忠于明朝的学者以及远避山林、优游于林下的学者之外，很多人受到触动，加入到了官修史书的行列中来。康熙十七年（1678）博学鸿儒特科考试入选的五十名学者，无一例外地被编入史馆，任监修和检讨。即便是如黄宗羲一类的大儒也受到官修史书的影响，黄宗羲的儿子黄百家和弟子万斯同都以私人的身份加入了史局。而一些私人史家手中掌握的史料也成为史局搜罗的目标，康熙皇帝亲自派人到黄宗羲、李清等人家中去抄录史料。总之，当时的官修史书在史学界造成了极大的影响，史家们纷纷放弃了手中的修史工作，对于官方的这次大规模的文化活动表示深切的关注。从黄宗羲写给儿子以及万斯同的书信中可以了解到这种关注的程度。

当然，由于官修史书进展缓慢也或多或少地给私家修史留下了空间，但是，当官修史书正式与世人见面之后，私家修史就逐渐地归于沉寂了。在史料方面,官修《明史》占有史料多,内容丰富,私人修史无法与之相匹敌;在史家方面,官修《明史》成于众人之手,会聚了史家学者们的精华所在,排比得当,编写得法,在编纂体例上也有所创新,钱大昕称"其例有创前史所未有者"①,私人修史很难突破官修《明史》所能达到的水准和程度,因此,在某种意义上,官修史书已经将《明史》的修纂推进了一个相当的高度,想要突破这个高度变得很难了。赵翼对官修《明史》的评价很高:"近代诸史,自欧阳公《五代史》外,《辽史》简略,《宋史》繁芜,惟《金史》行文雅洁,稍为可观,然未有如《明史》之完善者。"②官修《明史》从某种意义上相当于有关明代史书的史学规范,得到官方的认可,并且耗用全国的人力和财力,其史学造诣也获得史学界的认可。当官修《明史》修成之后,有关明代的史事定论已出,即使继续私家修史的工作,也仅仅是表示对官修《明史》的附和与赞同而已。比如杨陆荣的《三藩纪事本末》就明确地表示,尽管也搜集了众多的野史资料,但是一旦与官修《明史》发生出入,一切以官修《明史》为准。官修史书对于史学界的冲击有官方支持的因素,也有史学界自身认同的因素,因此,私家修史受到排挤和打击是必然的。当然,一些由于受到统治者猜忌而没能写入官修《明史》的史料得到史家们的应用,但也只是九牛之一毛而已了。官修《明史》产生之后,私人方面的有关明代的史书越来越少了。

除了官修《明史》之外,清朝的官方史学业绩也是很突出的。清代的修史机构比明代更为充实和完备,在翰林院内设国史馆和实录馆,国史馆负责撰写帝王本纪和大臣纪传等,实录馆负责撰写实录。并且,在典制体类史书的纂修方面,清朝又有"六通",即《续通典》、《续通志》、《续文献通考》、《清朝通典》、《清朝通志》和《清朝文献通考》。官修史书占据史学界的主导地位,客观上对私家修史是一种束缚和阻碍。私家修史受到官修史书的冲击,很快走向了衰落。

三、史学信息量的萎缩

信息资源对于史学发展来说就是可以利用的史料资源,也是史书修纂的

---

① 钱大昕:《十驾斋养新录》卷九。
② 赵翼:《廿二史札记》卷三十一。

基础资源。明末清初私家修史繁盛的一大缘由就是史料的流散,民间学者有了可以充分利用的史料资源,因而也就有了修纂成书的重要保障。但是,随着清王朝在中原地区站稳脚跟以及相应的一系列平乱、收复等战事的胜利,清朝逐渐加强了对全国的统治,包括政治上的统治,也包括对于文化领域的整顿,史家们接触到史料的机会越来越少了。

　　首先,清朝所修实录不轻易示人。除了内阁以及史馆诸臣,外人不得一见,像明朝实录那样在民间广为流传的情景已经不再,而实录是记载最高统治者所作所为以及国家大政方针的第一手资料,实录史料的缺乏对于私家修史来说是致命的。其次,清朝对于官方文书的控制非常严格。清朝的奏折制度较以往封建王朝更为完善。据光绪朝《大清会典事例》记载,顺治"十三年谕,向来科道及在京满汉各官奏折,俱先送内院。今后悉照部例,径诣宫门陈奏"①。可见,在清初奏折使用已经有了保密的性质,不经内阁而直接送达御前。最初,奏折所写内容还仅仅是亲信大臣向皇帝谢恩、请安之类。康熙年间,书写奏折的也往往是皇帝的亲信,他们常常将官场的隐私以及民间的动静上报给皇帝,这种奏折被称为密缮小折。密报之折必须由本人书写,而且只能向上呈给皇帝,其保密性又进一步增强。到雍正即位以后,密折之风更加盛行,雍正对奏折制度进行改革,密折由少数亲信的告密文书一变而为高级官员均可使用的正式官文书之一。至此,奏折作为机密文书,成为清朝的定制。

　　清朝的奏折由奏事处转呈皇帝亲自拆阅,并用朱砂红笔批答,称为"朱批"。凡是朱批过的奏折即称为"朱批奏折"。朱批奏折由军机处将原折及其折内的朱批抄录一份,并说明该折的奏批日期,是为"录副奏折"。录副奏折送交内阁传知有关衙门抄出遵行后,仍交还军机处,军机处再将其按照年月的顺序保存,以备存档备查。通过奏折的流转可以看出,清朝有关国家事务性的活动资料完全掌握在朝廷的内部,民间对于这些资料无缘得以一见,而这些资料的缺乏对于私家修史来说是重大的打击,缺少史料来源的私家修史犹如巧妇难为无米之炊,遂逐渐走向了衰亡。

---

① 《大清会典事例·光绪朝》卷十三。

四、文字狱以及文化政策调整

康熙五十年(1711)发生的戴名世《南山集》案,标志清朝政府开始严格控制私家修史。前此也发生过多起文字狱,但是由于事件的发生和发展具有一些偶然性的因素,还不能算做是清朝对于私家修史的有意罗织和干预。但是,自从戴名世的《南山集》案之后,清廷开始采取强硬立场。

雍正时期的另一起文字狱——吕留良案标志清廷加大打击力度,力图消灭汉族知识分子的反满思想,而私家修史作为知识分子表达立场的形式,受到了波及。到乾隆二十二年(1757),又发生了彭家屏私藏明季野史案,因为私自收藏《潞河记略》、《日本乞师记》、《豫变记略》、《南迁录》等史书,彭家屏被赐自尽,清代统治者借此禁毁公开宣称私藏明季野史为死罪。乾隆皇帝下达谕旨:"试思本朝抚有中夏,厚泽深仁,休养生息,薄海臣民共享太平之福,自汉、唐以来实罕有伦比。在定鼎之初,野史所记好事之徒荒诞不经之谈,无足深怪。乃迄今食毛践土百有余年,海内缙绅之家,自其祖父世受国恩,何忍传写收藏,此实天地鬼神所不容,未有不终于败露者。"①乾隆三十九年(1774),又借编纂《四库全书》之机,进一步宣传朝廷的严禁野史的政策:"明季末造,野史甚多,其间毁誉任意,传闻异辞,必有诋触本朝之语,正当及此一番查办,尽行销毁,杜遏邪言,以正人心而厚风俗,断不宜置之不办。此等笔墨妄议之事,大率江、浙两省者居多,其江西、闽、粤、湖广亦或不免,岂可不细加查核。"②并恐吓说:"若此次传谕之后,复有隐讳存留,则是有心藏匿伪妄之书,日后别经发掘,其罪转不能逭,承办之督抚等亦难辞咎。"③乾隆禁书达19年之久,自从乾隆三十九年(1774)以来,共禁毁书籍三千一百多种、十五万一千多部,销毁书板八万块以上。④ 而禁书期间,文字狱也频繁发生,"乾隆一朝,不仅文字狱的定罪范围大大超过康熙、雍正,而且案件也增至康雍两朝合计次数的数倍。特别是查缴禁书期间,各类文字狱层见叠出,数量急增,仅据《清代文字狱档》、《文献丛编》、《掌故丛编》、《纂修四库全书档案》史料等书的不

---

① 《清高宗实录》卷五四三,乾隆二十二年元月丁卯。
② 《清高宗实录》卷九六四,乾隆三十九年八月丙戌。
③ 《办理四库全书档案》,乾隆三十九年八月五日谕。
④ 本统计数字依据黄爱平《四库全书纂修研究》,第74页。

完全统计,比较重要的案件已不下四十余起,占整个乾隆年间文字狱的一半左右。"①经历了这样大规模的文化扫荡,私家修史自然会销声匿迹了。

从文化政策上来看,顺治和康熙时期相对较为缓和,顺治时期出于军事以及政治上的种种考虑,还无暇顾及文化领域的斗争;到康熙统治时期,朝廷的力量开始逐渐占领文化市场,但是其政策总的来说还主要以优容为主;到了雍正统治时期,手段开始严格,乾隆则对文化来了一次大规模的清剿。私家修史面临的形势也随之日趋严峻,受到这样一种日益强化的文化控制政策的影响,私家修史自然走向衰落。

第二节　清初私家修史的流风遗韵

清初私家修史对后世产生了巨大的影响。纵向上,其影响直达当今的史学界,清初私家修史的内容一直为学界所重视,代代研究者,著述不绝;横向上,清初私家修史不仅对史学内部产生了影响,而且作为民族文化精神的体现,对不同时代的中国人均有"辐射"作用。

一、乾隆时期的私史纂修

清初私家修史与其他时期几次私家修史的高潮一样,在政治统治走向平稳以后走入了低谷,但是私家修史衰而不亡,在举步维艰的情况下维持生存。顺康以后的私家修史在规模以及对社会的影响等方面已经无法与清初相比,在史学领域中也无法与官修史书的兴盛相较量,但是,在某些方面还是保留了清初私家修史的一些内容,继续在民间维持生存,等待下一次兴起的时机。

在雍正尤其是乾隆统治时期,私家修史的主要内容是为明季忠节人物立传。以全祖望为例,他冒着文化领域白色恐怖的危险,从事于明季史书的收集和整理工作,打着的旗号就是为明季殉节的忠义人物树碑立传,对于这样一种有利于风励臣节的文化行为,清朝统治者予以默许和认可。"祖望写表章明季忠义人物的传记文章是煞费苦心的。为了避免当时政治上的触忤,似多少已自觉地注意到表章文字只有避免触忤政治才可笔之于书。他不写专著,而

---

① 黄爱平:《四库全书纂修研究》,第77页。

以写碑传之类的方式分散、单篇零星地写,因此就比较不易引人集中注意。"①
而且,全祖望不提华夷之别,而是从君臣忠义的角度去表明立场,这就符合了
表彰前朝忠义人物为本朝服务的历朝历代一贯的做法,与清朝统治者的利益
不发生冲突。同时,全祖望强调记述反清斗争的人物事迹在文献上的重要性,
即可补明史之缺失或不足,纠正野史的舛错误传,这就不啻缩小了这些民族英
雄斗争在政治上和思想上的实际作用,这些都为他的文字起到了政治上的掩
护作用。可以说,全祖望为明季人物立传是清初私家修史的继续,并且,除了
这些工作之外,全祖望还积极地保存、搜集和整理明清之际人物的著作,当然
也包括他们的私史。从学术渊源上,全祖望基本上继承了黄宗羲和万斯同的
史学,继续予以发扬光大。

　　在史书体裁上,全祖望续补了黄宗羲的《宋元学案》。《宋元学案》全部九
十一学案,经全祖望特立的四十五,修补的十七,黄宗羲原存的二十五学案中
也有部分经过了全祖望的修补,可见,此书虽由黄宗羲所创,但全书的完成还
是赖全祖望之功。并且,《宋元学案》经过全祖望的长期补修,在学术史的体
例和组织上都有了进一步的提高。学案体在史学界被长期使用下去。

　　此外,这一时期的史书还有汪有典的《前明忠义列传》,其书成于乾隆元
年(1736),记述有明一代忠烈的事迹,起于方孝孺,终于明季死难诸臣;俞忠
孙的《越殉义传》,其书成于乾隆乙未年②(即乾隆四年,1739),记述明季崇祯
直至永历年间越中死难之士的事迹。据王斌序:"汪君尝见有明一代忠义士
多于前古,正史所载綦然,然其间子衿处士,乡社布衣,以及深山幽闺之硕女,
从容而就义者不可胜数,史多阙焉。乃叹曰:'知人论世,儒生之责也;抱残守
缺,学者之羞也。且前代迄今,百有余年,相去未远,不以此时考订而传述之,
将终听其泯灭乎?'于是广稽博采,有美必扬,无微不著,积数十寒暑而成一
书,仿太史公列传体,凡如干卷。虽穷巷幽人,亦必详明剖晰,为立一传,令观
者忠义之气勃然而兴,大半皆正史所未及,其笔意简洁明净,离奇端绪,而又丰
神宕逸,慷慨淋漓,殆善学龙门而庐陵之室者欤?"③

---

① 徐光仁:《全祖望在清代史学上的贡献》,载历史人物编辑部:《明清人物论集》,四川人
民出版社 1999 年版。
② 俞忠孙:《越殉义传识》,转引自谢国桢:《增订晚明史籍考》,第 747 页。
③ 王斌:《前明忠义列传序》,转引自谢国桢:《增订晚明史籍考》,第 727 页。

另外,乾隆时期的私修史著还有李天根的《爝火录》,其书成于乾隆十五年①(1750),用编年体记录南明弘光、隆武、永历诸朝事;周广业的《海昌五臣殉节遗事》,其书成于乾隆二十四年②(1759),记述海昌明季弘光、鲁监国殉节者俞元良、俞元礼、祝渊、周宗彝、周启琦五人的事迹。

乾隆时期私家修史大多都产生于朝廷禁野史之前,而且史书的内容也多与表彰忠义人物有关,并且,史家修史正统意识分明,于明清之鼎革态度审慎,李天根《爝火录》"凡例"中明确表示:"是编编年顶格,大书大清顺治元年,尊正统也。次行低一格,书崇祯时期年,纪明事也。乙酉以后,次行低一格,书福唐诸王纪年,遵纲目列国例也。"③在史料的选择上,史家们大多采用了清初的私修史书,比如李天根的《爝火录》采用了稗官野史有一千五百余种,其中着重提到了计六奇的《明季南略》、《明季北略》,并且认为文秉和钱秉镫的史书中立论准确,可以全文摘用。可见,乾隆时期的私家修史大多接续清初而来,并且在清初私家修史发展的基础上再图进步,但史家观念与意识则与清初迥然有别。

二、嘉道时期私史的恢复与发展

私家修史到嘉道时期开始有所恢复。在政治环境方面,嘉庆统治后期,阶级矛盾激化,农民起义时有发生,而此时西方殖民主义势力也开始入侵,清王朝面临着内外交困的局面,因此对文化领域的严格控制有所放松,私家修史有了发展的舞台。另外,当时的国内和国际形势激发了史家修史的责任感,"当鸦片战争发生前后,当时士大夫怵于时势,乃留心于宋季明末之书,以启发爱国之思想,编辑成书者,种类实繁。"④嘉道以来的私家修史已经与乾隆时期的有所不同,其修史内容不仅仅局限于南明史书,而是在对当代社会进行反思的基础上,向当代史研究的领域拓展。

据王树民先生考证,清中叶以后,有愤世好诗之士假借清初史家戴名世的

---

① 据李天根:《爝火录自序》。

② 据谢国桢《增订晚明史籍考》:"广业于乾隆己卯呈请五人入祠乡贤,搜辑传状序铭,纂成一书,仅有稿本,未及刊行。"(第773页)乾隆己卯,即乾隆二十四年(1759)。

③ 李天根:《爝火录》"凡例"。

④ 谢国桢:《增订晚明史籍考》,第901页。

名义作《古史诗箴》,称:"史者,有所为而作也。传愚民之统而怪诞兴,趋当时之势而阿谀作,守一家之圃之是非倒,离势、毁圃、销怨,而后史朕乃盟。余幼读史,未尝阙疑;长涉世味,渐察其微。始知史者,私也。私之所及,史尚何存? 作《古史诗箴》,非敢根治膏肓之病,将以待夫来者知余志焉。"①

并且,一些史家开始搜罗南明的野史笔记,撰写南明史事。其中最具影响性的史书有陈鹤的《明纪》,其书上起洪武帝朱元璋,下至南明诸王,共计六十卷,书成后,由江苏书局刊行于同治十年(1871),成为清代最早刊行的私家撰修的明代编年体史书,对后世影响很大;徐鼒的《小腆纪年附考》和《小腆纪传》,也是该时期南明史的代表作。另外,还有一些史书,如嘉庆二十五年(1820)丁业修成《螳臂录》,主要记载鲁监国的史事,其书内容大都辑自清初的私修史书;道光十年(1830)抱阳生撰成《甲申朝事小纪》,其书记载崇祯以来直至永历朝野遗闻,并不仅记甲申史事,作者自序为"比年来捃拾群书,见有涉于明末者手诸册,日久衰而益多,离为十卷,名曰《甲申朝事小纪》"②,其书也大多参考清初的私修史书;道光十一年(1831)李瑶撰成《南疆逸史摭遗》,其书以温睿临的《南疆逸史》为蓝本,改定而成;道光十三年(1833)李聿求撰成《鲁之春秋》,其书专记鲁监国史事,根据朱希祖的考证,李聿求虽然在史书中仅仅摘引《行朝录》、《续明季遗闻》、《靖海志》、《汤芬行述》以及《胜朝殉节诸臣录》,于其他引用史书均未明确标注,"故其史料根底皆不能明,无以测其所见鲁史之多寡也"③,"然以先生此书记述之详瞻,则其所见鲁史旧文,必多于今日之所见可断言也",可见,李聿求所修的史书借鉴了大量的清初私史。

嘉道时期修成的南明史书在内容上与清初的私史有相似之处,在修史的用意方面与清初私史已经有明显的区别。史家们往往记述明季忠臣义士的事迹,力图以他们的英雄行为唤起世人对国家的责任感,并借以贬斥那些无君父之痛,惟利是图的小人。借助于总结明朝灭亡的历史教训,强调君主要善于用人,倡导朝廷内部的团结一致,以维护和巩固清王朝的统治。

---

① 王树民编校:《戴名世集》"附录"。
② 抱阳生:《甲申朝事小纪》"自述"。
③ 朱希祖:《明季史料·题跋》。

私家修史发展的另一方面是当代史研究的兴起。鸦片战争爆发以后,外国资本主义势力开始入侵中国,中国逐步走向了半殖民地的深渊,这一巨大变化促使知识分子修史以总结历史经验教训,进行改革,反对外国入侵。如谢国桢先生所言:"鸦片战争之后,忧时之士,鉴于国势之凌替,外患之频仍,乃竞喜研究明季史乘,以激励士气,发扬民族气节。"①这一时期的当代史私修史书有魏源的《海国图志》、《圣武记》,梁廷枏的《夷氛闻记》以及夏燮的《中西纪事》和《夷氛纪事》。这些当代史著作主要上鉴于当时的社会形势,力图通过修史的形式为国家筹御侮之策,其内容已经与清初私家修史有别,但是其思想仍然闪烁着清初私家修史的光辉,即以史学为经世致用之具,以修史的形式抒发史家的爱国激情。

三、清末民初对私史精神的弘扬

清末民初处于社会动荡的历史时期,这时候私家修史再次发挥了宣传和鼓舞民众的作用。革命者为了宣传革命思想,为维护国家主权和民族尊严而斗争,往往借助清初私家修史的史书,以明末志士的光辉事迹鼓舞民众行动起来,献身于救国图存的伟大事业中去。同时,宣传清初私家修史的另一目的则在于传播反清思想,反满意识;而一些清朝的遗老搜集清初文献,其目的则在于重现明朝灭亡的悲惨往事,慨叹清朝统治的日落西山。在这样的形势下,出现了一批清初的私家修史著作。

孙静庵著《明遗民录》四十八卷,著者在《民史氏与诸同志书》中详述其宗旨:"又思宋明以来,宗国沦亡,孑遗余民,寄其枕戈泊血之志,隐忍苟活,终身穷饿以死,殉为国殇者,以明为尤烈,而宋则如程敏政有《宋遗民录》之作,朱明德有《广宋遗民录》之作,世多传本,而明则付之阙如,良可哀已。恐世远年湮,是非无由考据,而私家著述,言人人殊,况当毒浪横流,故土焦原之际,或仗子房报韩之剑,或焚世杰存赵之香,虽奇节累累,皆太史氏所摈而不录,苟不以此时考订而传述之,顾茫茫阅世浸久,张骏所谓'故老凋谢,后生不识慕恋之心',不其然欤。故仿《宋遗民录》之例,旁征博采,搜罗旧闻,间及稗官、野史、家乘、墓志,取明季诸遗民之遗闻,可惊可愕,可悲可愤,可痛可闵,可歌可泣

---

① 谢国桢:《增订晚明史籍考》"自序"。

者,人自为传,穷意掇拾,时出己见,纵横论列,斐然成章,辑成《明遗民录》四十八卷。"据谢国桢先生所作按语:"当清末有四明傅有道设立新中华图书馆于沪上,编印满夷猾夷始末记等书,多为鼓吹革命而作,是编(指《明遗民录》)即为该肆所印行。"①可知其书为宣传革命,号召群众而作。

光绪之季云南杂志社编《滇粹》,杂采南明史料之有关于滇都者,凡21种,合为一编。据编者"凡例"云:"滇中历史上之记载,最足为吾人可歌可泣、可惊可痛者甚多,此特近数月中所搜集而得者,我同胞笃爱历史之本性,谁不如我,获此拱璧,其狂喜当何如? 悲愤当何如? 感想当何如? 必以其出现太晚,搜集尚少为恨,海内藏书家如有此类记载,冀割爱寄赐,当以次汇集再行续出。"②据谢国桢先生所作按语:"是书编于清光绪之季而印于日本,盖为滇南有志之士为鼓吹革命而作也。"③

再如《痛史》,共收录清初私修史书二十五种,编者乐天居士自序云:"慨自烈皇殉国,轴覆枢翻,闯逆攻都,海飞山走,痛东迁之聚散,萍水三朝,览南渡之兴亡,莺花一笑。值中邦之多难,来外族之凭陵,扬州修史,周余有垂尽之伤;江上孤城,父老皆登埤而哭。等衣冠于涂炭,易桑梓为龙荒,二百六十余年以来,谈者犹觉动容,闻者不无余痛。"④乐天居士编辑清初私修史书的目的显然亦属前者。在此之后民国二十五年中国历史研究社程演生、李季、王独清等编的《中国内乱外祸历史丛书》,则是继承《痛史》的编辑宗旨而来,搜讨遗书三百余种。

刘世珩编辑《征访明季遗书目》则以清代遗老自居,搜集明季史乘书目二百九十五种,自序云:"幸遇圣朝,轸恤亡忠,存偏安之闰统,录死事之遗臣,恭绎敕书,敬钦帝德,褒崇之典,旷古希达"⑤,其宗旨则在于后者。

故谢国桢先生言:"迨至辛亥革命,禁网既弛,遗书日出,昔日秘藏之苦衷,已可昭揭于今日,名篇巨制,为西人所不易睹者,皆可以家絃而户诵矣。"⑥

---

① 谢国桢:《增订晚明史籍考》,第 753 页。
② 侠少、雪生同辑:《滇左光右卒》"凡例",转引自谢国桢:《增订晚明史籍考》,第 573 页。
③ 同上。
④ 乐天居士编:《痛史》"自序"。
⑤ 转引自谢国桢:《增订晚明史籍考》,第 1029 页。
⑥ 谢国桢:《增订晚明史籍考》"自序"。

无论是宣传反清思想还是宣传亡国之痛,目的都在于提倡清初私家修史的献身精神并予以重现。清末民初开始的这种大规模搜集和出版清初私家修史遗书的活动既弘扬了清初私家修史的精神宗旨,又验证了史学界必然的规律,即社会动荡时期的私家修史往往会走在文化发展的前列,起到宣传和教育广大群众的作用。

通过分析清初私家修史走向衰亡的原因,以及研究清初私家修史的流风遗韵,再次证明了时代对于私家修史的刺激和推动作用。社会动荡,史学信息流散的变革时期,成为孕育私家修史的温床;而社会稳定,封建统治的巩固则成为私家修史走向衰亡的决定因素之一。清代的私家修史,一起一伏与社会政治的状况息息相关,这种有规律的波动与史学史上其他几次私家修史的高潮相比,有相似性;而在具体的史学发展态势上,如史家的构成、史书的内容以及表达的史学思想和理论思维方法等,清初私家修史则具有独特性。这一特点正与本书的研究初衷相符,即在宏观上证明私家修史发展规律的同时,研究清初独特社会环境下私家修史的具体特点。

对于完备的史学史研究来说,史家研究仅仅是其中的一部分,还有史书和史学两大必要构成部分,所以,本书对于清初私家修史的研究仍然不够完善。并且,在史家的具体研究方面,由于资料难以搜集全备,清初史家和史书曾经遭到清朝的禁毁,有流失和散落的现象,因此本书所构筑的史家群体还不能算完善。本书对清初私家修史的研究只能说是以史家为侧重点和切入点,从宏观上对于整个清初私家修史的脉络和线索进行梳理,并根据史家群体的自然分化展开微观研究,结合清初的政治和社会背景研究史家分布的地域性特点,并进而探讨影响私家修史的社会原因。至于清初私史的具体内容特点和思想特征以及就历史事件的具体内容而产生的不同记述方式的优劣比较等,仍然是研究清初私家修史的重要环节,笔者权以此抛砖,希望更多的学者关注清初私家修史的领域,关注对于史家和史书的具体研究。

附录：清初史家状况统计

（共计 218 人①）

其中明王朝的拥护者 137 人，清王朝的支持者 65 人，在新旧政权之间动摇的士人阶层 16 人。

一、江苏籍史家及其史书（共计 71 人）

（一）明王朝的拥护者（45 人）

1. 冯梦龙（1574—1646），江苏吴县人，明亡后曾参加抗清斗争，后死于故乡，著有《甲申纪事》、《燕都日记》等。

2. 吴钟峦（1577—1651），江苏武进人，南明弘光政权授户部主事，鲁王时拜通政使，舟山师溃，自焚而死，著有《文史》。

3. 徐树丕（1596—1683），江苏长洲人，明遗民，著有《中兴纲目》。

4. 瞿共美（1597—1656），江苏常熟人，瞿式耜的族人，著有《东明闻见录》、《天南逸史》。

5. 刘心学（1598—1671），江苏宝应人，明遗民，著有《四朝大政录》。

6. 吴晋锡（1599—?），江苏吴江人，明亡后曾拥立南明永历政权，失败后归隐著述，著有《孤臣泣血录》。

7. 钱邦芑（1602—1673），江苏丹徒人，唐王时授御史，桂王时累迁副都御史，永历灭亡，隐居不仕，著有《甲申记变实录》。

8. 李清（1602—1683），江苏兴化人，弘光时任大理寺左丞，弘光朝廷灭亡后，隐居著述，著有《南北史合注》、《南唐书合订》、《南渡录》等。

---

① 附录中史家生卒年月参考了江庆柏编著《清代人物生卒年表》（人民文学出版社 2005 年版）等著作。

9. 陈贞慧(1604—1656),江苏宜兴人,明遗民,著有《山阳录》。

10. 文秉(1609—1669),江苏吴县人,明遗民,著有《先拨志始》、《烈皇小识》等。

11. 顾苓(1609—?),江苏长洲人,明遗民,著有《三朝大议录》。

12. 吕憼(1611—1664),江苏太仓人,明遗民,著有《明朝小史》。

13. 陆世仪(1611—1672),江苏太仓人,明遗民,著有《复社纪略》。

14. 吴殳(1611—1695),江苏常熟人,明遗民,著有《甲申剩事》。

15. 顾炎武(1613—1682),江苏昆山人,明亡后曾参加抗清斗争,失败后不仕于清,著有《天下郡国利病书》、《肇域志》、《圣安本纪》等。

16. 戴笠(?—1682),江苏吴江人,明遗民,著有《流寇长编》、《永陵传信录》等。

17. 陆元辅(1617—1691),江苏嘉定人,明遗民,著有《明季争光录》。

18. 吴祖锡(1618—1679),江苏吴江人,明遗民,著有《光武纪年》。

19. 李逊之(1618—?),江苏常州人,明遗民,著有《三朝野记》。

20. 钱肃润(1619—1699),江苏无锡人,钱肃乐的族人,曾参加抗清斗争,著有《南忠记》。

21. 金钟(1622—?),江苏江宁人,南明永历时官河南道御史,著有《皇明末造录》。

22. 吴炎(1624—1663),江苏吴江人,明遗民,著《明史记》未成。

23. 潘柽章(1626—1663),江苏吴江人,明遗民,著有《明史记》、《国史考异》等。

24. 瞿昌文(1629—?),江苏常熟人,瞿式耜之孙,曾参加抗清斗争,著有《粤行纪事》。

25. 顾祖禹(1631—1692),江苏无锡人,明亡后曾参加抗清斗争,失败后不仕于清,著有《读史方舆纪要》。

26. 沈荀蔚(1638—1714),江苏太仓人,明遗民,著有《蜀难叙略》。

27. 潘耒(1646—1708),江苏吴江人,康熙十八年召试博学鸿儒,屡辞未果,授翰林院检讨,著有《明五朝史稿》。

28. 陈鼎(1650—?),江苏江阴人,明遗民,著有《东林列传》、《留溪外传》。

29. 卓尔堪(1653—?),江苏江都人,明遗民,著有《遗民小传》。

30. 赵士锦(生卒不详),江苏常熟人,曾在南明弘光朝为官,弘光灭亡后不仕于清,著有《甲申纪事》。

31. 刘尚友(生卒不详),江苏嘉定人,明遗民,著有《定思小记》。

32. 朱明德(生卒不详),江苏太仓人,明遗民,著有《勾吴外史》。

33. 华廷献(生卒不详),江苏无锡人,明亡后参加抗清斗争,著有《闽事纪略》。

34. 王孙简(生卒不详),江苏人,明遗民,著有《天南纪事》、《粤游杂记》等。

35. 马光(生卒不详),江苏吴县人,明遗民,著有《两粤梦游记》。

36. 于颖(生卒不详),江苏金坛人,明遗民,著有《今鲁史》。

37. 王秀楚(生卒不详),江苏扬州人,曾做过史可法的幕僚,著有《扬州十日记》。

38. 黄明曦(生卒不详),江苏江阴人,明遗民,著有《江上孤忠录》。

39. 朱子素(生卒不详),江苏嘉定人,明遗民,著有《东塘日札》、《嘉定县乙酉纪事》、《嘉定屠城纪略》。

40. 周廷英(生卒不详),江苏溧阳人,明遗民,著有《濑江纪事本末》。

41. 张茂滋(生卒不详),江苏云间人,明遗民,著有《余生录》。

42. 龚立本(生卒不详),江苏常熟人,明遗民,著有《烟艇永怀》。

43. 史惇(生卒不详),江苏金坛人,明遗民,著有《恸余杂记》。

44. 瞿玄锡(生卒不详),江苏常熟人,瞿式耜之子,曾参加抗清斗争,著有《庚寅始安事略》。

45. 范荃(生卒不详),江苏扬州人,明遗民,所著有《读史识》二卷等。

(二)清王朝的支持者(21人)

1. 徐开任(1610—1694),江苏昆山人,明诸生,入清不仕,无明显反清情绪,著有《明名臣言行录》。

2. 邹漪(1615—?),江苏无锡人,明亡后与清合作,抵触情绪不明显,著有《启祯野乘一集》、《启祯野乘二集》、《明季遗闻》等。

3. 计六奇(1622—?),江苏无锡人,曾于顺治六年和十二年两次应试,均未得志,后遂绝意仕途,著有《明季南略》、《明季北略》。

4. 笪重光(1623—1692),江苏丹徒人,顺治进士,官至御史,著有《甲乙史》。

5. 汪琬(1624—1691),江苏长洲人,顺治进士,累官至刑部郎中,著有《东都事略跋》等。

6. 倪灿 (1626—1687),江苏上元人,康熙举人,康熙十八年召试博学鸿儒,授翰林院检讨,充《明史》纂修官,著有《宋史艺文志补》、《补辽金元艺文志》。

7. 杜登春(1629—1705),江苏华亭人,仕清,授知县,著有《社事始末》。

8. 徐乾学(1631—1694),江苏昆山人,康熙进士,官至刑部尚书,著有《资治通鉴后编》。

9. 徐秉义(1633—1711),江苏昆山人,康熙进士,官至内阁学士兼礼部侍郎,著有《明末忠烈纪实》。

10. 吴绥(1635—?),江苏无锡人,著有《廿二史纪事提要》。

11. 韩菼(1637—1704),江苏长洲人,康熙间殿试第一,官至礼部尚书,著有《江阴城守记》。

12. 吴世杰(1641—1688),江苏高邮人,康熙进士,入《明史》馆,著有《崇祯四十九阁臣合传》。

13. 乔莱(1642—1694),江苏宝应人,康熙四年进士,授内阁中书,康熙十八年,试博学鸿儒,授编修,官至侍读,著有《崇祯长编》。

14. 陶元淳(1646—1698),江苏常熟人,康熙二十七年进士,广州昌化县知县,著有《明史传》。

15. 陈厚耀(1648—1722),江苏泰州人,康熙进士,官苏州府教授,著有《春秋战国异辞》。

16. 焦袁熹(1661—1736),江苏金山人,著有《此木轩纪年略》。

17. 孙旭(1686—1743),江苏丹徒人,顺治十四年武举人,后出为福宁道金事,著有《平吴录》。

18. 钱人麟(1689—1772),江苏武进人,康熙五十九年举人,官至浙江萧山知县,著有《东林别集》。

19. 史淮(生卒不详),江苏吕梁山人,其史书中称南明为藩,著有《胜国遗民臧否录》。

20. 西泠氏(生卒不详),江苏延陵人,生长于清,著有《残明忠烈传》。

21. 杨维斗(生卒不详),江苏金坛人,明亡后降清,著有《国表小品》。

(三)在新旧政权之间动摇的史家(5人)

1. 钱谦益(1582—1664),江苏常熟人,明亡后在弘光政权任职,后降清,临终前则以明遗民自居,著有《开国群雄事略》。

2. 吴伟业(1609—1672),江苏太仓人,曾在弘光政权任少詹事,弘光朝廷灭亡后隐居一段时间,后又接受清朝征召,任国子监祭酒,著有《绥寇纪略》。

3. 周钟(1614—?),江苏金坛人,曾是复社领袖,降李自成,后又投奔南明弘光政权,著有《国表小品》。

4. 马玉(生卒不详),江苏会稽人,先降清,后随吴三桂,著有《征行纪略》。

5. 任光复(生卒不详),江苏会稽人,明亡后在鲁监国政权任太常寺卿,后降清,著有《航海遗闻》、《鲁王纪事》等。

二、浙江籍史家及其史书(共计61人)

(一)明王朝的拥护者(39人)

1. 谈迁(1594—1658),浙江海宁人,明亡后自署"江左遗民",隐居不仕,著有《国榷》。

2. 高斗枢(1594—1670),浙江鄞县人,明遗民,著有《守郧纪略》。

3. 许令瑜(1597—1650),浙江海宁人,明遗民,著有《孤臣述》。

4. 张岱(1597—1684),浙江山阴人,明遗民,著有《石匮藏书》、《石匮书后集》。

5. 查继佐(1601—1676),浙江海宁人,清军南下,奔赴浙东参加抗清斗争,鲁监国授职方郎中,失败后隐居著述,著有《罪惟录》、《鲁春秋》、《东山国语》、《国寿录》。

6. 高成挺(1603—1648),浙江嘉兴人,明遗民,著有《自靖录考略》。

7. 周齐曾(1603—1671),浙江鄞县人,明亡后于鲁监国政权任给事中,失败后隐居不仕,著有《鲁春秋》、《闽粤春秋》。

8. 黄宗羲(1610—1695),浙江余姚人,明亡后参加抗清斗争,鲁监国任为左都御史,失败后闭门著述,著有《行朝录》、《明儒学案》等。

9. 巢鸣盛(1611—1680),浙江嘉兴人,明遗民,著有《汰存录纪辨》。

10. 沈光文(1612—1688),浙江鄞县人,明遗民,后投奔郑成功,著有《流寓考》。

11. 陆圻(1613—?),浙江钱塘人,明遗民,著有《陆子史稿》。

12. 钱光绣(1614—1678),浙江鄞县人,明遗民,著有《南渡纪事》。

13. 俞汝言(1614—1679),浙江海盐人,明遗民,著有《晋军将佐表》、《宋元举要历纪年》、《崇祯大臣年表》、《寇变略》等。

14. 金堡(1614—1680),浙江杭州人,明亡起兵抗清,失败后为僧,著有《岭海焚余》。

15. 徐凤垣(1614—1684),浙江鄞县人,明遗民,著有《明史大事纪闻》。

16. 彭孙贻(1615—1673),浙江海盐人,明亡后闭门不出,不入史局,以修私史自见,著有《明朝纪事本末补编》、《甲申以后亡臣表》、《平寇志》、《山中闻见录》等。

17. 应伪谦(1615—1683),浙江钱塘人,明亡后不仕于清,康熙十八年举博学鸿儒,称病不许,闭门讲学著述,著有《春秋传考》。

18. 林时对(1615—1705),浙江鄞县人,明遗民,著有《明小纪》。

19. 张煌言(1620—1664),浙江鄞县人,曾参加浙东抗清斗争,失败被俘身死,著有《北征纪略》。

20. 董说(1620—1686),浙江乌程人,明遗民,著有《甲申野证》。

21. 倪会鼎(1620—1706),浙江上虞人,明遗民,著有《明儒言行录》。

22. 李邺嗣(1622—1680),浙江鄞县人,明遗民,著有《两京节义传》。

23. 吕留良(1629—1683),浙江石门人,明遗民,著有《明季纪事》。

24. 徐善(1631—1693),浙江秀水人,明遗民,著有《流寇纪年》。

25. 万斯同(1643—1702),浙江鄞县人,明亡后鲁监国授户部主事,康熙十七年诏征博学鸿儒,力辞得免,后以布衣入史局,参修《明史》,著有《历代史表》、《宋季忠义录》等。

26. 邵廷采(1648—1711),浙江余姚人,明遗民,著有《东南纪事》、《西南纪事》。

27. 钱士馨(生卒不详),浙江平湖人,明遗民,著有《甲申传信录》。

28. 陈子英(生卒不详),浙江乌程人,明遗民,著有《明纪撮奇》。

29. 李长孺(生卒不详),浙江鄞县人,明遗民,著有《全黔纪略》。

30. 黄巍赫(生卒不详),浙江秀水人,明遗民,著有《甲申北都覆没遗闻》。

31. 朱茂曙(生卒不详),浙江秀水人,明遗民,著有《两京求旧录》。

32. 高宇泰(生卒不详),浙江鄞县人,明遗民,著有《雪交亭正气录》。

33. 沈鸣(生卒不详),浙江吴兴人,明遗民,著有《南都大略》。

34. 郑天郁(生卒不详),浙江温陵人,明遗民,著有《纪国雄略》。

35. 胡钦华(生卒不详),浙江绍兴人,明遗民,著有《天南纪事》。

36. 徐芳烈(生卒不详),浙江萧山人,明遗民,著有《浙东纪略》。

37. 林时蹰(生卒不详),浙江四明人,明遗民,著有《西乞录》。

38. 应喜臣(生卒不详),浙江慈溪人,明遗民,著有《青燐屑》。

39. 鲁可藻(生卒不详),浙江人,仕于南明永历政权,兵败归隐,著有《岭表纪年》。

(二)清王朝的支持者(20人)

1. 曹溶(1613—1685),浙江秀水人,顺治元年授御史,著有《崇祯四十九阁臣合传》。

2. 沈珩(1619—1695),浙江海宁人,康熙三年进士,授内阁中书,十八年召试博学鸿儒,授翰林院编修,与修明史著有《明史要略》。

3. 徐倬(1623—1712),浙江德清人,清初任史馆编修。

4. 庐宜(1629—1708),浙江鄞县人,康熙五年举乡试,后官至贵州镇远知县,后归里,闭门著述,著有《续表忠记》、《二续表忠记》等。

5. 朱彝尊(1629—1709),浙江秀水人,明亡后曾隐居,不仕于清,康熙十八年举博学鸿儒,入史馆任编修,著有《经义考》、《日下旧闻》等。

6. 毛际可(1633—1708),浙江遂安人,顺治十五年进士,授彰德府推官,历城固、祥符等县知县,著有《黔游日记》。

7. 胡渭(1633—1714),浙江德清人,年十五为县学生,后入太学,绝意科举,专心著述,著有《禹贡锥指》。

8. 洪若皋(1633—?),浙江临海人,顺治十二年进士,授户部主事,著有《闽难记》。

9. 邵远平(1637—?),浙江仁和人,康熙进士,历户部侍郎,至少詹事,著有《元史类编》、《粤行》、《河工见闻录》。

10. 高士奇(1645—1703),浙江钱塘人,以明珠荐,授詹事府录事,累迁为少詹事,官至礼部侍郎,著有《江村销夏录》、《左传纪事本末》等。

11. 郑元庆(1660—?),浙江归安人,入清后无意仕进,专心著述,著有《廿一史约编》等。

12. 沈炳震(1678—1738),浙江归安人,乡试以策问过激见黜,遂绝意科举,专攻古学,著有《新旧唐书合钞》、《廿一史四谱》。

13. 吴乘权(1655—?),浙江绍兴人,清朝诸生,著有《纲鉴易知录》、《明鉴易知录》。

14. 沈佳(生卒不详),浙江杭州人,康熙进士,初知湖广监利,调安化,卒于官,著有《明儒言行录》、《明代人物考》。

15. 温睿临(生卒不详),浙江乌程人,康熙举人,官内阁中书,著有《南疆逸史》等。

16. 沈名荪(生卒不详),浙江杭州人,康熙举人,曾任湖南攸县知县,著有《南史识小录》、《北史识小录》、《笔录》、《史离》。

17. 姚之骃(生卒不详),浙江杭州人,康熙进士,授翰林院庶吉士,官至御史,著有《后汉书补逸》、《名臣言行录》。

18. 夏骃(生卒不详),浙江乌程人,康熙十八年召试博学鸿儒,因事累受阻未试,著有《交山平寇始末》。

19. 张星曜(生卒不详),浙江仁和人,著有《通鉴纪事本末补后编》。

20. 朱璘(生卒不详),浙江上虞人,由贡监官武昌府同知,康熙二十七年署湖北驿盐道,后擢南阳府知府,根据前人编年之书,成《纲鉴辑略》,又搜集明季以来文献,续成《明纪全载》。

(三)在新旧政权之间动摇的史家(2人)

1. 毛奇龄(1623—1716),浙江萧山人,曾为复社领袖,康熙十八年举博学鸿儒,著有《后鉴录》、《武宗外纪》、《胜朝彤史拾遗记》等。

2. 冯甦(1628—1692),浙江临海人,明亡后曾降李自成,后于顺治朝中进士,顺治十八年任永昌府推官,历官至刑部左侍郎,著有《劫灰录》、《见闻随笔》等。

三、安徽籍史家及其史书(共计16人)

（一）明王朝的拥护者（10人）

1. 吴应箕（1594—1645），安徽贵池人，明亡后起兵抗清，兵败被执死，著有《启祯两朝剥复录》、《熹朝忠节死臣列传》、《复社姓氏》、《留都见闻录》。

2. 方以智（1611—1671），安徽桐城人，明亡后从事抗清斗争，失败后归隐，著有《两粤新书》。

3. 钱澄之（1612—1693），安徽桐城人，南明隆武朝授推官，永历朝改任庶吉士，抗清失败后不仕于清，以农耕、著述终老其身，著有《所知录》。

4. 吴孟坚（1635—?），安徽贵池人，明遗民，著有《南都纪略》。

5. 左昊（?—1698），安徽桐城人，明遗民，著有《读史纲》。

6. 余瑞紫（生卒不详），安徽合肥人，明遗民，著有《流贼张献忠陷庐州记》。

7. 吴肃（生卒不详），安徽宣城人，明遗民，著有《甲乙存略》。

8. 曹大镐（生卒不详），安徽贵池人，明遗民，著有《化碧录》。

9. 茅元铭（生卒不详），安徽花林人，明遗民，著有《秋游日记》。

10. 茅次莱（生卒不详），安徽花林人，明遗民，与修庄廷鑨《明史》。

（二）清王朝的支持者（4人）

1. 赵吉士（1628—1706），安徽休宁人，顺治八年举人，后官户科给事中，著有《杨忠烈传》。

2. 戴名世（1653—1713），安徽桐城人，康熙四十八年进士，授翰林院编修，入《明史》馆，后因《南山集》获罪被诛，著有《崇祯癸未榆林城守纪略》等。

3. 郑达（生卒不详），安徽人，曾随清军将领征三藩，著有《野史无文》。

4. 王雯耀（生卒不详），安徽桐城人，生长于清，著有《全桐纪略》。

（三）在新旧政权之间动摇的史家（2人）

1. 龚鼎孳（1615—1673），安徽合肥人，明亡，先降李自成，被授为直指使，既而降清，任礼部都给事中，著有《圣后艰贞记》、《安龙逸史》。

2. 方孝标（1617—1697），安徽桐城人，顺治六年进士，累官侍读学士，吴三桂反叛时从之，任翰林承旨，著有《滇游纪闻》。

四、福建籍史家及其史书(共计 11 人)

(一)明王朝的拥护者(8 人)

1. 李世熊(1602—1686),福建宁化人,明遗民,著有《寇变纪》、《狗马史记》。

2. 夏琳(生卒不详),福建南安人,为郑成功故吏,著有《闽海纪要》。

3. 黄景昉(生卒不详),福建人,明遗民,著有《国史唯疑》。

4. 杨期演(生卒不详),福建厦门人,明遗民,著有《岛上纪事》。

5. 阮旻锡(生卒不详),福建同安人,明遗民,著有《海上见闻录》。

6. 林时山(生卒不详),福建泉州人,明遗民,著有《明季纪事》。

7. 涂伯案(生卒不详),福建漳州人,明遗民,著有《留史》、《授命录》等。

8. 庄潜(生卒不详),福建同安人,明遗民,著有《石函录》。

(二)清王朝的支持者(3 人)

1. 吴任臣(1628—1689),福建莆田,康熙十八年以博学鸿儒授检讨,入翰林院,承修《明史》,著有《十国春秋》。

2. 郑亦邹(生卒不详),福建漳州人,顺治举人,淡于仕进,后乞假归,潜心著述,著有《明季遂志录》、《江闽事略》、《明余行国录》、《明遗民录》。

3. 陈允锡(生卒不详),福建晋江人,著有《史纬》。

五、上海籍史家及其史书(共计 10 人)

(一)明王朝的拥护者(6 人)

1. 夏允彝(1597—1645),上海人,明亡后跟随福王反清,兵败被杀,著有《幸存录》。

2. 陈济生(1618—1664),上海人,明遗民,著有《再生纪略》。

3. 李延昰(1628—1697),上海人,明遗民,著有《崇祯甲申录》。

4. 夏完淳(1631—1647),上海人,明亡后抗清,失败后被执身死,著有《续幸存录》。

5. 蒋平阶(生卒不详),上海人,明遗民,著有《东林始末》。

6. 张遴白(生卒不详),上海人,明遗民,著有《难游录》。

(二)清王朝的支持者(3 人)

1. 严衍(1575—1645),上海人,著有《资治通鉴补》。

2. 叶梦珠(1624—?),上海人,生长于清,著有《续绥寇纪略》。

3. 杨陆荣(生卒不详),上海人,清诸生,研究经史,潜心著述,著有《三藩纪事本末》、《殷顽录》。

(三)在新旧政权之间动摇的史家(1人)

1. 宋征舆(生卒不详),上海人,曾倡立几社,入清变节,中顺治进士,官副都御史,著有《东村纪事》。

六、山东籍史家及其史书(共计6人)

(一)明王朝的拥护者(2人)

1. 郑与侨(1599—1682),山东济宁人,明遗民,著有《蒙难偶记》。

2. 杨士聪(生卒不详),山东济宁人,明遗民,著有《甲申核真略》。

(二)清王朝的支持者(3人)

1. 马骕(1621—1673),山东邹平人,顺治进士,任淮安推官,后改灵璧知县,著有《左传事纬》、《绎史》等。

2. 李之芳(1622—1694),山东武定人,顺治四年进士,康熙间进左副都御史,著有《平定耿逆记》。

3. 孙蕙(1632—1686),山东淄川人,顺治进士,官至给事中,著有《历代循良录》。

(三)在新旧政权之间动摇的史家(1人)

1. 丁耀亢(1599—1669),山东诸城人,明亡后曾参加抗清义军,入清后参加科举,曾任清容城教谕,著有《出劫纪略》。

七、江西籍史家及其史书(共计6人)

(一)明王朝的拥护者(5人)

1. 张自烈(1597—1673),江西宜春人,明遗民,著有《孤史》。

2. 徐世溥(1608—1658),江西新建人,明遗民,著有《榆墩外集》。

3. 邓凯(生卒不详),江西吉安人,曾在南明唐王、桂王政权为官,失败后落发为僧,著有《也是录》、《遗忠录》、《滇缅纪闻》等。

4. 袁继贤(生卒不详),江西宜春人,明遗民,著有《浔阳纪事》。

5. 范康生(生卒不详),江西安福人,明遗民,著有《做南指录》。

(二)在新旧政权之间动摇的史家(1 人)

1. 熊文举(1599—1669),江西新建人,先降李自成,后降清,著有《墨楯》。

八、北京籍史家及其史书(共计 6 人)

(一)明王朝的拥护者(3 人)

1. 王世德(1613—1693),顺天大兴人,明遗民,著有《崇祯遗录》。

2. 刘献廷(1648—1695),直隶大兴人,明遗民,著有《广阳杂记》。

3. 徐懋贤(生卒不详),北京人,明遗民,著有《忠贞轶记》。

(二)清王朝的支持者(1 人)

1. 张烈(1622—1685),顺天大兴人,康熙九年进士,授内阁中书,累迁左春坊左赞善,著有《明史典训》等。

(三)在新旧政权之间动摇的史家(2 人)

1. 孙承泽(1592—1676),山东益都人,李自成入北京,受命为四川防御使,后降清,官至吏部左侍郎,著有《崇祯事迹》,又名《山书》,《畿辅人物志》、《庚子销夏记》等。

2. 徐应芬(生卒不详),北京人,先降农民军,后降清,著有《燕都纪变》。

九、广东籍史家及其史书(共计 5 人)

(一)明王朝的拥护者(4 人)

1. 屈大均(1630—1696),广东番禺人,清军入广州前后参与抗清斗争,失败后削发为僧,不久还俗,归隐著述,著有《皇明四朝成仁录》、《广东新语》等。

2. 何绛(生卒不详),广东顺德人,明遗民,著有《皇明纪略》。

3. 莫以寅(生卒不详),广东新会人,明遗民,著有《明史纲》。

4. 苏国祐(生卒不详),广东东莞人,明亡后参加抗清斗争,失败后归隐,著有《易箦遗言》。

(二)清王朝的支持者(1 人)

1. 南沙三余氏(生卒不详),广东人,生长于清,著有《五藩实录》。

十、湖南籍史家及其史书(共计5人)

(一)明王朝的拥护者(5人)

1. 宋之盛(1616—1668),江西星子人,明遗民,著有《江人事》。

2. 王夫之(1619—1692),湖南衡阳人,明遗民,著有《永历实录》。

3. 杨山松(生卒不详),湖南武陵人,明遗民,著有《孤儿吁天录》、《被难纪略》。

4. 杨山梓(生卒不详),湖南武陵人,明遗民,著有《辨谤录》。

5. 蒙正发(生卒不详),湖南崇阳人,明亡参加抗清斗争,著有《三湘从事录》。

十一、四川籍史家及其史书(共计5人)

(一)明王朝的拥护者(3人)

1. 吴邦策(生卒不详),四川人,明遗民,著有《国变录》。

2. 陈盟鹤(生卒不详),四川富顺人,明遗民,著有《崇祯阁臣行略》。

3. 叶鉁(生卒不详),四川人,自称禾郡果山遗民,著有《明纪编遗》。

(二)清王朝的支持者(2人)

1. 李蕃(1622—1694),四川通江人,著有《明末清初雅安受难记》。

2. 费密(1626—1699),四川新繁人,无明显反清思想,著有《荒书》。

十二、河北籍史家及其史书(共计4人)

(一)明王朝的拥护者(1人)

1. 孙奇逢(1585—1675),直隶容城人,明遗民,著有《中州人物考》、《畿辅人物考》、《甲申大难录》等。

(二)清王朝的支持者(3人)

1. 傅维鳞(1608—1667),直隶灵寿人,顺治进士,官至工部尚书,著有《明书》。

2. 王尔禄(1617—?),湖广黄陂人,顺治六年任海道副使,著有《张氏殉难录》。

3. 谷应泰(1620—1690),直隶丰润人,顺治进士,曾任提督浙江学政佥事,著有《明史纪事本末》。

十三、河南籍史家及其史书(共计 3 人)

(一)清王朝的支持者(2 人)

1. 周亮工(1612—1672)河南祥符人,仕清,任户部侍郎江南粮道,著有《全潍纪略》。

2. 郑廉(1628—1670)河南商丘人,无意仕进,专心著述,著有《豫变纪略》。

(二)在新旧政权之间动摇的史家(1 人)

1. 张永祺(1626—?),河南襄城人,先降农民军,后投奔弘光政权,著有《偶然遂变纪略》。

十四、湖北籍史家及其史书(共计 3 人)

(一)明王朝的拥护者(1 人)

1. 文安之(生卒不详),湖北夷陵人,明亡后起兵抗清,著有《黔记》。

(二)清王朝的支持者(2 人)

1. 程正揆(1604—1676),湖北孝感人,入清官至工部侍郎,著有《甲申纪事》。

2. 魏晋封(生卒不详),湖北汉阳人,与清合作,著有《竹中记》。

十五、山西籍史家及其史书(共计 2 人)

(一)明王朝的拥护者(1 人)

1. 傅山 (1607—1690), 山西阳曲人, 明亡后坚辞不出, 著有 《明纪编年》。

(二)清王朝的支持者(1 人)

1. 阎若璩(1636—1704),山西太原人,康熙十八年应博学鸿儒不第,后应徐乾学之邀,预修《大清一统志》及《资治通鉴后编》,著有《释地馀论》、《孟子生卒年月考》。

十六、陕西籍史家及其史书(共计1人)

(一)在新旧政权之间动摇的史家(1人)

1. 高谦(生卒不详),陕西榆林人,先降清,后投奔郑成功,著有《中州战略》。

十七、广西籍史家及其史书(共计1人)

(一)明王朝的拥护者(1人)

1. 雷亮功(生卒不详),广西桂林人,明遗民,著有《桂林田海记》。

十八、云南籍史家及其史书(共计1人)

(一)明王朝的拥护者(1人)

罗谦(生卒不详),云南人,明遗民,著有《残明纪事》。

十九、辽宁籍史家及其史书(共计1人)

(一)清王朝的支持者(1人)

1. 杨捷(1616—1690),辽宁义县人,于顺治元年降清,著有《平闽记》。

说明:对于史家的收录原则主要以有私史著作为主,对于无私史著作但在史学领域贡献较大的史家酌情收录。凡注"明遗民"者,指入清后隐居不仕的史家,皆归入明王朝的拥护者群体;对于生长于清的学者,由于其反清情绪不明显,皆归入清王朝的支持者群体。

参考文献

（按照征引先后顺序）

一、史料性参考文献

1. 刘知几：《史通》。

2. 萧子显：《南齐书》。

3. 司马迁：《史记》。

4.《隋书》。

5. 王世贞：《弇山堂别集》，中华书局1985年。

6. 黄宗羲：《黄宗羲全集》，浙江古籍出版社1985—1994年。

7. 邹漪：《明季遗闻》。

8. 吴伟业：《绥寇纪略》，上海古籍出版社1992年。

9. 邵廷采：《思复堂文集》，浙江古籍出版社1987年。

10. 郑廉：《豫变纪略》，明末清初史料选刊，浙江古籍出版社1985年。

11. 钱肃润：《南忠记》，晚明史料丛书，中华书局1959年。

12.《清世祖实录》，中华书局影印本。

13.《清经世文编》，中华书局1992年。

14. 谢肇淛：《五杂俎》，辽宁教育出版社2001年。

15. 叶德辉：《书林清话》，岳麓书社1999年。

16. 朱彝尊：《曝书亭集》，四部丛刊本。

17. 全祖望：《全祖望集汇校集注》，朱铸高汇校集注，上海古籍出版社2000年。

18. 戴名世：《戴名世集》，王树民校点，中华书局1986年。

19. 谈迁：《国榷》，张宗祥校点，北京古籍出版社1958年。

20. 杨凤苞:《秋室集》,续修四库全书本。

21. 沈起:《查继佐年谱》,汪茂和点校,中华书局1992年。

22. 温睿临:《南疆逸史》,晚明史料丛书,中华书局1959年。

23. 叶廷绾:《吹网录》,徐德明、吴平主编《清代学术笔记丛刊》,学苑出版社2005年。

24.《费恭庵日记》。

25. 顾炎武:《顾亭林诗文集》,中华书局1983年。

26. 谈迁:《谈迁诗文集》,罗仲辉校点,辽宁教育出版社1998年。

27. 王夫之:《船山全书》,岳麓书社1998年。

28. 钱谦益:《钱牧斋全集》,钱仲联标校,上海古籍出版社2003年。

29. 张自烈:《芑山文集》,四库禁毁书丛刊本。

30. 顾炎武:《日知录》,周苏平、陈国庆点注,甘肃民族出版社1997年。

31. 马骕:《绎史》,上海古籍出版社1993年。

32. 吴伟业:《吴梅村全集》,李学颖集评标校,上海古籍出版社1990年。

33. 陆应旸:《樵史演义》,华夏出版社1995年。

34. 莫友芝:《宋元旧本书经眼录》,北京图书馆出版社2000年。

35. 邵晋涵:《杭州府志》。

36. 张岱:《石匮书》,续修四库全书本。

37. 谈迁:《北游录》,汪北平点校,中华书局1997年。

38.《天主教东传文献续编》,台湾学生书局1966年。

39.《徐家汇藏书楼明清天主教文献》,台北辅仁大学神学院1996年。

40. 李逊之:《三朝野记》,中国历史资料研究丛书,上海书店1982年。

41. 张岱:《琅環文集》,岳麓书社1985年。

42. 夏完淳:《夏完淳集》,中华书局1959年。

43. 查继佐:《敬修堂钓业》,浙江古籍出版社1988年。

44. 孔子:《论语》。

45.《清史列传》,清代传记丛刊本。

46. 潘耒:《遂初堂文集》,续修四库全书本。

47. 张岱:《石匮书后集》,中华书局上海编辑所1959年。

48. 吴殳、戴笠:《怀陵流寇始终录》,续修四库全书本。

49. 文秉:《先拨志始》,中国历史资料研究丛书,上海书店 1982 年。

50. 钱澄之:《所知录》,浙江古籍出版社 1987 年。

51. 瞿共美:《东明闻见录》,明季稗史初编,上海书店 1988 年。

52. 查继佐:《东山国语》,嘉业堂丛书本。

53. 文秉:《烈皇小识》,中国历史资料研究丛书,上海书店 1982 年。

54. 郑廉:《豫变纪略》,明末清初史料选刊,王兴亚点校,浙江古籍出版社 1984 年。

55. 杨陆荣:《三藩纪事本末》,中华书局 1985 年。

56. 费密:《荒书》,明末清初史料选刊,浙江古籍出版社 1983 年。

57. 徐秉义:《明末忠烈纪实》,浙江古籍出版社 1987 年。

58. 夏允彝:《幸存录》,明季稗史初编,上海书店 1988 年。

59. 夏完淳:《续幸存录》,明季稗史初编,上海书店 1988 年。

60. 查继佐:《罪惟录》,四部丛刊本。

61. 傅维鳞:《明书》,畿辅丛书本。

62.《清高宗实录》,中华书局影印本。

63. 钱谦益:《牧斋初学集》,上海古籍出版社 1989 年。

64. 毛奇龄:《胜朝彤史拾遗记》,丛书集成初编本,中华书局 1991 年。

65.《四库全书总目提要》,海南出版社 1999 年。

66. 毛奇龄:《武宗外纪》,中国历史资料研究丛书,上海书店 1982 年。

67. 孙承泽:《山居随笔》,续修四库全书本。

68. 毛奇龄:《西河文集》,王云五主编:《万有文库》本。

69. 全祖望:《鲒埼亭集》,上海商务印书馆 1936 年。

70. 曹溶:《静惕堂诗集》,续修四库全书本。

71. 钱澄之:《钱澄之全集》,黄山书社 1998 年。

72. 徐乾学:《憺园文集》卷九,(台北)汉华文化事业公司 1971 年。

73. 孙承泽:《天府广记》,北京古籍出版社 1984 年。

74. 徐元文:《含经堂集》,续修四库全书本。

75. 闵尔昌:《碑传集补》,(台北)大化书局 1984 年。

76. 孙静庵:《明遗民录》,浙江古籍出版社 1985 年。

77. 刘献廷:《广阳杂记》,中华书局 1957 年。

78. 计六奇:《明季南略》,魏得良、任道斌点校,中华书局 1984 年。

79. 计六奇:《明季北略》,魏得良、任道斌点校,中华书局 1984 年。

80.《清圣祖实录》,中华书局影印本。

81. 孙承泽:《山书》,续修四库全书本。

82. 文秉:《甲乙事案》,南明史料八种,江苏古籍出版社 1985 年。

83. 杨士聪:《甲申核真略》,浙江古籍出版社 1985 年。

84. 彭孙贻:《茗香堂史论》,续修四库全书本。

85. 屈大均:《屈大均全集》,人民文学出版社 1996 年。

86. 汪琬:《汪尧峰文集》,集成图书发行公司 1910 年。

87.《清史稿》,中华书局点校本。

88.《清代野史》第三辑,巴蜀书社 1987 年。

89. 查继佐:《东山外纪》,嘉业堂丛书本。

90. 万经:《南宋杂事诗》,浙江古籍出版社 1987 年。

91. 王士禛:《渔洋读书记》,青岛出版社 1991 年。

92. 钱大昕:《十驾斋养新录》,江苏古籍出版社 2000 年。

93. 赵翼:《廿二史札记》,辽宁教育出版社 2000 年。

94.《大清会典事例》(光绪朝)。

95.《培林堂书目》,林夕主编:《中国著名藏书家书目汇刊》,商务印书馆 2005 年。

96.《传是楼书目》,林夕主编:《中国著名藏书家书目汇刊》,商务印书馆 2005 年。

97.《绛云楼书目》,林夕主编:《中国著名藏书家书目汇刊》,商务印书馆 2005 年。

98. 王士禛:《带经堂集》,续修四库全书本。

二、著述性参考文献

1. 高国抗:《中国古代史学史概要》,广东高等教育出版社 1985 年。

2. 白寿彝:《中国史学史》第二册,上海人民出版社 1986 年。

3. 瞿林东:《中国史学史纲》,北京出版社 1999 年。

4. 金毓黻:《中国史学史》,河北教育出版社 2000 年。

5. 吴泽、杨翼骧主编:《中国历史大辞典·史学史》,上海辞书出版社 1983 年。

6. 郑鹤声:《中国史部目录学》,商务印书馆 1956 年。

7. 柳诒徵:《柳诒徵史学论文集》,上海古籍出版社 1991 年。

8. 谢国桢:《明末清初的学风》,人民出版社 1982 年。

9. 谢国桢:《增订晚明史籍考》,中华书局 1964 年。

10. 鲁迅:《鲁迅选集》第二卷,人民文学出版社 1983 年。

11. 宋衍申:《中国史学史纲要》,东北师范大学出版社 1996 年。

12. 仓修良、魏得良:《中国史学史简编》,黑龙江人民出版社 1983 年。

13. 刘节:《中国史学史稿》,中州书画社 1982 年。

14. 乔治忠:《清代官方史学研究》,(台湾)文津出版社 1993 年。

15. 司徒琳(Lynn Struve):《传统社会中史学之功用——清代史学史上的南明》(*Uses Of History In Traditional Chinese Society-The Southern Ming In Ch' ing Historiography*,by Lynn Ann Struve)(该专著为司徒琳 1974 年密歇根大学的博士毕业论文,未出版。)

16. 姜胜利:《清人明史学探研》,南开大学出版社 1997 年。

17. 杜维运:《中国史学史》,(台湾)三民书局 2004 年。

18. 梁启超:《梁启超史学论著四种》,岳麓书社 1998 年。

19. 杜维运:《清代史学与史家》,中华书局 1988 年。

20. 瞿林东:《史学与史学评论》,安徽教育出版社 1998 年。

21. 范凤书:《中国私家藏书史》,大象出版社 2001 年。

22. 胡益民:《张岱研究》,安徽教育出版社 2002 年。

23. 萧萐父、许苏民:《明清启蒙学术流变》,辽宁教育出版社 1995 年。

24. 陈鼓应、辛冠杰、葛荣晋:《明清实学思潮史》,齐鲁书社 1988 年。

25. 李亚宁:《明清之际的科学文化与社会——十七十八世纪中西文化关系引论》,四川大学 1992 年。

26. 潘玉田、陈永刚:《中西文献交流史》,北京图书馆出版社 1999 年。

27. 李约瑟:《中国科学技术史》,科学出版社 1975—1978 年。

28. 徐宗泽:《明清间耶稣会士译著提要》,中华书局 1958 年。

29. 卓新平主编:《相遇与对话——明末清初中西文化交流国际学术研讨

会文集》,宗教文化出版社 2003 年。

30. 方豪:《中国天主教史人物传》,中华书局据香港公教真理学会、台中光启出版社 1970 年初版影印。

31. 孟德卫(D. E. Mungello):《被遗忘在杭州的天主教徒》(*The forgotten Christians of Hangzhou*, University of Hawaii Press, Honolulu, 1994)夏威夷大学出版社 1994 年。

32. 李小林:《万历官修本朝正史研究》,南开大学出版社 1999 年。

33. 吴光主编:《黄宗羲论》,(国际黄宗羲学术讨论会论文集),浙江古籍出版社 1987 年。

34. 何冠彪:《生与死:明季士大夫的抉择》,(台北)联经出版事业公司1997 年。

35. 林保淳:《经世思想与文学经世——明末清初经世文论研究》,(台北)文津出版社 1991 年。

36. 戴逸主编:《简明清史》,人民出版社 1980 年。

37. 周明初:《晚明士人心态及文学个案》,人民出版社 1997 年。

38. "中央研究院"近代史研究所编:《近世中国经世思想研讨会论文集》,(台湾)1984 年。

39. 黄爱平:《十八世纪中国与世界·思想文化卷》,辽海出版社 1999 年。

40. 梁启超:《中国近三百年学术史》,东方出版社 1996 年。

41. 赵园:《明清之际士大夫研究》,北京大学出版社 1999 年。

42. 朱希祖:《明季史料题跋》,中华书局 1961 年。

43. 苏双碧主编:《洪承畴研究》,中国社会科学出版社 1996 年。

44. 王俊义、黄爱平:《清代学术探研录》,中国社会科学出版社 2002 年。

45. 阎崇年:《燕步集》,北京燕山出版社 1989 年。

46. 谢正光:《清初诗文与士人交游考》,南京大学出版社 2001 年。

47. 尚小明:《学人游幕与清代学术》,社会科学文献出版社 1999 年。

48. 周少川:《藏书与文化》,北京师范大学出版社 1999 年。

49. 王会昌:《中国文化地理》,华中师范大学 1992 年。

50. 王垒:《〈四库全书〉中所收著作的作者时代与地理分布研究》,武汉大学图书情报学院硕士学位论文(1997 年)。

51. 王文清主编:《江苏史纲》,江苏古籍出版社 1993 年。

52. 许怀林:《江西史稿》,江西高校出版社 1998 年。

53. 雷梦辰:《清代各省禁书汇考》,北京图书馆出版社 1989 年。

54. 黄爱平:《四库全书纂修研究》,中国人民大学出版社 1989 年。

55. 孟森:《明清史论著集刊》,中华书局 2006 年。

56. 黄嗣艾:《南雷学案》,(台北)明文书局 1985 年影印本。

57. 周中孚《郑堂读书记》,上海商务印书馆 1937 年。

58. 徐文博、石钟扬:《戴名世论稿》,黄山书社 1985 年。

59. 何冠彪:《戴名世研究》,香港中文大学中文系 1987 年。

60. 郭成康、林铁钧:《清朝文字狱》,群众出版社 1990 年。

61. 李慈铭:《越缦堂读书记》,辽宁教育出版社 2001 年。

62.《明清江苏文人行录》,上海古籍出版社 1981 年。

63. 仓修良:《史家·史籍·史学》,山东教育出版社 2000 年。

64. 陈其泰:《史学与民族精神》,学苑出版社 1999 年。

65. 张岂之:《中国近代史学学术史》,中国社会科学出版社 1996 年。

66. 钱穆:《中国近三百年学术史》,商务印书馆 1997 年。

67. 柳诒徵:《中国文化史》,东方出版中心 1996 年。

68. 刘龙心:《学术与制度——学科体制与现代中国史学的建立》,(香港)远流出版公司 2002 年。

69. 江庆柏编著:《清代人物生卒年表》,人民文学出版社 2005 年。

三、论文

1. 瞿林东:《杂谈正史和野史》,《江淮论坛》1982 年第 3 期。

2. 暴鸿昌:《清初私撰明史风气》,《史学集刊》1990 年第 2 期。

3. 杨林:《试析庄氏史案对清初私家修史的影响》,《清史研究》1992 年第 2 期。

4. 谢贵安:《睿宗、崇祯及南明诸朝〈实录〉纂修考述》,《史学史研究》1999 年第 2 期。

5. 谢贵安:《论明代国史与野史的生态关系——以〈明实录〉的禁藏与流传为线索》,《学术月刊》2000 年第 5 期。

6. 钱茂伟:《论晚明当代史的编撰》,《史学史研究》1994 年第 2 期。

7. 谢彦卯:《我国古代书价漫谈》,《文史杂志》2003 年第 5 期。

8. 许苏民:《顾炎武与浙西史学》,《东南学术》2004 年第 1 期。

9. 刘仲华:《试析清代考据学仲以子证经、史的方法》,《清史研究》2001 年第 1 期。

10. 林启柱:《论吴伟业"诗史"的文化背景》,《西南民族大学学报》第 24 卷第 9 期。

11. 赵维国:《清初剿闯小说采摭史籍考述》,《明清小说研究》2004 年第 1 期。

12. 许海松:《西学东渐与清代浙东学派》,载卓新平主编:《相遇与对话——明末清初中西文化交流国际学术研讨会文集》,宗教文化出版社 2003 年,第 215 页。

13. 罗炳良:《论中国古代史书体裁之辩证发展》,《史学月刊》1997 年第 5 期。

14. [日]高桥进:《黄宗羲思想的历史性格》,吴光主编:《黄宗羲论》(国际黄宗羲学术讨论会论文集),浙江古籍出版社 1987 年,第 74 页。

15. 王思治、(香港)吕元骢:《甲申之变与清军入关》,《清史研究》1994 年第 2 期。

16. 高翔:《清军入关与士人队伍的分化》,《紫禁城》2004 年第 6 期。

17. 陆宝千:《王船山的经世思想中维新的倾向》,载(台湾)"中央研究院"近代史研究所编:《近世中国经世思想研讨会论文集》,1984 年,第 107 页。

18. 王俊义:《论钱谦益对明末清初学术演变的推动、影响及其评价》,《中国社会科学院研究生院学报》1996 年第 2 期。

19. 张越:《顾诚教授访问记》,《史学史研究》1995 年第 2 期。

20. 王宏志:《论"贰臣"(代序)》,载苏双碧主编:《洪承畴研究》,中国社会科学出版社 1996 年,第 1 页。

21. 王俊义:《钱谦益与明末清初学术演变》,载王俊义、黄爱平:《清代学术探研录》,中国社会科学出版社 2002 年,第 37—38 页。

22. 谢正光:《顾炎武、曹溶论交始末——明遗民与清初大吏交游初探》,谢正光:《清初诗文与士人交游考》,南京大学出版社 2001 年,第 220 页。

23. 钱茂伟:《庄廷鑨修史考论》,《宁波大学学报》1998 年第 3 期。

24. 郑天挺:《对〈明史纪事本末·前沿〉之意见》,载郑天挺:《及时学人谈丛》,中华书局 2002 年,第 492 页。

25. 徐泓:《〈明史纪事本末〉的史源、作者及其编纂水平》,《史学史研究》2004 年第 1 期。

26. 谢正光:《清初的遗民与贰臣——顾炎武、孙承泽、朱彝尊交游考论》,载谢正光:《清初诗文与士人交游考》,南京大学出版社 2001 年,第 354—355 页。

27. 张宗原:《谈迁和吴伟业》,《华东理工大学学报》1994 年第 2—3 期。

28. 欧阳健:《〈檮杌闲评〉作者李清考》,载欧阳健:《明清小说新考》,中国文联出版公司 1992 年。

29. 陈国光:《明代人物的地理分布》,《学术研究》1998 年第 1 期。

30. 白新良:《安徽书院考述》,《史学集刊》1993 年第 2 期。

31. 王记录:《论清代史馆修史、幕府修史及私家修史的互动》,《史学史研究》2007 年第 2 期。

32. 钱茂伟:《梨洲史学初探》,《宁波师院学报》1989 年第 4 期。

33. 魏得良:《计六奇与〈明季南、北略〉》,《史学史研究》1992 年第 4 期。

34. 杜维运:《清盛世的学术工作于考据学的发展》,(台湾)《大陆杂志》第二八卷第九期。

35. 徐光仁:《全祖望在清代史学上的贡献》,载《历史人物》编辑部:《明清人物论集》,四川人民出版社 1983 年。

36. 葛兆光:《明清之间中国史学思潮的变迁》,《北京大学学报》1985 年第 2 期。

37. 陈其泰:《马骕的史学成就》,载陈其泰:《史学与民族精神》,学苑出版社 1999 年,第 346 页。

38. 仓修良:《谈迁的生平和在史学上的贡献》,载仓修良:《史家·史籍·史学》,山东教育出版社 2004 年,第 361 页。

39. 何冠彪:《流贼、清人残毁明陵传闻考辨》,《(台湾)"中央研究院"历史语言研究所集刊》,2005 年 3 月。

后　记

　　本书是根据我在中国人民大学的博士论文修订而成的。攻读硕士研究生期间，我曾在辽宁大学历史系李春光教授的指导下，以清初史家查继佐及其史著《罪惟录》作为研究课题；攻读博士学位期间，遂以此为基础，将研究对象拓展到整个清初私家修史领域。我最初设想从史学史和学术思想史研究的角度对清初私家修史作专门的考察，从清初独特的时代背景出发，梳理私家修史的发生、发展、衰落及其影响，研究内容涉及史家、史著、史学等诸多方面。我的选题得到了导师中国人民大学清史研究所黄爱平教授的同意和支持，鉴于清初史家、史著均数量较多，研究任务艰巨，她建议我在研究的可行性方面作进一步的考察和衡量。为此，我曾就论文选题问题专门拜访史学界的前辈、北京师范大学历史系的顾诚教授，顾先生认为，清初私家修史成果丰富，一家一书之研究均可以成为博士论文的选题，建议我适当地缩小研究范围。我接受了两位专家的建议，将对清初私家修史的研究计划分为两步，博士求学期间先以史家群体为中心开展研究，待完成后再进一步开展对史著和史学等诸多领域的深入探索。

　　确定研究思路后，我开始广泛搜集相关资料，并将论文的基本内容设定为若干专题，次第展开，历时三载，终在 2002 年博士论文答辩前顺利完稿。论文撰写最艰苦的阶段莫过于 2002 年，而我人生收获颇丰的一年也是在 2002 年，我顺利地通过答辩，顺利地毕业，并得以留校，在中国人民大学清史研究所从事科研和教学工作，我的女儿也在这一年顺利地降临人世。

　　自 1999 年 9 月进入中国人民大学师从黄爱平教授攻读博士学位至今，近十年的时间辗转而过。回想 2002 年初夏，这篇论文参加博士学位论文答辩之时，仿佛就在昨日，光阴荏苒，竟也有 6 年之久了。6 年之中，为诸多琐事缠身，迟迟未能将论文做全面整理。所幸 2006 年国家公派赴美国哈佛大学访问一年,时间宽裕,并得以利用哈佛大学燕京图书馆的丰富中文图书资源,较为从容淡定,就全文章节一一翻检核查,增补删定,虽身处异国他乡,但心有寄托,苦中有乐。本书就是在上述基础之上,前后历时近十年撰写而成的。

本书得到了我的导师黄爱平教授的悉心指导,从论文选题到写作成篇都离不开她的谆谆教诲。黄老师为学细致严谨,为人坦率真诚,令我深受教益。2002 年 9 月,博士学习毕业之后,我留在中国人民大学清史研究所工作,仍时常得到她的多方指点及大力提携,师恩难忘,铭刻心间。学界前辈中国社会科学出版社王俊义教授亦给予我多方面的鼓励和支持,每每求助于先生,均慷慨应允,大力相助,并时刻关注论文的修改与出版,先生的关心与帮助,暖人肺腑。论文在修改过程中还得到了中国人民大学清史研究所王思治教授、中国人民大学清史研究所王道成教授、北京师范大学史学研究所瞿林东教授、南开大学历史系乔治忠教授、中国社会科学院历史所陈祖武研究员等的指导,诸位先生在论文的评审和答辩过程中,提出宝贵意见,帮助我进一步修改完善。访美期间,就论文修改事宜还曾求教于哈佛大学的孔飞力教授、孔祥吉教授,得到燕京图书馆沈津先生的帮助,在此一并致谢。

我还要感谢我的丈夫饶兴风先生,在论文撰写和修改过程中给予我全力的帮助和支持。出国一年,他和年幼的女儿留守在家中,思念之苦,生活之重担,一力承担,在此谨致诚挚的谢意。

此次拙著付梓,得到了人民出版社的大力支持,编辑洪琼先生提出很多宝贵意见,字斟句酌,精益求精,为我改正多处不规范之处,特致谢意兼敬意。

本书的出版,标志着关于清初私家修史研究计划的第一步暂告完成,学海无涯,诸多关于清初私家修史的进一步研究,容待来日。成稿匆促,限于本人学识疏浅,书中难免滥陋,就正于方家。

阚红柳

2008 年 3 月于北京